国家社科基金后期资助项目"地方公共服务的供给制度演化与多中心协同治理体系研究"（项目号：17FJL006）研究的最终成果

地方公共服务的供给制度演化与多中心协同治理体系研究

刘维林　著

南开大学出版社

天　津

图书在版编目(CIP)数据

地方公共服务的供给制度演化与多中心协同治理体系
研究 / 刘维林著. —天津：南开大学出版社，2021.1
　ISBN 978-7-310-06019-1

　Ⅰ.①地… Ⅱ.①刘… Ⅲ.①地方政府－公共服务－
研究－中国 Ⅳ.①D669.3

中国版本图书馆 CIP 数据核字(2021)第 000930 号

地方公共服务的供给制度演化与多中心协同治理体系研究
DIFANG GONGGONG FUWU DE GONGJI ZHIDU YANHUA YU
DUOZHONGXIN XIETONG ZHILI TIXI YANJIU

南开大学出版社出版发行
出版人：陈　敬
地址：天津市南开区卫津路 94 号　　邮政编码：300071
营销部电话：(022)23508339　营销部传真：(022)23508542
http://www.nkup.com.cn

北京明恒达印务有限公司印刷　全国各地新华书店经销
2021 年 1 月第 1 版　2021 年 1 月第 1 次印刷
238×165 毫米　16 开本　14.25 印张　246 千字
定价：50.00 元

如遇图书印装质量问题,请与本社营销部联系调换,电话:(022)23508339

国家社科基金后期资助项目
出版说明

　　后期资助项目是国家社科基金设立的一类重要项目，旨在鼓励广大社科研究者潜心治学，支持基础研究多出优秀成果。它是经过严格评审，从接近完成的科研成果中遴选立项的。为扩大后期资助项目的影响，更好地推动学术发展，促进成果转化，全国哲学社会科学工作办公室按照"统一设计、统一标识、统一版式、形成系列"的总体要求，组织出版国家社科基金后期资助项目成果。

全国哲学社会科学工作办公室

前　言

在现代市场经济社会中，地方公共服务已成为区域经济发展和公共福利改善的关键性基础要素，如何通过有效的制度设计来保障地方公共服务的供给是区域经济实践面临的重要课题。然而在区域经济学的理论体系中，地方公共服务在区域资源聚集中的作用却被长期忽略和弱化了，主流区域经济理论的最优机制以及最大化方法也与现实中不同地域中迥异的供给制度形成悖论，因此，融合制度经济学、动态演化等新的方法，从新的视角来研究和解决地方公共服务供给问题既是对区域经济学理论的重要完善，也是对发展区域经济与构建和谐社会的重要实践指导。

本书以制度演化为视角，为地方公共服务供给制度建立了制度分析的理论框架，并提出地方公共服务供给制度的动态演化机制，分析了供给制度演化过程中的历时关联机制以及长期演化序列，并以交通基础设施为例进行实证，在此基础上提出了制度创新的途径。

全书共分十章，第一章为导论，提出了本书的研究问题并对主要概念进行了界定，总结概述了本书的研究思路、主要内容和研究框架。

第二章完整地梳理了地方公共服务、供给机制和制度演化的相关理论与研究进展，试图在现有理论的基础上继承与创新，寻找地方公共服务供给困境的解决途径。

第三章是对西方与中国地方公共服务供给现象的观察和比较，通过比较来达到这样三个目的：一是阐明现实中地方公共服务涵盖的具体范围、水平及差异；二是清楚了解各国地方公共服务供给的制度安排情况；三是对于这些制度产生的背景、历史过程进行梳理，为后面的理论推理做出铺垫。

第四章剖析了地方公共服务供给对空间经济的聚集作用，从理论角度考察了地方公共服务对区域经济的作用，进而提出要素聚集贡献度模型并进行实证测算，阐明了地方公共服务是区域经济系统的基本要素这一核心命题。伴随着地区收入水平的提高和工业化进程的推进，地方公共服务对于要素的聚集作用日渐增强，并通过构建地方公共服务要素聚集贡献度模型进行实证。

第五章分析了地方公共服务供给制度的内涵和特性，进而将其解构为四个基本的制度单元，并以中国交通基础设施的供给制度为例，阐述了这一典型的地方公共服务供给的制度要素及其相互关系。

第六章阐述了地方公共服务供给制度的制度结构、均衡路径与反馈机制，然后分析了各个域之间的相互耦合机理——互补与关联以及制度演化的内外部动因，最后用交通基础设施多元化供给制度的演进过程进行理论的实证。

第七章将理论分析的视角转移到长期的制度演进上，进一步分析制度演化的历时互补与关联机制，揭示出影响供给制度演化路径的跨时性因素，提出供给制度长期演化的有序序列，并以交通基础设施供给制度为对象，分析其制度转型的未来走向以及可预见的持续创新趋势。

第八章从理论转移到现实，用路径依赖与锁定分析现实制度演化可能会出现的倒退和分叉，分析了路径依赖机理的锁定成因。在此基础上提出了中央—地方关系重构措施。

第九章提出了地方公共服务的多中心协同治理模式，分析了多中心协同供给的制度主体结构，指出地方公共服务供给制度的演化机制与演化序列特征决定了在供给制度的建构过程中，通过有计划的、正确的手段来引导制度变迁，从而摆脱路径依赖导致的制度锁定，使地方公共服务更好地提高社会公共福利，提出了推动地方政府、企业与居民之间构建多元协调供给关系的九大对策。

第十章总结概括了全书的主要研究结论和主要创新之处，同时归纳了有待进一步研究的问题以及未来的研究方向。

目　录

第一章 导论

第一节 问题的提出

关注社会福利、谋求公共福利的改善一直以来就是经济学研究的基本出发点之一①。在现代市场经济社会，当大部分社会资源的配置都通过市场自由交易的方式实现时，公共物品在保障经济持续发展、维系社会公平方面所发挥的作用越来越突出。公共物品在理论上是可以供所有人享用的，然而，在现实生活中扮演重要角色、与人们经济活动密切相关的公共物品，如交通、教育、卫生、治安等，其收益范围往往是限定在一定的地理区域内的。

对于这一类公共物品，在理论分析上由于其特殊的经济属性既不同于一般商品，也不同于一般理论意义上的纯公共物品，相关研究相对较少，对于这一领域的资源配置规律有待深入挖掘；在实践中，随着经济全球化和中国改革开放的深入，地方政府与地方经济正在成为国内、国际双重竞争舞台中的主角，地方经济时代已经来临，区域制度迅速变迁。在世界上的成熟市场经济国家中，地方政府已经将其主要角色转变为地方公共服务的供给者，而中国近年来的一系列改革措施也体现了这一趋势，但由于国情体制的特殊条件，产生了一系列前所未有的问题亟待解决。因此，本研究以地方公共服务为对象，进行供给制度演化与治理模式的研究。

一、地方公共服务供给制度的理论困境

在区域经济学的理论架构中，地方公共服务的重要性是与企业、家庭

---

① 庇古认为，全部经济学的本质都应该是研究如何通过提高个人的满足程度进而提高整个社会的满足程度，即社会福利最大化。

列为同等地位的，无法理解地方公共服务的空间配置规律，就无法理解区域经济系统的运行。区域经济的形成、发展和衰落其实质是各种经济要素的空间聚集过程，大部分的区域经济研究将重点放在企业和居民个体的区位选择上，对于地方公共设施的区位选择也进行了很多有意义的研究。然而随着经济学的发展和区域经济实践的发展，我们却突然发现很多重要的、难以回避的理论困惑，而这些困惑在以往的区域经济研究中却被忽略了。

一是地方公共服务在区域资源聚集中的作用被长期忽略和弱化了。"皮之不存，毛将焉附"，地方公共服务对经济要素的空间聚集作用是毋庸置疑的，但在区域经济研究中人们往往更加关注企业、家庭的选址问题，将公共设施等则作为外部变量看待。区域经济学是一门中观科学，区域产生发展中更为重要的问题在区域经济学却较少得到深入探讨，解决从微观区位选择到中观区域形成这一区域经济学中的断层问题，地方公共服务是一个重要的突破口。如果地方公共服务是影响资源空间集聚的一个关键要素，这就引发出一个基本问题——地方公共服务应该如何供给？地方公共服务如何影响资源要素的空间聚集？区域经济学要成熟和发展，就必须解决这一问题。

二是区域经济学的主流分析范式无法解决地方公共服务的供给机制问题。目前区域经济学主要采用的研究方法基本属于主流经济学的方法，多建立在新古典经济学对于效用最大化、完全理性和完全信息的理论假设基础上。由于新古典经济学的分析主要以静态或比较静态分析为主，而聚集经济主要是一种空间过程，主流的经济学方法越来越难以解释区域经济问题。20 世纪 80 年代以来，区域经济学已经开始从传统的经济分析方法转向与社会、政治、文化相融合，进而被称为区域经济学的"制度回归"（Martin，2000），演化经济学的思维、概念开始被一些区域分析者运用（Storper，1997；Cooke et al.，1999；Martin，1999；Sjöberg et al.，2002；Cooke，2003；Scott，2004），但仅停留在有所触及的阶段，系统地应用于区域经济研究中的还十分少见（Boschma et al.，1999）。因而这里就引发出区域经济分析的方法论问题——演化经济分析方法在区域分析中的适用性如何？应该应用于哪些区域经济分析当中，以及如何应用？区域经济学未来的发展必须摆脱主流经济学的范式和研究导向，运用制度经济学、动态演化等新的方法从新的视角加以解决。

三是回到地方公共服务本身，由于它们所具有的特殊经济属性，当市场机制无法有效发挥作用的时候，应当建立何种机制来保障地方公共服务的供给？虽然以往福利经济学、公共经济学等从一般性公共物品的角度提出了很多富有启发意义的解决方案,但在如何将其同地方经济系统相结合、与地方经济制度相融合的解决机制的问题上,福利经济学和公共经济学的解决方案无法直接套用。

四是在现实中各种各样的地方公共服务供给制度未能在理论上得到有效的解释。理论上的最优机制与现实中不同国家、不同地域迥异的地方公共服务供给制度之间形成悖论,其他的经济分析方法难以有效解释。由于地方公共服务所具有的特殊经济属性,由市场自发形成的"内部规则"无法实现其最优配置,而必须凭借某些组织的力量借助"外部规则"加以调整,只有在两种规则的不断冲突和协调下,地方公共服务的有效供给才能得以实现。地方公共服务的特殊经济属性,使这种冲突和协调作用更为突出,其表现即为地方公共服务供给制度的不断演化。

由上所述,地方公共服务供给问题是区域经济学研究中十分重要却被长期忽视的内容,这一问题具有高度的特殊性和复杂性,必须从制度和动态机制上着手加以分析,演化经济分析方法为这一问题的解决提供了一条可供选择的途径,但相关的研究仍然十分缺乏。因此,本研究尝试运用制度和演化的分析方法来解释地方公共服务供给制度的演化机制,并提出制度创新途径。

二、区域制度环境下的公共实践悖论

我国的区域制度是由过去计划经济体制不断渐进改革而成的,长期以来,中央政府在区域经济发展中起着主导作用,地方政府主要是贯彻中央政府的决定,地方自主决策的范围非常小。改革开放后,我国在许多领域逐步地推行分权和市场化的改革,最具代表性的是地方国有企业及地方政府投资的扩展,地方国有企业具有了更大的自主权,而财政收支权和外贸权则更多地下放给地方政府(杨叔进,2000)。由于中央政府和地方政府实行了财政上分灶吃饭的制度安排,地方政府成为相对独立的利益主体。伴随着经济全球化和中国改革开放的深入,地方经济时代开始来临,一个国家的经济发展更多地被区域经济所主导,地方政府所扮演的角色也越来越突出。

但是在中央政府推动"集权—分权"的发展路径中,地方政府这一新的重要主体却面临着自身如何定位的问题。从世界各国区域制度的现实框架来看,地方政府的身份已经从资源配置的主角转变为地方公共服务的供给者,主要是为地方居民提供教育、交通、医疗、治安、消防等公共服务。而中国地方政府则成为发展地方经济的主导,这种情况不仅在过去几十年里，而且在未来相当长的时期内也将持续存在，中国的社会资源将会高度集中在政府手中。"中国政府实际上仍居于各种资源配置者的中心地位……政府处在经济与社会发展中的中心地位，是经济增长的直接提供者，而不是合作者、催化剂和促进者"（何丹，2003），地方政府在吸引投资方面具备更多的手段，如税收杠杆、引导性投资以及各种地方性政策或规定，从而更好地服务于地区经济的高速发展。而提供地方公共服务，则放在次要的地位。这种政府的目标导向的现实结果就是各地区投资增长不断加速，地方财政支出迅速膨胀，然而作为地方生产生活所依赖的公共设施和如教育、卫生、交通、环保等公共服务的投入却无法得到有效保障。

在地方公共物品供给的任务转由地方政府承担的过程中，1980 年到 2015 年，我国地方财政支出占全国财政支出的比重由 45.7%上升到 85.5%，而地方政府用于地方公共服务供给的财政支出比例却没有增加，甚至在一些领域大大减少，2017 年教育支出仅占地方财政支出的 16.55%，而 1991 年全国教育支出占全国财政支出的比例为 30.08%[①]。其他方面的支出比例也很低，如医疗卫生支出占 8.3%，交通运输仅为 5.51%。而与此同时，行政管理费却迅速膨胀，其占地方财政支出的比例在 1979 年仅为 4.2%，1991年为 13.62%，到 2005 年却猛增到 16.84%[②]。而预算外行政管理费增长得更为迅速，大约比预算内行政费用增加了 1.5 倍（平新乔，2012）。

如何解释理论上地方政府应作为公共物品的主要供给者与现实中中国地方政府所扮演角色之间的巨大差距？为何中国地方政府的职能和作用会出现这种制度安排？中国目前的这种地方公共服务供给仅仅是一个阶段性的现象，还是会持续相当长的时间？这一系列问题或许只能在中国特殊的国情现实与制度的变迁过程中寻找答案。党的十八大从新的历史起点出发，做出"大力推进生态文明建设"的战略决策，保障地方公共服务的供给、提高居民的社会福利将是实施战略的重要组成部分，科学政策的提出需要理论上的指导。因此，本书以地方公共服务的供给制度演化与多中心协同治理体系研究为题，试图通过该研究为中国正在进行的和谐社会建设和区域制度调整提供一定的借鉴。

---

① 2007 年财政支出统计口径有所调整，前后数据的对比只能作为参考，但即便按照 2007 年之前的口径，2006 年时教育支出占比就已经出现较大下降。

② 由于 2007 年以后国家统计口径调整，该项指标数据未能获取。

第二节 研究意义

作为一个应用经济学的选题——地方公共服务的供给制度演化与多中心协同治理体系研究，无论在理论上还是在现实上都具有重大意义。结合本书选题背景部分的分析发现，对地方公共服务供给制度的研究具有很强的迫切性。

地方公共服务的供给制度演化是一个融制度经济学、公共经济学、区域经济学为一体的交叉性选题。本研究不仅实现了对区域经济分析方法的重要突破，还丰富和扩展了相关学科理论研究的范围，同时对于中国目前构建和谐社会的宏观战略实施和区域经济发展实践所面临的现实困境给予了一定的指导。

一、地方公共服务供给制度演化研究的理论意义

（一）尝试扩展区域经济学的分析方法，将制度演化的分析方法融入区域经济学的理论架构

区域经济学的发展历程是人们对"区位"与"区域"中所蕴含的经济规律进行不断探索的过程，但是现有的区域经济理论还无法回答微观个体上的区位选择如何推导出中观层次上区域空间形成与演化的问题，使区域经济学科在区位选择与区域形成上脱节，缺乏严谨统一的框架。从古典区位论到艾萨德的替代区位分析再到新经济地理基于规模报酬递增和不完全竞争的一般空间均衡模型，都在尝试填补区域经济学在微观区位和中观区域之间的断层，但是仅运用新古典经济学的思维和微观分析工具是难以实现的。

区域经济学不同于其他的经济学分支，区域经济本身是一个复杂的动态系统，仅仅依赖于传统区位论运输费用所形成的空间一般均衡难以符合空间配置的本质，必须将聚集机制内生化，实现微观与中观层次的统一，探寻区域空间的动态均衡。随着演化经济学的快速发展，经济演化的动态非均衡逐渐形成一系列方法，尽管尚不成熟，但为进一步理解区域演化过程提供了很多启示。新经济地理学的研究进展也发现，由于规模报酬递增和不完全竞争特征的存在，多重均衡大量存在于区域经济系统，基于这一特征，演化经济分析方法必然要融入区域经济学框架体系中，并成为其重要组成部分。

本研究试图在一定程度上打破常规的区域经济学分析思路，将地方公共服务这一重要的区域对象放到制度演化的分析框架下，着重研究各种制度因素在地方公共服务供给中发挥的作用，并分析这些制度因素演化的长期趋势，进而分析地方政府作为最重要的区域主体在制度变迁中的角色定位。这些问题也是目前区域经济学必须回答的问题，对于这些问题的研究将有助于推动区域经济学研究方法与制度演化分析的融合。

（二）将地方公共服务供给与区域经济系统相结合，有助于丰富和完善公共经济学以及福利经济学的理论体系

长期以来，公共经济学和福利经济学对于公共物品的研究主要集中于从抽象角度阐述公共物品的经济特性，分析各种类型公共物品的供给和需求，以及在市场失灵的条件下，从产权、外部性、交易成本、不确定性等角度出发设计公共物品有效配置的各种制度安排。这些研究为公共物品供给制度的设计提供了很多有益的借鉴，但绝大多数公共物品的效用都是在一定的空间范围内发生的，公共物品的供给、需求都是与一定区域的经济系统相互作用的，这一地理范围内的行为个体之间各种正式和非正式的制度安排对于地方公共服务提供的规模、方式、种类产生影响。因此，本书将公共物品供给同区域空间相结合来探讨其供给的制度变迁与制度设计，这对公共物品的相关研究具有一定的助益。

（三）将地方公共服务供给机制置于制度演化背景下分析，是在研究视角和方法上对以往区域制度问题研究的突破。

以往关于区域经济制度的相关研究很少涉及区域制度的形成及其形态的演化路径等问题，这大大限制了区域经济制度分析的视野。本书不仅综合运用公共经济学的分析方法，考虑地方财政与多元参与，而且使用制度演化的分析方法综合分析地方公共服务供给机制演化的阶段与路径，这是一个创新的且相信可以为相关学科研究所借鉴的独特的观察分析视角。以往对制度演化的分析往往停留在概念的探讨上，本书的研究有助于将制度演化的分析方法系统地应用于具体区域问题上。

二、地方公共服务供给制度演化研究的现实意义

在中国从计划经济体制向市场经济体制转轨的过程中，区域制度的调整是深化改革过程中非常艰难的一环。而作为地方经济发展的核心主体——地方政府，在自身角色定位的转变上，在国家战略的贯彻实施上，也面临着一系列的问题和挑战。这些问题和挑战是国家进一步改革发展的关键，迫切需要从理论上寻找答案。

（一）通过深入分析地方经济发展的核心主体——地方政府在地方公共服务供给中所扮演的角色、定位和作用，从制度演化的长期视角来考察政府、企业和社会公众之间的内在博弈结构和多重相互作用机制，有助于完善多元供给主体之间的各项制度安排，为当前正在推进的财政体制改革、政府和社会资本合作（PPP融资）、混合所有制等提供理论依据，为深化国家治理体系改革提供决策上的参考。

地方公共服务供给制度是建设国家治理体系和国家治理能力现代化过程中的关键环节之一，在世界各国的市场经济发展实践中，地方政府成为公共物品供给的主要承担者，地方政府的主要职能是提供教育、图书馆、公共福利、医疗、公路、安全、消防、公园和环境服务，这些方面的投入同时也是构成地方政府财政支出的绝大部分。在中国地方公共服务供给制度的变迁过程中，作为最主要供给主体的地方政府在自主权扩大的同时，也在逐渐由地方经济的推动者转变为地方公共服务的供给者。在这一过程中地方政府既面临着自身定位的重新调整，还需要重新构建与其他地方公共服务的提供者、生产者、消费者之间的各种制度安排，本研究提出区域制度的建构应以地方公共服务的供给为出发点，设计了地方政府、企业与居民之间的多元协调供给机制，并在信息沟通、行业监管、民间自主机制等方面提出具体的政策措施。

（二）有助于加快区域要素聚集新动力的形成，推动地方经济加速向高质量发展方式转变。

区域经济的发展来自各种资源要素的聚集，在市场经济条件下，各种资源要素打破地域的限制，在更加广阔的范围内流动，一个地区实现聚集经济，地方公共服务是重要物质基础。以往我国地方政府推动地方经济发展主要凭借两方面的手段：一是各种减免税优惠政策和补贴政策；二是廉价征收土地用于园区开发建设。这导致地方公共投入不足，教育、医疗、交通和环境等方面的发展远远跟不上地区经济的发展速度。其他的供给主体如私人、民间机构、非营利组织等由于主观供给能力以及客观制度条件等方面的原因，也未能发挥政府供给的补充作用。优质的地方公共服务是一个地区聚集高质量经济要素进而实现高质量发展的核心要素，在中国经济进入新旧动力转换的新时期，如何实现这一区域发展方式的转变并没有多少历史经验可循，现有的西方公共经济理论也都难以适用。本书从地方公共服务与区域经济的相互作用机理入手，将这一问题放在制度演化的长期轨迹当中进行考察，并以交通基础设施供给制度的多元化演变为例，揭示出这种制度现状产生的内在逻辑以及演化趋势。因此，本研究对于我国地方发展模式的转变以及推进国民经济高质量发展都具有重要的现实意义。

第三节　相关概念的界定

概念的阐述和分析是研究工作的起点。一项研究涉及的概念可能有很多，这里只从破题的角度，对题目中的关键概念，进行说明、理解和分析，其他的一些概念将留至书中合适的地方进行阐述。关于"地方公共服务的供给制度演化与多中心协同治理体系研究"这一论题，笔者想要重点说明两个概念，即地方公共服务和制度演化。

一、地方公共服务

非排他性、非竞争性是公共物品的基本特征，公共物品在理论上是一种可以供所有人享有的物品。在现实中，从公共物品中受益的"所有人"往往难以涵盖世界或者一国的全部人口。绝大多数公共物品或服务的享用都会受到空间范围的限制。很多公共物品的受益人都与居民个体所处的地理区位有关。例如国防、太空科技、医学研究等公共物品或服务的受益范围主要以国家领土为边界；而道路、消防、排水等公共物品或服务的受益范围则较为有限。所以在现实中受益于公共物品的社会成员往往都从属于特定的地理区位和行政区域，绝大多数公共物品的供给制度设计都需要考虑其空间范围问题。

根据公共物品的受益范围可以将其划分为全国性公共物品和地方性公共物品两个大类。所谓全国性公共物品，主要是指那些能够被全国所有居民同等消费、同等享用的物品。而关于地方公共物品则有两种不同的界定：一种是从公共物品的消费特征角度，将受益范围具有地方性特点的公共物品视为地方公共物品；另一种是从供给者的级别角度，将由地方政府提供的公共物品视为地方公共物品。但按照规范分析的角度来看，以公共物品的消费级别为标准更为合理，而公共物品供给主体的政府级别应当首先以公共物品的消费特征为依据来进行相应的制度安排，从而避免造成资源浪费。在本书中对地方公共服务也采用这种界定方式，即对那些居住在某一地理区域内，只占全国人口一部分的人具有非竞争收益的公共服务（海曼，2001）。这类公共服务通常在地方的空间范围内被消费者共同地、平等地消费，因而由地方政府提供是最有效的制度安排，很多地方政府几乎是独自提供这类公共物品，并以向当地居民征税的方式来筹集所需的资金。这类当地消费、集体受益的服务包括教育、治安和消防、公共卫生、垃圾处理、交通管理和道路、给排水服务等。由地方政府提供公共物品和筹集资金的制度安排具有内在优势，确保政府提供的服务可以适应各地各区域内居民不同的品位和需求。地方居民通过集体决策过程向居住地政府提出公共服务要求，同时居民还可以根据各地政府提供公共服务的类型和品种来选择居住地。

地方公共服务的范围非常广泛，既包括无形的行政管理、政策法规和有形的公共安全、文化事业、科学研究、环境保护等方面的纯公共物品，也包括不完全具有竞争性和排他性的准公共物品，如基础教育、消防、医疗卫生、道路、桥梁和隧道，以及一些可以通过收费方式经营的地方性基础设施，如铁路、机场、港口、高速公路、邮局、供水站、供电站、供气站、公园和博物馆等。这些准公共物品在地方公共服务中占有较大的比重，并且某一地方经济的发展水平和城市化水平越高，这类地方公共服务的需求增长得越快。因此本书的研究对象也更多地集中于这些有形的准公共物品。

本书的实证部分选取交通基础设施作为分析的对象，一方面，交通基础设施在区域经济系统中的作用比其他地方公共服务更为直接；另一方面，交通基础设施中包括了从一般道路桥梁到高速公路等排他性程度不同的设施，谱系相对完整，其制度演化更加具有典型性。

二、制度演化

制度本身是一个相当宽泛的概念，不仅包括宏观的宪政和文化视角，也包括相对微观的企业治理机制视角。与之相对应，制度演化也包括不同的研究层面和时间跨度。制度演化的研究范式包括了新制度经济学和演化经济学两种。新制度经济学主要侧重研究具体的组织治理结构、制度演化的发生条件以及制度安排中的利益机制、激励机制等；演化经济学更加适合考察长期的制度演化过程。这两种分析范式各自服务于不同的研究目的，通常来看，演化经济学更加注重揭示制度演化的本质，故更多地着眼于认知和知识的演化。新制度经济学较多侧重揭示制度演化的实际效果，所以很多时候采用成本—收益分析框架，并着眼于利益机制的研究。二者的差异是：演化经济学更多的是"追本溯源"，新制度经济学更多的是"直面现象"（章华等，2005）。

本书所研究的问题为一类特殊经济属性物品在一定空间层次下的供

给制度的演化过程，是中观层次的研究。在时间跨度上则更加侧重于在一个历史阶段下对其组织形态的演进阶段、演进路径和多样性进行考察。因而，本书更多地借助于演化经济学的分析范式，但针对当前地方公共服务供给制度的现实情况，在制度创新上也将借鉴新制度经济学的一些工具方法，结合二者的优势，更好地服务于制度改进的目标。

第四节　研究方法和理论工具

一、研究方法

在经济学中，研究方法事实上包含了基础层、基本层和应用层三个层次。首先，在基础层上使用经济学的哲学基础或哲学意义上的经济学方法，这个层次的研究方法相对抽象，构成了经济学者认识世界的思维方式，体现在经济学研究者的思维习惯上；其次，在基本层上运用经济学研究的基本思维原理，例如经济学常用的逻辑演绎法、历史归纳法、动态/静态分析法、规范/实证分析法等；最后，在应用层上使用经济学研究中的各种技术方法，即针对经济学的特定研究对象，提升理论的精确性或者完善性，运用带有较强技术性的具体方法，如博弈分析法、均衡分析法、个案研究法等。这三个层次的方法论在具体的经济学研究中是一个整体。

本书的分析对象主要是地方公共服务的供给制度这一特定经济现象，遵循上述基础层和基本层的经济学研究思路和方法，总体上是按照"观察现象，提出问题，建立假设，设计模型，形成假说，实证检验，得出结论"的一般思路。同时考虑到分析议题的特殊性，还借助制度经济学和演化经济学的分析范式[①]来研究现有的主流区域经济学理论难以有效解释的各种地方公共服务供给的制度安排，并解释这种制度安排在不同历史背景下的演变。因此需要将制度演化分析引入区域经济研究，但是本书的研究也不完全是对传统区域经济学理论的否定性批判，而是包含了一部分正面启示

---

① 尤其值得一提的是演化经济学本身就是同波普证伪哲学有着密不可分的联系，演化经济学的选择、记忆和变异这大基本三种演化机制直接来自于波普的科学方法论。波普的科学概念是作为一系列的推断出现的，它被证伪行为持续地辨别（continually winnowed by refutation），这也被清晰地类比为一个演化过程（Loasby，2000），演化经济学中的变异被描述为新推断的产生，适应性被描述为受到认知能力限制的人类行为及其表现（例如主体追随别人的认知模式的行为），而选择则被描述为一系列推断不断被证伪的过程。

法的工作，通过精简、修改、增加或完善辅助性假设的方法，在区域经济理论的基础上，发展和丰富区域经济学理论体系。本书从新的视角，试图通过制度演化的分析方法，揭示地方公共服务供给的动态演化路径和阶段性形态，具体的研究思路将在下一节中进一步详细阐述。

二、主要研究工具

（一）演化博弈论

演化博弈论（Evolutionary Game Theory）是将博弈论分析工具和动态演化分析二者相互结合而形成的一套理论分析工具。演化博弈论从动物进化论的基础上发展而来，最早应用于解释生物的自然进化过程，此后被应用到社会领域，分析社会非正式制度和正式制度的形成演化过程。一方面，演化博弈论与传统博弈论有所差异，后者更侧重于分析静态均衡和比较均衡；另一方面，演化博弈论克服了演化经济学忽视静态均衡分析而容易流于动态不可知论的缺陷，成为演化经济学中的一个重要研究工具，并且为经济学开辟了一个新的研究领域。

自史密斯和普莱斯（Smith & Price，1973）提出演化稳定战略概念以来，演化博弈论在社会制度演化领域发挥了越来越重要的作用，它将社会体制解释为由历史的初始条件、环境条件的改变、居民主体的选择、政府参与和文化碰撞等多重因素共同决定的。

演化博弈论不同于传统博弈论的重要之处在于参与人的有限理性假设，即认为有限理性的经济主体在进行决策时无法准确识别自己所处的利害状态，它在决策时总会选择最有利的战略，从而达到均衡状态。在这种不断变化的过程中，选择盈利高的战略的人数比率逐渐上升。演化博弈论特别关注在演化的过程中，决策主体如何选择和改进战略，以及是否具有稳定的均衡点与如何解释这个均衡点。当存在多重均衡时，需要结合历史的初始条件分析均衡点收敛的历史依赖性或路径依赖性，以及演化进程出现战略突变的可能和影响。

地方公共服务供给制度演化分析，在具体分析制度的动态均衡点和多重均衡及其演化路径时，需要具体考察不同制度安排的相互作用，而其作用方式、作用过程和作用结果主要是通过相关供给参与主体之间的演化博弈进行的。在不同的初始条件和相互嵌入的制度条件下，博弈的均衡结果也具有多重性和路径依赖性，因此演化博弈分析将成为本书研究的重要分析工具。

（二）制度分析的方法

对于制度分析，不同的学派如旧制度学派、新制度学派、奥地利学派、演化经济学派以及历史制度学派等对其概念说法不一，尚没有形成统一的定义。制度分析是经济学中的重要方法，每一位经济学者都不得不承认，在经济问题的研究中，如果把制度抽象掉，或者仅仅将制度作为外设条件，那么就难以对人类经济的发展过程和运行实际做出合理的解释。

主流经济学将经济人假设为前提，在制度不变的前提下来研究问题，而是制度分析方法明确要求从制度角度考察经济运行，分析制度的变迁及其对资源配置的影响。制度分析方法认为人类的经济行为远比经济人假设下的行为更为复杂，提倡从制度结构出发分析经济主体行为，认为经济主体的偏好和目的受制于制度，必须加入制度变量来分析经济主体行为的偏好和目的。这种偏好和目的不是经济分析的既定前提，而是分析对象。制度分析方法的出现是经济学分析方法论史上的一次革命。该方法将制度作为约束、激励和保护经济主体的规则，认为经济主体在不同的制度环境中将表现出不同的行为方式，即经济主体的行为方式是制度的函数。经济制度通过决定经济主体的经济行为而影响微观经济运行和宏观经济发展。经济制度的形成通常需要历经很长时间的考验，并在反复试错和多次博弈中逐渐完善。

本书以地方公共服务供给制度为研究对象，制度分析方法将贯穿于本书的整个研究架构，对于地方公共服务的制度结构、制度变迁动因、演化序列和阶段性均衡的分析构成本书研究的核心内容。

第五节　研究思路、研究框架和关键命题

一、研究思路、研究框架

本书对于地方公共服务供给制度演化的研究主要分为六个步骤，如图1.1 所示的。

第一，完整地梳理地方公共服务、供给机制和制度演化的相关理论与研究进展。一方面，通过文献的归纳整理了解目前这一问题的研究进展，在地方公共服务供给制度领域需要重点进行哪几个方面的理论突破；另一方面，试图在现有理论的基础上继承与创新，寻找地方公共服务供给困境的解决途径。

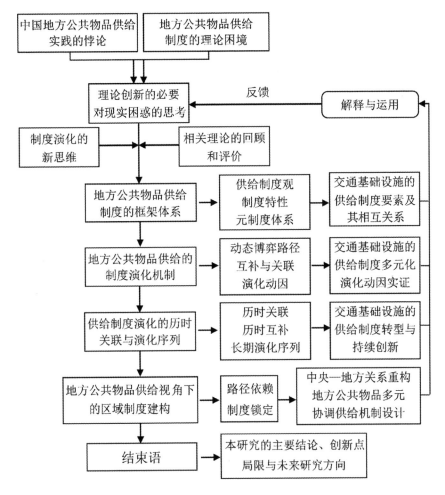

图 1.1　本书的研究框架

　　第二，基于对西方和中国地方公共服务供给现象的观察，提炼供给制度演化的现实特征。地方公共服务在理论上是一个相对宽泛的概念，而在现实中地方公共服务所涵盖的范围由于发展程度、制度背景、人文习惯等的差异存在很大的不同。因此，本书在文献综述之后，就开始对各国公共物品供给的实践进行比较，通过比较来达到这样三个目的：一是阐明现实中地方公共服务涵盖的具体范围、水平及差异；二是清楚了解各国地方公共服务供给的制度安排情况；三是对于这些制度产生的背景和历史过程进行梳理，为后面的理论推理做好铺垫。

　　第三，概括地方公共服务供给的元制度。制度本身就是一个模糊的概念，目前各个学派对于制度表述不一。因此，在本书研究框架中首先对地方公共服务供给的元制度进行概括。本书基于青木"制度是关于博弈重复进行的主要方式的共有信念的自我维持系统"的界定（青木昌彦，2001），分析了地方公共服务供给制度的内涵和特性，进而将地方公共服务供给制度解构为四个基本的制度单元。四个制度单元博弈结构的变迁就构成了地方公共服务供给制度的演化过程。在第四章以交通基础设施的供给制度为例，阐述了这一典型地方公共服务供给的制度要素及其相互关系。

第四，解答地方公共服务供给制度为何演化和如何演化的问题。这部分首先阐述了地方公共服务供给的制度结构，并构建供给制度域的均衡路径与反馈机制模型，主要运用演化博弈论的方法分析供给制度域演化过程中的演化稳定特征；其次从整体性制度安排的角度分析各个域之间的相互耦合机理——互补与关联；然后在这个框架上阐述促使地方公共服务供给制度发生演化的内外部动因及其触发机制；最后用交通基础设施多元化供给制度的演进过程进行理论的实证。

第五，将理论分析的视角转移到长期的制度演进上。本研究在分析供给制度的共时性互补和关联的基础上，进一步分析制度演化的历时互补与关联机制，揭示地方公共服务供给制度演化路径的跨时性因素影响；在此基础上分析地方公共服务供给制度的长期演化趋势，推演供给制度长期演化的有序序列，并以交通基础设施供给制度为对象，分析其制度转型的未来走向以及可预见的持续创新趋势，作为这部分理论推演的有益补充。

第六，从理论转移到现实。在地方公共服务供给制度的现实中，制度演化可能并非按照理论所推演的序列进行。在路径依赖特性的作用下，制度演化有可能会出现倒退和分叉，从而打乱制度演进的逻辑序列。本书进一步分析供给制度路径依赖与锁定的成因，在此基础上将前面的理论分析与中国区域制度的现实背景相结合，从中央—地方关系和地方政府—企业—居民关系两个层面，提出了以公共财政为目标导向的中央—地方关系重构措施和地方公共服务多元协调供给制度的实现措施，进一步用理论指导实践，充实本书的研究内容。

二、关键命题

关键命题的设定和论证构成了研究的灵魂，也成为本书的创新所在。本书将提出以下一些关键性命题，并将在书中加以论证。

1. 传统区域理论对地方公共服务供给、区域经济系统关系和制度演化相关研究的局限（将在本书的第二章具体回顾分析）。

2. 地方公共服务供给治理机制变革的横向比较和纵向比较（将在第三章中系统阐述）。

3. 在演化经济分析的框架上重建地方公共服务供给的制度观（这是本书第四章的主要任务）。

4. 地方公共服务供给制度演化的均衡、反馈机制与演化动因（将在本书的第五章展开阐述）。

5. 地方公共服务供给制度演化的长期演化序列（将在本书的第六章分析论证）。

6. 地方公共服务供给视角下区域制度的现实建构（将在本书的第七章具体阐述）。

第二章 地方公共服务供给与制度演化文献回顾

由于本书所探讨的是地方公共服务供给制度的演化及其创新，因而在这部分文献综述中主要在三个方面进行重点文献与研究进展的梳理：一是针对区域经济系统的重要组成部分——地方公共服务最优配置问题的研究成果及其分析脉络进行完整的梳理；二是对地方公共服务的三种供给机制——政府供给、私人供给以及第三部门多中心治理进行观点评述；三是对制度演化中的各种不同制度观的演变脉络以及制度演化分析框架进行整理和评价。

第一节 地方公共服务与地方公共经济的研究演进评述

一、区域经济学中的地方公共服务

地方公共服务是很多区域形成发展的原因，特别是在城市生活中，人们往往首先想到的是公共服务的供给。在现实世界中，地方性公共物品通常以公共设施的方式提供，公共设施在城市形成以及居民生活质量中具有高度的重要性。帝茨（1968）曾经幽默地写道：

"现代城市居民在公立医院里出生，在公立学校或者公立大学里接受教育，利用公共交通设施旅行，使用邮局或者准公用电话系统通信，饮用公共水，在公共垃圾处理系统中丢弃垃圾，在公共图书馆读书，在公园野炊，共同享用警察、消防和健康系统。最终当死亡来临时，他再次回到公立医院，然后可能还被埋葬在公共墓地。"

　　由此可见，地方公共服务应是区域经济学研究中的重要领域。在现有的区域经济学理论体系中，对地方公共服务的研究主要可从区位理论和空间聚集两方面进行考察。

　　在区位理论的体系架构中，地方公共服务的重要性是与企业、家庭的重要性列为同等地位的，生产活动区位、家庭区位以及区域公共设施区位（PFL）共同构成区位理论分析的三个核心内容。"区位"概念自杜能（1826）提出后经韦伯（1909）、克里斯塔勒（1933）、帕兰德（1935）和勒施（1940）等人的发展成为德国古典区位传统，已成为现代区域经济研究的理论基石之一。近年来，地方公共服务区位研究更多地继承了韦伯的设施区位决策，即如何配置设施来为给定区位的用户们服务，如重力类型的模型（Lowry，1964；Lakshmanan et al.，1965）、熵模型（Wilson，2013），以及建立在随机选择理念基础上的模型（McFadden，1974）。这些公共物品区位的研究尽管吸纳了越来越多的科学方法并取得了很大的进展，但基本都是将公共物品放在被动的位置予以考察的，探讨如何降低运输费用与可达性等问题，地方公共服务与区域经济系统基本上是被动适应的关系。

　　随着克鲁格曼（Krugman，1991）、维纳布斯（Venables，1996）、藤田（Fujita，2001）等对空间集聚活动研究的深入，区域经济学开始转向以聚集机制为中心的空间一般均衡问题研究，而在这些主要学者的分析框架中，聚集被看作企业和家庭个体互动的结果，而地方公共服务作为聚集的重要基础却几乎没有被考虑进来（Roos，2004），有少数学者分析地方公共服务与集聚的关系（Maurer et al.，2000），鲁斯（Roos，2004）将地方公共服务纳入空间集聚的一般均衡模型，有学者利用新经济地理模型考察地方公共服务与工业区位的关系（Wang & Zeng，2013）。芬格等基于新经济地理学框架考察了公共投入的竞争效应，当贸易成本相当大时，区域竞争会导致公共投入过度供给，而区域高度一体化则会导致供应不足（Fenge et al.，2009）。

　　由此可见，在区域经济学的主要理论架构中，区位理论尽管将公共设施列为重要的分析对象，但都把地方公共服务视为其他经济活动的衍生产品，忽略了地方公共服务与其他经济要素之间的互动机制。以新经济地理学派为代表的聚集经济分析探讨了各种资源要素的空间一般均衡，但却没有把地方公共服务作为要素之一纳入进来，仅近年来才有学者开始将其作为聚集经济的要素加以分析。

　　尽管在区域经济学的主要框架中，地方公共服务与区域经济聚集运行的关系并没有纳入其中，但在许多著名学者对于公共物品的研究中，公共物品都被赋予了区域上的意义，这在萨缪尔森对于公共物品的经典概括中可以体现出来：纯公共物品由一个地区的所有成员共同消费，该地区可以是一个城市或者一个国家（Samuelson，1954）。所以，与其他经济要素相比，公共物品的空间特征更为明显。

"地方公共物品"概念的正式提出来自查尔斯·蒂伯特（Charles M. Tiebout）1956年的奠基之作《地方支出的纯理论》（Tiebout，1956），他观察到许多公共服务，比如警察、消防、学校、医院和体育馆都具有地方性特点，因而在一定假设下，地区间竞争以及消费者"用脚投票"机制就可以保证地方公共物品的有效供应。他的这一研究推动了关于地方政府以及地方公共经济的一系列理论的发展，其中除蒂伯特及后人（Hamilton，1975；Arnott & Stiglitz，1979）对其中一些假设的修正外，在地方公共物品供给问题的研究方面，主要的分支还包括以奥茨（1969）分权定理为代表的分权机制研究和以布坎南（1965）俱乐部理论为代表的公共选择机制研究。下面将分别对他们进行详细讨论。

二、蒂伯特模型与地方公共服务的最优配置

关于公共物品，传统理论认为：因为公共物品能够被许多消费者共同消费，同时在公共物品的供给中很难排除别的消费者从中获得利益，因此，人们常常不会充分显示对公共物品的偏好态度，从而实现免费"搭便车"的目的，享受别人提供的公共物品而不付出成本。萨缪尔森得出结论："不分权的定价制度可以用来确定集体消费的最适水平。"（郭庆旺等，1999）蒂伯特对此提出质疑，认为小规模的地方政府有很多，这种结构可能是一种分权的定价制度。

蒂伯特在《地方支出的纯理论》一文中提出了一个理论模型："假设人口可以自由流动，存在足够多的潜在或者现存社区，这些社区提供不同的公共物品束，居民能够通过无成本的迁移选择公共物品最好和税收组合最优的社区，并且通过这一过程显示出他们对公共物品的真实偏好。其结果达到这样一个均衡：居民们在社区间的分布建立在对公共服务的需求上，每个居民都能获得他自己最想要的公共服务。"（Rubinfeld，1987）

蒂伯特模型的主要假设包括六个方面（奥沙利文，2003）：（1）社区足够多，每个居民都能找到自己满意的社区；（2）居民对社区税收和服务完全了解；（3）迁移成本为零；（4）地方公共物品无外部性；（5）规模报酬不变；（6）按人头交税。给定这些假设，通过居民在社区间的迁移（用脚投票）将带来一个有效率的结果，避免多数票制原则所带来的低效率，

实现公共物品的有效供给。奥茨（1969）通过实证研究也发现，财产税和公共服务上的差别反映在住房价值中，表明了居民对地方公共物品的确能够进行衡量。

蒂伯特模型有效率结果的产生依赖于严格的限制条件，为了使模型更具有现实意义，很多学者通过放宽蒂伯特的假设条件得到更具现实性的结果，其中最具代表性的就是汉密尔顿。汉密尔顿（Hamilton，1975）将财产税引进了蒂伯特模型，假定地方政府用财产税而不是用人头税来筹集资金，在每个社区存在分区限制的条件下，地方公共服务会处于帕累托有效的水平，蒂伯特均衡能够得以实现。该模型也被称为蒂伯特—汉密尔顿模型，该模型意味着地方政府是最有效率的治理层次，通过在地方层次上提供公共服务，并通过财产税筹集资金能够实现资源的有效配置。蒂伯特—汉密尔顿模型为地方公共服务的治理机制奠定了理论基础。

此后对蒂伯特模型进一步改进的还包括斯蒂格利茨（Stiglitz，1977），阿诺特（Arnott，1979），以及阿诺特与斯蒂格利茨（Arnott & Stiglitz，1979）等，他们分析了用总级差地租就可以完全资助公共物品的条件，即著名的亨利·乔治定理①，这些研究为深入理解地方公共服务供给的制度安排提供了重要的理论铺垫。鲍德威和特伦布莱（Boadway&Tremblay，2012）对蒂伯特模型的贡献进行反思，认为蒂伯特模型强调劳动流动性、财政竞争和收益税，对早期财政联邦制度的建设有很大的影响，但在现代联邦制下，需要考虑劳动力的有限流动性、支出分配、分权和税收转移等因素。此外，拜耳和麦克米兰（Bayer & McMillan，2012）还基于蒂伯特模型的视角用反事实均衡模型考察了城市环境中的社区混合居住现象（Boadway et al.，2012）。吕洪良（2013）回顾了蒂伯特式空间俱乐部的理论研究脉络，认为空间因素会影响地方公共产品的有效供给，需要分散的市场机制与集中的政府机制进行协调。

三、公共物品供给的分权定理

对于公共物品供给分权的思想可追溯到斯密在《国富论》中的论述："一切公共工程，如不能由其自身的收入维持，而其便利又只限于某特定地方或某特定区域，那么，把它放在国家行政当局管理之下，由国家一般收入维持，总不如把它放在地方行政当局管理之下，由地方收入维持来得妥

---

① 它是由美国经济学家亨利·乔治在其专著《进步和贫穷》中关于对纯公共物品征税的建议基础上提出的。

当。"但在蒂伯特之前，马斯格雷夫（1939）和萨缪尔森（1954）都认为集中的政治管理对于公共物品供给是必要的。直到斯蒂格勒（1957）明确提出地方分权问题，他认为地方政府与中央政府相比，地方政府更接近于自己的公众；同时一国国内不同的人们有权对不同种类与不同数量的公共服务进行投票表决（Stigler，1957）。在蒂伯特"用脚投票"机制思想的影响下，华莱士·奥茨（Wallace E. Oates）在 1972 年为地方政府的存在提出了一个分权定理："对于某种公共物品来说——关于这种公共物品的消费被定义为是遍及全部地域的所有人口的子集的，并且，该物品的每一个产出量的提供成本无论对中央政府还是地方政府都是相同的。那么，让地方政府将一个帕累托有效的产出量提供给他们各自的选民，则总是要比由中央政府向全体选民提供任何特定的并且一致的产出量有效得多。"奥茨认为地方政府的利弊主要包括三个方面——需求的多样性、外部性和规模经济，这些利弊分析成为地方行政体系设立、区域合并与分割等的重要理论依据。后来许多学者的研究如霍曼、派因斯和蒂斯（Hochman，Pines & Thisse，1995）的分析都是在这一框架下的进一步说明。

特里西（1981）从信息不完全和非确定性出发，发展了蒂伯特—奥茨分权定理，提出了"偏好误识"的理论假说，认为中央政府可能无法充分掌握社会偏好的信息，仅仅是将自身的偏好强加于全体公民，这一理论构成了地方分权的主要参考依据。奥茨（1999）也结合特里西的理论对其定理进行完善，认为当中央政府能够掌握社会偏好的完全信息时，他们就可以根据各个地方的需求提供不同的公共物品，也就没有必要实施财政分权。然而在现实生活中，信息不对称普遍存在于政府的决策过程中，地方政府相较于中央政府对于本地区居民的偏好掌握更多的信息，在公共品的提供上也更具有成本优势。

斯蒂格勒和奥茨等的研究为地方政府存在的合理性和必要性提供了理论支撑。马斯格雷夫（1984）则进一步论述了"财政分税制的思想"，他比较了三种不同类型的政府政策——稳固性、再分配和公共资源配置。他认为在稳固性和再分配职能上，地方政府由于财力有限和经济主体的流动性难以承担，相应职能应交由中央政府。在公共资源的配置方面，由于各地居民的偏好不同应实施差异化配置，地方政府承担该项职责能够更加有利于经济效率的提高和社会福利水平的改进。此外，中央政府和地方政府的分权可以与各级政府在税收权的分配上相互匹配，使得地方政府获得相对独立的权力，为"财政联邦主义"的分税制实践提供了理论依据（Musgrave，1984）。

以上述理论为基础，在财政学中形成了中央与地方划分收入与支出的许多准则，如在收入划分中马斯格雷夫（1984）提出七原则：以收入再分配为目标的累进税归中央；作为稳定经济手段的税收归中央；地区间分布不均的税源归中央；课征于流动性生产要素的税收归中央；依附于居住地的税收归地方；课征于非流动性生产要素的税收归地方；受益性税收及收费对各级政府都适用。此外，塞利格曼（1927）也提出包括充足原则（principle of adequacy）、效率原则（principle of efficiency）以及恰当原则（principle of suitability）在内的三原则。大卫（1997）提出了中央以下政府不应课征高额累进税，不应课征税基流动性大的税种，不应课征那些大部分归宿转嫁给非居民的税种，不应开征那些其负担不能被地方居民察觉的税种的"四不原则"。在公共支出划分中，巴斯特布尔（C.F. Bastable）则提出了包括受益原则、行动原则、技术原则在内的三原则。

随着人们对于中央—地方财政分权认识的深入，20 世纪以来，全球各国普遍开展了财政分权的实践。世界上主要的发达国家都采取了财政分权模式。在人口超过 500 万的 75 个转型经济国家中，84%的发展中国家也在陆续将权力下放给地方政府（杨灿明等，2004）。

还有一些研究侧重于用新厂商理论打开地方政府这个"黑箱"，在财政分权框架上引入了激励相容与机制设计学说，因而被称为新一代财政分权理论，钱颖一和罗兰（1998）、钱颖一和温格斯特（1997）与怀尔德森（1989，1994）的研究引发了广泛关注，指出财政分权应重点考虑针对公共政策制定者的激励机制设计问题。吴延兵（2017）认为中国式经济分权体制导致了地方政府"重生产，轻创新"的偏向。王育宝和陆扬（2019）运用演化博弈模型探讨了中央政府、地方政府、企业三方在环境治理体系中的策略选择和多重均衡问题。这些领域的研究进展尽管对制度演化过程中的差异性关注不足，但对于推动地方公共服务供给制度合理设计都发挥了重要作用。

四、布坎南公共物品最佳规模的"俱乐部"理论

俱乐部理论是地方公共物品理论的另一重要分支，最早是由公共选择理论创立者詹姆斯·布坎南（J.M. Buchanan）1965 年提出的，该理论说明了地方政府管理的有效范围与居民人数的优化条件，是西方学术界研究地方政府最佳规模的代表性观点。"俱乐部"理论把地方公共物品的供给组织比作俱乐部，其核心思想是随着俱乐部成员的增多，个人分担成本减少和拥挤成本增加之间的权衡，当不存在政府强制的条件下，公共物品的消费

者出于私人利益，也可以以一种自愿协议谈判的方式，构建起共同提供的合约，从而实现公共物品的共同消费和供给成本的合理分摊，同时在一系列严格假设的前提下，"俱乐部"不仅能实现参与者的个人利益，也可以达到集体利益最大化的目标。麦圭尔（1974）在"俱乐部"理论的基础上，进一步论证了最优地方政府规模的问题，在地方政府的管理范围内，人口的最佳数量和该地区所提供的公共物品最优水平应该同时被确定，指出：根据成本与收益一致的原则，地方政府规模应按照既定的公共物品供给水平来确定。该理论为地方政府管辖范围的确定提供了理论上的依据，此后伯格拉斯（Berglas，1976）、斯科奇姆和伍德斯（Scotchmer & Wooders，1987）以及斯科奇姆（Scotchmer，1994）都对该理论做出了进一步的完善。马西亚诺（Marciano，2016）梳理了布坎南关于市场失灵的分析，指出自私自利的人在小团体中会自愿采取亲社会行为，因此外部性导致的市场失灵不能成为强制性政府干预的依据。

上述研究分别从不同的角度出发，探讨了地方公共服务与地方公共经济之间的关系，为地方公共服务供给效率的优化提供了重要的借鉴意义，但是将地方公共服务供给纳入区域经济系统中讨论其有效供给的实现的研究并不多见，尽管这应该是区域经济研究中十分重要的问题。

第二节　地方公共服务供给机制的相关研究综述

地方公共服务的供给机制是本书的主要研究对象，作为一种特殊的公共物品，其供给机制在现实中是十分复杂的，理论的研究更存在许多不同的观点，传统政府与市场的两分法已经不足以概括这一领域的观点流派，第三部门、自主组织、多中心治理等一些新的经济秩序开始引发越来越多研究者的关注。因此在本节中按照政府供给、私人供给、第三部门及多中心供给三部分对地方公共服务的供给机制进行梳理。

一、地方公共服务的政府直接与间接供给

在传统经济学的视角下，无论是理论上还是实践上，政府天然被认为是公共经济的主体，政府几乎垄断了公共经济和公共事务领域的一切事务（黄恒学，2002）。在古典和新古典经济学传统中，都视政府为天然的公共物品唯一生产主体，通过官僚组织模式提供给社会。如今市场机制尽管已被引入公共物品的供给中，政府、社区、私人以及国际组织等多主体共同

提供公共物品，但是"政府的财政收支行为仍然是公共部门的主体"。政府提供公共物品的理论经历了两个阶段：第一阶段是从亚当·斯密到 1954年萨缪尔森（Samuelson）发表《公共支出的纯理论》为止。这一阶段关于政府提供公共物品的理论特色在于：公共物品的天然、唯一提供者是政府，政府提供公共物品依附于公共财政，从税收和支出的角度研究公共物品的提供。第二阶段是从 1954 年到现在。公共物品理论正式形成，大量的研究基于公共物品的内在属性，分析公共物品与市场机制之间的内在矛盾，针对公共物品的不同性质，设计相应的制度安排，形成了不同流派的公共物品供给理论。主要的理论奠基人包括萨缪尔森、布坎南和科斯。萨缪尔森（1954）通过揭示公共物品与市场机制之间的矛盾，揭示了公共物品的非排他性和非竞争性特征，以及公共物品不能使人们真实地表现自己偏好的原因。布坎南（1965）提出了介于纯公共物品与私人产品之间的具有"排他性和非竞争性"特征的俱乐部产品，随后公共物品理论不断完善，形成了政府、私人、俱乐部和地方组织提供公共物品的总体框架。科斯（1974）则证明了传统意义上被政府提供的地方公共服务实际上被私人大量地提供着。

现实中地方公共服务的政府提供包括直接生产和间接生产两种方式，黄恒学（2002）归纳了政府直接生产和间接生产的公共物品范围：（1）政府直接生产可分为中央政府直接生产和地方政府直接生产。中央政府直接生产的大多属于纯公共物品性质，包括国防、基础设施、国家知识创新系统、大江大河的开发利用以及气象环境等公共服务。地方政府直接生产的主要是除了全国范围和跨地区的公共物品外的地方公共服务，如保健、医疗、消防、煤气、电力、图书馆、博物馆、中小学教育等。（2）政府间接生产主要通过以下 4 种形式：①政府与企业签订生产合同，主要应用于具有一定排他性的准公共物品，通过政府公开招标收费形式与企业签订合同；②授予经营权，主要通过政府颁发许可证的方式进行生产；③政府参股，主要以控股或入股的方式向私人企业提供资本和分散私人投资风险；④经济资助，即通过补贴、津贴、优惠、贷款、减免税收等形式鼓励企业生产。

二、地方公共服务的私人供给机制

对公共物品私人供给机制的探讨主要是从戈尔丁、科斯开始的，戈尔丁区分了公共物品消费"平等进入"（equal access）和"选择性进入"（selective access）的区别，"选择性进入"是能够通过付费的方式由私人提供的。德姆塞茨（1970）从排他性技术角度讨论了私人提供公共物品的可能性。布鲁贝克尔（1975）认为公共物品消费上的免费搭车问题缺乏经验方面的科学依据，它忽视了现实中许多影响人们表明自己对公共物品需求的重要因素，个人会权衡社区成员信任的长期利益与享受搭便车短期利益的关系。史密兹（1987）进一步认为消费者之间可以订立契约，根据一致性统一原则来供给公共物品，从而解决"免费搭车"问题。同时，很多实证研究也证明了私人在提供教育、法律与秩序、基础设施、农业科研以及其他公共品方面的潜在力量（史普博，2004）。

从现实中地方公共服务私人供给的形式来看，不同的国家、不同的公共产业采取的形式不尽一致，各国可以根据自身的制度禀赋特征和改革的动因精心设计私人供给的方式和类型。在这方面，世界银行（1997）、欧盟委员会（De la Motte et al.，2003）、加拿大 PPP 国家委员会（Allan，1999）以及美国 PPP 国家委员会（National Council For PPP，2002）等政府组织以政府和社会资本合作（Public Private Partnership）为题进行了大量的研究。按照地方公共服务供给从全公有到全私有的不同提供模式以及世界各国的典型案例，可以将其归纳为表 2.1。

表 2.1　地方公共服务供给的公有—私有供给模式

供给模式	模式特征	典型案例
传统政府机构	政府的行政部门，建立在政府执行部门中	大多数国家的一般地方政府
政府事业机构	政府机构，机构官员、事业机构根据绩效取得报酬	大多数地方警察机构、研究机构等地方事业单位
国有企业	为政府所有，但进行公司化运作，与私营企业运作方式十分类似，但不受政府机构许多管制的限制	多数国家的公立医院、国有供水、供电、燃气公司等
服务合同	由私营组织来提供特定单项服务的合同，相对简单，期限一般较短	德国法兰克福的警察服务
管理合同	政府付费请私营者管理设施，但承担大部分经营风险，往往是一整套服务，对投资者的资金和技术等综合实力的要求略高	墨西哥城用水用户调查和水表安装、计价和收费以及系统维修管理合同
租赁合同	私营者付费给政府以获得设施的管理权，并承担一些经营风险，地方政府负责资本性支出，投资者负责运营资本的融资，并且承担系统每日运营的商业成本	德国罗斯托克水务公司
建设—经营—移交（BOT）协议	私营组织建设、拥有和经营一项设施，然后在一定时期末将所有权无偿移交给政府	英国泰晤士水务公司

续表

供给模式	模式特征	典型案例
特许权	私营组织在一段时间内承担对一项设施或一个国有企业的运营管理,在这段时间内该私营组织还承担重大的投资和经营风险	法国格勒诺布尔水务公司
部分私有（混合经营）	政府将国有企业的部分股权转让给私营组织（经营者、机构投资者）,私营股权可能对设施进行管理,也可能不进行管理	匈牙利布达佩斯排污工程
完全私有/剥离	政府成立国有企业来提供一项公共服务,然后把对该国有企业的全部股权转让给私营企业	坦桑尼亚达雷斯萨达姆市水务公司

资料来源: 在 Selecting an option for private sector participation（World Bank, 1997）基础上整理而成。

三、第三部门供给与多中心治理

第三部门也称非营利组织, 是指除政府部门和以盈利为目的的市场部门之外的组织或部门, 包括志愿团体、社会组织或民间协会等（王名, 2001）。第三部门提供公共物品源自一系列来自公民个体、政府以外以及政府本身的压力。20 世纪 70 年代开始, 当政府在各种压力下不得不逐渐从公共领域中退出, 为了弥补政府退出所产生的缺位, 各种各样的非营利组织应运而生。奥尔森（1965）首次对公共物品自愿供给理论进行了开创性的分析, 而伯格斯特龙、布鲁姆和范里安（Bergstrom, Blume & Varian, 1986）则探讨了不同程度财富再分配对个人捐赠的不同影响, 他们对自愿捐赠非合作一般模型的分析是公共物品自愿供给分析的经典之作。

对于这种政府与市场外的供给机制, 以奥斯特罗姆为代表的制度理性选择学派进行了深入的研究。奥斯特罗姆在大量经验研究基础上提出了公共事物自主组织与治理的集体行动理论, 并称之为市场与政府以外的另一只"看不见的手", 她借用了波兰尼（Polanyi）首先使用的"多中心"一词, 提出了公共经济的多中心理论体系。在奥斯特罗姆的多中心框架之下, 公共经济并非是政府的垄断性经济, 而可以是混合性经济, 私人也可参与其中, 更重要的是她归纳总结了公共经济不同于市场经济的特有运行法则（Ostrom et al., 1977）。公共经济领域, 集体消费单位与生产单位需要互相协作, 这些主体和他们的行为形成复杂的公共服务产业系统。她分析了各种单位承担的任务的作用, 同时还概括了公共服务产业绩效所依赖的关键问题，包括融资问题、用途管理问题和协同生产问题，这些分析都为地方公共服务供给制度研究提供了崭新的视角。

我国学者近年来对第三部门的研究也逐渐加深，何增科（2000）概括了第三部门具有的组织性、自愿性、自治性和非利润分配性的特征；王玉明（2001）指出第三部门在向社会提供公共物品方面有自己独特的优势，包括创新优势、贴近基层优势、灵活优势以及效率优势；樊丽明（2005）认为自愿供给机制是在市场、政府机制发生作用的基础上进行资源配置的，以利他为目的，以捐赠为主要方式，属市场与政府外第三层次的机制；包颖颖和金俞洁（2014）认为这种方式的优点在于可以根据居民的需要选择公共品，从而避免了资源的闲置浪费，并实现对供给过程的有效监督。

第三节　制度、制度演化与制度创新的 相关研究脉络与进展

地方公共服务的供给制度既涉及政府、私人、第三部门等各个不同的行为主体，也涉及各种形态的正式制度与非正式制度，仅从这一概念来看是十分复杂和模糊的。因此，研究地方公共服务供给制度，首先，必须理清制度概念本身的不同观点及其演变过程；其次，供给制度的演化是本书的核心内容，这部分文献综述还将对制度演化不同派别的研究文献进行完整的梳理；最后，对于区域制度创新的研究也是本书的内容之一，本书也将对区域制度创新相关的研究进行整理。

一、不同的制度分析观及其演变

制度是社会科学领域中被广泛使用的概念之一，但其理论内涵通常是比较宽泛的，在政治、经济、组织、生活等不同语境下具有不同的含义。在经济学领域内部也是如此，在不同的假设、逻辑和社会主张下往往有不同的内涵，进而形成了不同学派的制度分析观，本书主要归纳了以制度为理论"内核"的学派，包括旧制度经济学派、新制度经济学派、公共选择学派、奥地利经济学派以及演化经济学派等。本书的分析首先要明确基于演化视角的地方公共服务供给制度观，因而在这部分有必要对不同流派中相关的主要人物及其制度观进行梳理。

1. 旧制度经济学的制度观，即凡勃伦—康芒斯的制度传统。制度经济

学的开创者主要以凡勃伦（Veblen）和康芒斯（Commons）为代表。凡勃伦（1898）的制度思想源于当时对占据主流地位的边际主义经济学的批判，他论述了传统经济学"经济人"假设的缺陷，认为经济学应该放弃古典学的理论框架，建议采用生物进化论来重建经济学理论。凡勃伦（1923）后来进一步将制度归纳为"一种自然习俗，由于被习惯化和被人们广泛接受，成为一种公理化和不可缺少的东西"。"制度经济学"的称谓始于康芒斯（1931）的研究，他强调组织状态是制度分析的关键因素之一，而组织状态则来自习惯，将习惯视为其分析的最终目的。科斯对于旧制度经济学家所做研究的评价为"除了一堆需要理论来整理的不然就只能付之一炬的描述性材料之外，没有任何东西流传下来"（Coase，1937），但事实上第一代制度经济主义学者为后续制度经济学的研究提供了大量的理论遗产。此后第二代制度主义者博尔丁（1953）将生态平衡类比为经济运行中的价格均衡，制度经济学开始被纳入美国主流经济学家的视野，此外还有加尔布雷斯（Galbraith，1956）的"制度浪漫主义"学说；萨穆尔斯（Sumuels）和哈奇森（Hodgson）等第三代制度主义代表人物进一步加入演化和综合的视角，建议用动态化的、演化的和历史的方式研究经济，在方法论上强调集体主义比个人主义更加重要。从上述梳理中可以看出，旧制度经济学的主要学说都是以对新古典经济学的批判为主，其自身的理论未能形成一个规范的框架体系，但他们的这些思想却成为后来演化经济学乃至本书研究的基石。

2. 新制度经济学的制度观。1937 年，科斯发表的论文《企业的性质》被视为新制度经济学的奠基之作，尽管在该论文中没有给制度提出一个完整的定义，但却成为新制度经济学的理论基础。威廉姆森（1975）最早提出了新制度经济学的概念，并在 1985 年进一步明确概括了制度的内涵，即"企业、市场和关系契约是重要的经济制度，他们也是一系列令人着迷的组织创新演化的产物"。诺斯（1992）定义制度为"一个社会的游戏规则或在形式上是人为设计的构造人类行为之间互动的约束"。后来涌现了一批新制度经济学的代表人物和代表理论，如西蒙的管理决策理论、阿尔钦和德姆塞茨的产权理论、威廉姆森的治理结构理论等。与旧制度学派的不同在于，新制度学派并不否定新古典主义理论体系的核心假设和均衡分析范式，而是试图在新古典理论的基础之上通过大量的辅助性的外生假设来使主流经济学更一般化。

3. 公共选择学派的制度观。公共选择学派，也称立宪经济学派，是制度经济学中的一个重要思想派别。布坎南将立宪经济学的分析对象概括为

"制约因素的选择，而不是制约因素内的选择"（Buchanan，1987），而所谓制约因素就是制度。公共选择学派把人们的行为划分为立宪性层次（Constitutional level）与执行性层次（Operational level），前者主要是对制度进行选择的层次，后者主要是既定制度下进行选择的层次（Buchanan，1987）。该学派认为前者中的个人利益是不可辨认的，因而个人的效用最大化无法通过成本—收益计算得出结果，而是要通过持有效用最大化动机的不同个人彼此间谈判妥协才能得出。

4. 奥地利学派的制度分析。奥地利学派是自由主义经济学的重要学术流派，个人主义和主观主义是这一流派制度分析的基本方法论。奥地利学派的创始人门格尔批判了康芒斯的集体行动学说，认为制度起源于无数个人经济行为主体追求个人利益过程中自私利益的互动（Menger，1883）。哈耶克作为这一学派的第二代代表人物进一步把制度视为社会成员相互作用的一种状态，它通过某种规则来形成和延续，个人、组织及内部规则相互嵌入联动，从而构成社会演进的原动力（Hayek，1973）。此后，第三代奥地利学派的代表人物罗斯巴德认为一切形式的干预都是不可取的，信奉市场是人类社会演化出来的最好的制度（Rothbard，1993）；科茨纳（1973）认为应该用市场的秩序化过程取代传统的均衡概念，认为任何的干预和制度设计都是危险的；拉赫曼（1971）则强调"从经济学来看，制度理论是竞争理论的社会学的摹本"。

制度演化在 20 世纪 80 年代被第四代奥地利学派学者广泛采用，主要代表人物包括萧特（Schotter）和朗格罗伊斯（Langlois）等。萧特（1981）将演化博弈论引入制度分析构建了制度分析模型，在制度演化的发展过程中具有里程碑意义。他用演化博弈的视角将制度重新概括为"当行为当事人处于一个重复的博弈状态，一个群体的所有成员行为的一种规律性，当且仅当它是真实的并且是共同的知识时，就是制度"（Schotter，1981）。朗格罗伊斯（1986）提出新制度经济学应该融合纳尔森和温特尔的演化理论，朗格罗伊斯（1995）认为制度包括内生的、外生的、半内生的和半外生的等几种类型，本书借鉴了萧特的演化博弈观和朗格罗伊斯的制度类型划分思路。

5. 演化经济学的制度分析。演化经济学是制度分析的一个重要学术流派和分支，早期代表人物包括纳尔森和温特尔（Nelson & Winter）、多西（Dosi）、埃吉迪（Egidi）等。纳尔森和温特尔（1982）在对企业制度的形成和扩展过程进行分析时，将制度定义为日常惯例，日常惯例是企业制度的根基，而日常惯例是处在不断演化中的，这种过程就是企业制度的扩展过程。可里亚和多西（2002）采取了类似演化过程的制度定义方式，内容涵盖了正式的组织、能够被社会成员所共同理解的行为方式，以及负面的规范和约束。埃吉迪认为日常惯例应当以知识论为基础，日常惯例可以总结为"规则的集合"，同时强调人类的有限理性假设和认知能力受限的前提，经济行为人总是处于"仿佛"的两难（'as if' dilemma），还认为制度不应进行先验性的定义，它们不是"人为设计"的，而是随着市场演化不断自我修复的（Egidi, 1992）。

进入 21 世纪，演化经济学已经由早期强调技术创新和扩散的熊彼特视角逐渐转换为强调制度生成和演变的过程，一些从事微观经济研究的学者加入了这一领域，如克雷普斯（Kreps）、宾莫尔（Binmore）、萨缪尔森（Samuelson）等。他们把制度视为社会习俗、传统和行为规范，这些制度处于演化稳定的博弈结构中，更多强调"共同知识"、规范、价值、偏好以及学习能力的演化（秦海，2004）。根据黄凯南（2016）对 1980—2013 年文献的统计，2000 年以后演化经济学中关于制度的研究文献每年都占 30%以上的比重，说明制度演化分析问题已得到广泛的关注，也正是本书演化制度观的分析基础。

二、制度演化研究的流派及其范式

制度演化的分析长期以来一直是西方主流经济学中的薄弱环节，直到 20 世纪 70 年代，制度始终是市场经济分析的外生变量，"一切研究制度演化，甚至是强调制度演化的经济学家，几乎都被看作异端，起码是非主流"（格鲁奇，1985）。20 世纪 70 年代以后，越来越多的学者开始构造制度演化的分析框架，相关的主要流派可以归纳为旧制度学派、新制度学派和演化经济学派。

非主流意义制度变迁理论的构造者首先以凡勃伦的理论为基础，他们主要是旧制度经济学的学者（也被称作现代制度主义者），他们强调制度变迁的动力来源于知识存量的增长。随着知识存量的增长，既有的价值观念会与之形成矛盾，二者的协调关系决定了制度变迁的各种方式。旧制度学派虽然提供了一些重要的思想和观点，但理论建构不足，缺乏统一的研究范式。

与旧制度经济学相对照的是新制度经济学家所提出的制度变迁理论，在方法论上主要有两条命题：一是强调资源配置的最优问题与既定经济社会的激励结构问题不能分离，而激励结构问题是由制度及产权决定的；二是经济主体是根据自身利益来改造制度的，他们把制度当作与物质产品相似的东西，运用经济学的一般方法来分析制度的演化（张旭昆，2001）。与本研究相关的新制度经济学派的制度演化研究主要包括以下方面（章华等，2005）：（1）大群体博弈背景下的制度演化。青木昌彦在其一系列研究中将演化博弈分析方法纳入制度分析，将制度类比为生物学的物种演化过程，研究了大群体条件下，博弈参与者的策略如何通过历时的演化成为一个社会的支配性战略，形成一个稳定的均衡制度（青木昌彦等，1999；青木昌彦，2001）。（2）制度变迁的动力机制。戴维斯和诺斯通过将人们的外部性内部化，认为制度变迁的根本动力在于人们追求收益的动机（Davis，1971）。（3）制度变迁的方式和路径。阿瑟借用自然科学里的自组织和自我增加的机制概念分析制度变迁，指出制度变迁存在"递增收益"和"非线性自我强化"以及"路径锁定"的问题（阿瑟，1995）。多西利用"技术轨道"的概念，探讨了技术创新中的路径依赖现象（Dosi et al.，1994）。上述三个方面分别对于本书关于地方公共服务供给制度演化的动态博弈路径、演化内外部动因、演化中的路径依赖以及交通基础设施供给演化案例等部分框架的设计具有重要借鉴意义。

与新制度经济学不同，演化经济学对制度的研究目前还未形成统一的研究方法和规范，黄凯南将相关研究的理论渊源归纳为 5 个主要流派（黄凯南，2016）：一是在综合达尔文主义关于"变异、选择和保留"机制的基础上，从参与者互动的视角考察制度的生成和演变（Blyth et al.，2011）；二是将熊彼特主义与凡勃仑主义相结合，考察技术与制度共同演化所形成的复杂系统（Gunnarsson et al.，2011；Tedeschi et al.，2014）；三是个体偏好与制度的内生互动，考察制度之间的互补、嵌套和协同演化（Pagano，2011）；四是基于法国调节学派以马克思主义为基础探索制度演化过程中多层级的协调过程与制度多样性（Boyer，2013）；五是采用数理模型来模拟制度的生成与演变，例如演化博弈分析和各种演化算法等（Graebner，2016）。

演化经济学对于本书制度演化动因部分的研究具有借鉴意义，包括主观动因在制度演化中的作用以及技术演进的差异性与产业政策等。首先，在熊彼特那里，企业家的主观警觉是"创造性毁灭"的关键。后来的学者把企业家同市场过程联系起来，由柯兹纳提出"警觉"（alertness）概念（Kirzner，1997），认为警觉是制度创新的源泉。同时企业家精神式的主观动因被视为经济系统创新之源，也就是系统变异的来源。其次，演化经济学把知识不完全作为前提假设，劳斯比（Loasby，2000）列举了人类知识不完全原因的六个方面：不完全的归纳、复杂性、人类认知的限制、外生的变化、互相联系的个人主动性、相互冲突的想法和目标，基于演化经济学视角来考察人们遵从规则的行为，是在他们认知能力不足的前提条件下的一种理性反映，制度的演化能够缓和知识的不完全，这构成制度存在的主要原因。再次，认知模式与知识演化有着密切的关系。不同于经济学"理性人"的设定，演化经济学将"有限认知"作为核心假设，劳斯比提出人的认知资源具有稀缺性，同时人的认知"与外在环境的复杂性之间往往难以相互匹配，需要依靠其他解决问题的方法"。在演化经济学的理论架构中，人们认知模式的建立是在面临新问题时通过搜寻以往经验来寻求类似问题的解决方案；当自己的经验难以解决时，则会寻找社会网络中其他成员的历史经验；当两种方式都无法找到答案时，人们才会试图通过逻辑思考寻找方案。因此，制度参与人的逻辑思考能力是制度创新的来源之一。最后，近年来演化经济学的研究日益关注产业政策（贾根良，2018），代表性的论著是赛默里、多西和斯蒂格利茨的《产业政策与发展：能力积累的政治经济学》，斯蒂格利茨和格林沃尔德（Stiglitz，Greenwald，2014）强调生活水平的改善来自技术进步而非资本积累，进而从演化视角来探讨技术进步差异的原因。上述观点和论述都为地方公共服务供给制度演化内外部动因的分析奠定了基础。

三、区域制度创新的相关研究

本书的核心是对地方公共服务供给制度演化过程的分析，但作为演化分析的一个落脚点，有必要对本书所涉及的区域制度创新的相关文献进行一定的概括和梳理，以明确相关的概念内涵以及研究的进展。

制度创新，就其概念本身来说，还未成为一个严格意义上的分析对象，也未形成某一研究分支或流派，但在制度经济学的研究中，有时制度创新与制度演化是不加以区分的。诺斯（1994）认为，制度变迁本身就是一个创新的过程，是一个遵循进化论规律、不断扬弃无效的制度、创出新的有效的制度的过程。按照政府推动自上而下或公众自发自下而上这两种方向，林毅夫区分了制度变迁的两种方式——诱致性制度变迁和强制性制度变迁，并分别探讨了这两种制度变化在变迁主体、变迁方式和相关成本方面的区别（林毅夫，1991）。杨瑞龙（1998）主张还应加入"中间型"制度创新模式，即在中央政府自上而下的制度供给中，作为中间级别的地方政府可以与中央进行沟通，突破中央政府设置的制度创新进入壁垒，实现制度创新，而且有些低层次的制度创新只能由特定区域自行供给。就制度创新的实现过程来看，不论是诱致性制度创新，还是强制性制度创新，一般都是先在一定区域内进行然后再加以推广的，所以行政区域的制度创新应该是制度创新的一个支点。从行政区域的角度来研究制度创新，制度创新都是通过行政区域来进行的，然后再逐步扩散。诺斯（1994）提出制度变迁过程是以边际性和渐进性为主，只有少数战争、革命、暴力和自然灾害等突发事件可能引发非连续的制度变迁。边际性和渐进性的制度变迁在实施过程中往往是从某一特定行政区域开始的，尽管有一部分制度会进行国家层面的整体调整，但大多也是从某一地区开始试点然后推广到全国。

由此可见，制度创新离不开一个个区域中的行政主体，在制度创新的具体实现过程中，地方政府往往处于非常重要的地位。吕晓刚（2003）区分了地方政府在强制性和诱致性两种制度创新下具体发挥的作用，由上而下进行的强制性制度创新包括以中央政府为主体、由地方政府具体实施的制度创新行为和地方政府的自主创新行为两种。在前一种制度创新行为中，中央政府是担负制度创新活动职责的第一行动集团，是制度创新的发起人并制定纲领性条文，方案的具体实施主体为各地方政府。后一种的地方政府自主创新行为受地方财力的制约，分税制财政体制的实施使地方政府的这种自主创新有了实施的可能，地方政府是制度创新的发起人与新方案的制定者、组织者和实施者，作为制度创新的第一行动集团。诱致性制度创新主要是自下而上推进的，企业或个人等微观主体通常为诱致性制度创新的第一行动集团，地方政府与微观主体由于存在利益的一致性，这些制度创新行动更容易获得地方政府的鼓励和扶持。在诱致性制度创新中，地方政府充当第二行动集团的角色，其主要目的在于推动本区域的经济增长和社会福利提高。本书中所探讨的制度创新是地方公共服务的供给制度创新，其中地方政府是制度创新的核心，既作为政府供给主体发挥制度创新第一行动集团的作用，又是推动自发供给的重要第二行动集团，因此围绕地方政府进行创新性制度设计成为本书的重要落脚点。而从制度创新的手段来看，邓宇鹏（2005）曾分析了区域制度创新的六种类型，包括区位潜在利益诱致型、资源潜在利益诱致型、技术潜在利益诱致型、文化内力推动型、利益集团推动型以及区域行政长官意识推动型。张紧跟（2010）认为要有效降低交易费用，应该关注制度环境、治理制度与行为主体间的互动关系，并以珠江三角洲为例提出区域公共管理制度创新应包括三个方面：制度环境、治理制度与治理主体。谢奇妙（2018）认为区域公共管理制度创新应包括区域公共管理理念的创新、法律法规的完善与创新、创新区域合作机制和创新评价机制四个方面。本书认为制度创新应基于制度演化相关动因和机制来设计，而非一般意义上的"政策建议"，因此本书拟进一步提出地方公共服务供给制度的建构措施。

第三章　国内外地方公共服务供给制度的
变革：历程与比较

　　制度演化研究是实践性很强的理论研究，不同国家的制度安排是高度复杂和多样的。本书从制度演化视角来研究地方公共服务的供给，首要任务是对不同国家供给制度的现实演变过程进行深入的认识和理清，以此为基础，才能在演化制度观的框架下理解制度变迁的均衡机制及其历时演进。因此，本书在此专设一章试图通过对各国地方公共服务供给制度变迁过程和现状的梳理与比较，揭示供给制度的发展轨迹和特征，一方面为后面的理论和整体分析框架的构建提供现实参考依据，另一方面将国内外地方公共服务供给状况放在制度演化的背景下进行系统回顾和比较，具有一定的理论意义。

　　纵观世界各国地方公共服务供给实践的发展历程，可以将供给制度变革简要概括为政府与市场作用边界不断更替的过程。在这个过程中，在政府的作用域内主要表现为中央—地方政府分权制度的不断变迁和地方收支结构的持续调整；在市场的作用域内则主要体现为市场的放松管制、私有化的趋势以及衍生出的各种制度形式。深入考察政府与市场的作用关系，可以发现二者的作用域并不能简单地用边界问题来概括，实际上无论是在西方国家还是在我国的实践中，二者之间实质是一种相互嵌入、渗透并愈加深入的关系，通过二者的复合作用达到地方公共服务有效供给的目的。

第一节　西方国家地方公共服务的
政府财政制度演变历程

在现代社会，政府的财政支出往往是提供公共物品的最主要渠道。公共财政制度自市场经济萌芽阶段就开始逐渐建立起来，如果没有公共财政体制的支持，市场经济就不可能实现，公共物品供给也更不可能得到保障。即使是在市场经济已经发展成熟的现代西方社会，各种公共物品的市场化供给在很大程度上也依赖于公共财政的支撑。因此，在这一节首先对西方国家公共财政制度的整体演进过程进行总体概述；其次，由于公共物品的不同地域特征决定了不同层次政府供给职责的不同，本书对各国迥异的中央—地方财政分权模式进行整理和比较，以期为后面的分析提供铺垫；最后，地方政府作为地方公共服务的最主要供给者，地方公共财政支出的分配结构是决定公共物品供给水平的最主要变量，这部分内容也作为本节分析的重点。

一、西方国家政府财政支出总体占比的变动趋势与比较

（一）西方国家政府财政支出在国内生产总值（GDP）中所占比重的总体变动

政府财政支出在 GDP 中所占的份额从宏观上反映了一个国家的政府介入公共产品供给的程度。根据瓦格纳法则，当国民收入增长时，财政支出会以更大比例增长，政府支出占 GDP 的比重将会提高。自第二次世界大战以来，主要工业化国家的政府支出都经历了较快的上升过程，政府支出占GDP 的平均比重，在 1937 年仅为 22.4%，到 1990 年已经增长到大约45%（付文林等，2006）。自 20 世纪 90 年代中后期，这种快速上升的趋势逐渐趋缓（如图 3.1），但在 2008—2009 年为了快速从金融危机当中复苏，各国政府支出的比重都有了较大幅度的增加。在此之后为了摆脱政府的高债务，减轻财政压力，经济刺激政策逐渐退出，转而采取紧缩性财政政策。主要国家的一般财政支出比例大体呈现下降趋势，但仍高于 2000年的水平。

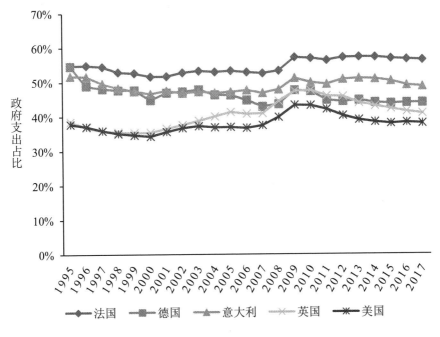

图 3.1 西方主要国家一般政府支出占 GDP 比重

数据来源：根据 https://www.oecd-ilibrary.org 有关数据整理。

横向来看，各国一般政府支出占国内生产总值（GDP）的比重存在较大差异[①]。法国 2017 年一般政府支出占比高达 56%，意大利、德国和英国的占比分别为 49%、44% 和 41%，美国最低，占比为 38%。总体而言，德国、法国、意大利等欧洲大陆国家政府支出占 GDP 的比重较美国和英国更高一些。

（二）中央与地方政府支出比例的变动情况

经济合作与发展组织（OECD）提供的政府支出统计数据中提供了 OECD 成员国按照中央政府、州政府、地方政府和社会保障基金划分的政府支出情况，但由于各国中央和地方政府的事权划分、统计核算方式乃至国土面积和形态千差万别，基于一个统一口径来进行测算和对比是比较困难的，在这里仅基于该数据库进行粗略对比。图 3.2 汇总了英国、美国、

---

① 这里的一般政府支出是 OECD 统计网站所定义的，一般由 OECD 成员国中央、州和地方政府以及社会保障基金组成。该指标的巨大差异在一定程度上反映了各国提供公共产品和服务以及提供社会保障的不同方式，而不一定是所花费资源的差异。

意大利、法国和德国 1995—2017 年间中央政府支出占比的变动情况①。总体而言,各国在这 20 多年间,中央政府在政府支出中所占的份额比较稳定,其中英国和美国呈现小幅上升,法国、意大利和德国呈小幅下降。横向比较来看,英国中央政府承担了最多的政府支出,份额接近 80%;法国和意大利的占比比较接近,近年来保持在 67% 左右;美国和德国由于州一级政府承担了一部分职能,中央政府的份额较低。2017 年,美国这一比例为55%,德国为 37%。

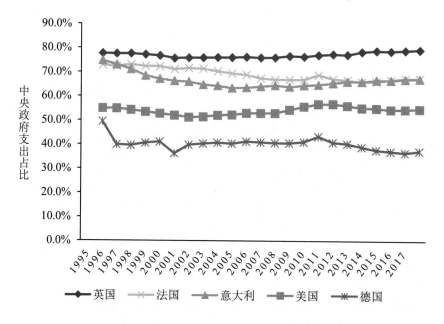

图 3.2 西方主要国家中央政府占政府支出的比重

数据来源: 根据 https://www.oecd-ilibrary.org 有关数据整理。

二、西方国家政府公共财政制度功能演进的总体概述

西方国家的公共财政制度是与市场经济的形成和发展相伴而生的, 按照不同阶段中公共财政所发挥的不同功能,可以将其发展历程概括为萌芽、形成和完善三个主要阶段。

(一)公共财政制度的萌芽阶段

西方国家公共财政制度的萌芽和发展阶段主要是指从欧洲农奴制度

① 数据根据西方主要国家中央政府支出占中央政府、州政府和地方政府支出之和计算,不包括社会保险基金。

瓦解到工业革命前夕的一段历史时期，也是西方资本主义生产关系的起源和发展阶段。从欧洲中世纪后期开始，封建王权的政府财政就已经是欧洲市场经济扩张的重要前提条件。从 14 世纪末农奴制瓦解到 18 世纪末 19 世纪初工业革命完成这 400 多年的时间里，英国的封建王权体系通过财政给予市场发展许多必要的扶持，为市场经济制度成为占支配地位的经济制度奠定了基础。这种扶持源于欧洲中世纪封建主与国王之间复杂的制衡与失衡关系，使市民阶级处在封建制度的夹缝中。每一个欧洲君主在掌权的过程中，都需要与新兴的商人阶层建立某种非正式联盟。当掌权后，作为回报，掌权者会倾向于保护和支持市民阶层，利用国家财政实现对市民阶层的支持。另外，欧洲中世纪王权实行重商主义财政政策的原因是欧洲政权的军费开支需要，由于受到来自大贵族和教会对于征税权的种种限制，当时政府的税源主要依赖于商税、海关税等税种，这些税收都需要以商业为基础。因此当时的统治者都会选择通过建立城市、扶植工商业、发展国际贸易的方式来提高政府收入。

中世纪的欧洲国家对市场发展的支持性政策主要包括：采用政策强制手段促进商品的社会流通，强行要求破产农民遵守雇佣者的要求，利用发行国债和实行保护性贸易政策进行资本原始积累，发动战争促使本国的手工业品打开其他国家的市场，利用财政政策干预资本利率等。这些政策可以说都是政府提供的一种"公共物品"。因此，欧洲中世纪的政府财政是伴随着西方国家市场经济的萌芽出现的，一开始就具有为"市场"服务，提供公共物品的特征。

在欧洲财政制度的萌芽阶段，政府财政支出主要应用的范围涵盖了 7 个领域：1. 保障商人、城市和市场的安全和平；2. 积极推动自治城市、集市、市场的设立与发展；3. 降低国内通行税，对新的通行税进行管制；4. 积极投资于城市公共工程建设，如桥梁、道路、运河的修建等；5. 统一钱币权和管制外汇储备；6. 推动海上扩张和探航运动；7. 通过制定各项财政法和商法规范市场行为。其中城市公共工程建设项目是典型的地方公共服务，由此可见提供地方公共服务早在市场经济形成初期就成为政府财政的主要功能之一，但所覆盖的范围还仅限于有形的基础设施，对于教育、医疗、社会保障等领域则未涉及。

（二）公共财政制度的形成阶段

公共财政制度的形成阶段主要是指从工业革命开始到 20 世纪市场经济体制全面确立这段时期，这一时期的公共财政作为国家重要的宏观经济工具，发挥的作用是十分显著的。

尽管欧洲中世纪后期市场在资源配置方面的作用已经初现端倪，但它的最终确立却是在欧洲工业革命前后完成的。工业化是世界各国从不发达走向发达的必经阶段，但工业化的实现并非是自发完成的，从目前许多工业落后的发展中国家就可以看出，这些国家存在许多自发的力量阻挡了其工业化的脚步，限制其从农业社会向工业社会过渡，例如资金规模小、贸易条件差、市场发育程度低、基础设施水平低、居民教育程度低、城乡区隔、技术落后以及制度障碍等。因此，从西方发达国家工业化的发展历史中可以看出，政府的有意识组织对于实现工业化所发挥的作用是不可忽视的。

西方国家工业革命前，在以地理大发现和新航线开辟为起点、以圈地运动和对外掠夺为基本内容的资本原始积累过程中，国家公共财政给予了重要支持。这些国家在工业革命以前就已经建立了市场经济体制，并且在工业革命发生后迅速在欧美各国广泛铺开，这与早期重商主义的财政政策紧密相关。在工业革命期间，国家的公共财政政策打破了旧制度对商业活动的限制，推动了消费、生产和商业活动，打破了行政和地区壁垒，使得资本、劳动等生产要素和商品获得充分流通，消费者和企业能够自主决策实现利润的最大化。因此，早期西方国家公共财政制度对于工业化的进程以及市场经济的确立功不可没。在公共财政制度形成阶段，西方国家公共财政支出的应用领域主要有 6 个：1. 为工业发展提供必要的基础设施；2. 直接投资于工业部门；3. 保护贸易；4. 鼓励出口工业；5. 发展教育和科学研究事业；6. 开始举办社会保障事业。由此不难看出，这一时期公共财政的职能还是以促进工业化和经济增长为首要任务的，除工业投资、贸易和进出口之外，财政支出领域已经具有明显的地方公共服务色彩，不仅包括有形的基础设施，还包括维系社会稳定的社会保障事业以及诸如"教育与科研"这样影响经济增长较深层次的"公共物品"。

（三）公共财政制度的成熟阶段

公共财政制度的成熟阶段主要是指 20 世纪 30 年代以后的时期。资本主义发展到这一阶段，由于"西方式"的自由、民主盛行，放任自由的市场隐患开始凸现出来，经济危机频发、收入差距拉大、宏观经济波动等问题在一定程度上动摇了资本主义市场经济制度。而在此之前的公共财政制度主要侧重于政府预算支配资源的有效配置问题，对于公平和稳定等重大经济和社会问题并没有关注。20 世纪 30 年代西方经济大危机的爆发成为公共财政制度发展的一个重要转折点，凯恩斯《就业、利息和货币通论》的问世为国家干预经济提供了理论上的支撑，而其中最重要的手段就是财政政策。1933 年开始的罗斯福新政拉开了西方国家政府干预经济活动的序幕。此后，财政政策就成了政府干预经济、保持经济稳定的经常性手段。公共财政除了市场宏观调节的作用以外，还在弥补收入分配不公等市场具有缺陷的方面发挥越来越重要的作用，通过再分配措施逐步缩小社会贫富差距，使得资本主义矛盾得以缓和，市场经济能够持续运行下去。因此，在这一阶段，西方国家的公共财政制度从自由放任转向以政府干预为基本特征，公共财政制度基本成熟，主要表现为宏观经济调控体系和社会保障体系两大体系得以建立。另外值得一提的是，自 20 世纪六七十年代开始，在近 20 年内得到蓬勃发展的新自由主义浪潮下，尽管许多国家开始放松管制，减少对经济活动的干预，但在保障社会公平方面所发挥的作用并没有减弱，而且随着中央与地方之间职能的分工，地方财政制度乃至地方政府已经将提供社会公共物品、改善社会福利作为财政制度设计的核心内容。

　　在公共财政制度的成熟阶段，西方国家的公共财政支出的主要应用领域可以概括为 4 个：1. 直接购买商品与劳务，扩大和刺激社会总需求，以实现充分就业和经济增长的目标；2. 大幅提高居民社会保险和社会福利方面的支出；3. 对特殊工业生产和农业实现补贴支出；4. 政府直接投资用于基础设施和公共工程的建设，吸纳社会剩余劳动力，刺激社会对于消费品和生产资料的需求。在这一阶段，公共财政支出作用的一个突出表现就是对社会福利给予更多的关注，公共财政制度的主要目标由促进市场发育转向稳定社会经济发展，提高人民的生活福利，缩小贫富差距和促进社会公平。而提供公共物品就成为实现这种目标的最主要方式，在中央政府与地方政府的分工上就形成了中央政府关注国防、基础科学研究、宏观战略等方面的全国性公共物品的供给，而地方政府则充当了医疗、教育和交通等地方公共服务供给的最主要行动主体。

三、中央—地方财政分权与公共物品供给

　　尽管地方公共服务的最主要来源是地方政府的财政支出，但是地方财政支出的安排却是在中央和地方财政分权的制度下建立的。特别是在 20 世纪 70 年代后期，凯恩斯国家干预主义造成滞胀问题严重困扰西方资本主义国家，政府与市场的边界再一次引发经济学家和决策者的反思，政府在公共物品供给中所扮演的角色进一步调整优化。其中一个突出表现就是福利经济的热潮开始涌现，中央政府与地方政府在公共物品供给上的分工也逐渐明确。这里从公共物品供给分工的角度介绍目前主要西方国家中央—地方财政分权的实践，以期为地方公共服务供给制度设计提供分析的基础

和参考依据。

（一）美国

美国是典型的联邦制国家，政府层级主要包括联邦、州和地方三个等级，从中央到地方的各级政府财政关系是在长期实践中不断改进而形成的，并以法律条文的形式确定下来，保障并制约政府的权力边界、活动范围与行为方式。为了对比方便，这里选取州政府作为美国地方政府的具体代表，尽管比严格意义上的地方政府有所简化，但其中央—地方关系仍有较强的代表性。美国各级政府的职责主要包括军事、国防、外交、行政、治安、社会保障和基础设施建设等方面。不同层级政府之间的职责都通过法律进行了明确的划分。联邦政府主要负责国防、外交、联邦一级的税收、行政、货币、借债，州和地方政府之间的转移支付和补助，贸易政策，出入境管理，邮政，版权与专利，社会保障以及科学艺术的发展等。美国宪法第十修正案规定：没有被宪法赋予联邦的权利，或者并未由宪法禁止授予各州的权利，由各州及其人民自主保留。因此，州政府都仿效联邦政府，由行政、立法和司法三大部门组成，职责主要包括州级行政、社会保障、教育、信贷、基础设施、本州工商业和交通等。联邦和州还有一部分共享事权，如征税、信贷、银行和公司的登记、法院、立法和司法、社会保障、财产征用等（费雪，2000）。与它们的职责相对应，美国各级政府的财政收入按照它们的税收来源进行了明确的划分，其中联邦政府的主要税种包括个人所得税、公司所得税、社会保障税（养老、医疗、残障）、国内消费税、遗产税、关税和赠予税。其中个人所得税、公司所得税和社会保障税是主要收入来源，几乎占联邦收入90%。根据美国白宫管理和预算办公室（Office of Management and Budget）的统计，2018年美国联邦总收入约为3.33万亿美元，其中个人所得税占总收入的 50.56%，社会保障税占总收入的35.13%，公司所得税占总收入的12.52%。州政府的主要税种有社会保障税（退休、失业）、销售税、州的个人所得税、公司所得税、物业税等。2016年美国州政府的总收入为1.89万亿美元，其主要构成大致上依次为物业税、个人所得税、社会保障税、销售税和公司所得税等。

（二）法国

法国是典型的共和制集权型国家，中央集中了大部分权力，政府层级分为中央、大区、省和市镇四级，大区、省、市镇都统称为地方政府，在财政收支方面各级政府各自独立编制预算和安排支出，但中央政府在财权方面的权力高度集中，1980—2000年间，中央政府掌握了80%左右的税收，2000年以后虽然有所下降，但基本保持在70%左右。中央税与地方税彻底分开，不设共享税。大宗税收如所得税、增值税、消费税等都归中央政府。地方税收种类较多，但数额不大，主要包括房屋建筑地产税、非房屋建筑税、企业税、动产税等直接税，以及销售税、演出税和通行税等间接税。中央掌握财政立法权，确定税种的开征权、征税范围与税收分配等，中央通过各种平衡性补助、专项补助来控制地方。地方财政在地方税率调整和必要捐税开征等方面享有自主权。从法国各级政府的事权划分来看，省和地区的数量较多，但规模较小，中央政府掌握了政治、军事、经济的大部分职能。20 世纪 80 年代中央政府的职权有所下放，但地方政府的自主决策范围依然相对较小。总体来看，法国各级政府间的职能和事权分配较为明确，运作较为顺畅。其中，宏观管理和战略发展规划的职能由中央政府掌握；大区一级政府的职能包括调整经济结构布局、地区五年发展规划以及基础设施等战略性规划的制定；省一级政府主要职责是实施社会福利和保障政策；市一级政府的职责是市政规划、城市建设以及其他市级层面的基本公共物品和服务。

与事权相对应，法国财政制度的分权主要体现在中央预算和地方预算上，地方预算包括大区、省和市政三级。1982 年法国通过下放一部分权力使地方政府能够制定相对独立的财政预算。国家赋予地方较大的空间来选择税率，地方税的税率由地方政府在中央政府设置的上限与下限之间选择。2001 年 8 月，法国新《财政组织法》明确提出建立以"绩效"为导向的预算管理，整合和调整中央、地方和社会保障三大预算。其中，大区政府在地方公共服务方面的主要职责是经济发展、大区计划、卫生健康事务及职业培训等，省政府主要负责社会保险、中学教育、维护道路及农业发展等地方公共服务的支出，市镇政府主要负责当地计划方案，即发放建筑许可证、建筑和资助小学、废物处理等（黄凯斌，2012）。

（三）德国

德国也属联邦制国家，政治上联邦与州实行分权、自立，经济上实行社会市场经济，行政上分为联邦、州和地方（市、县、乡）三级政府。在1949 年制定的德国宪法中，德国各级政府间的财政关系和分权财政体制就已经形成"财权集中、共享分税为主、横向均衡"的分税制的基本模式，此后虽有所调整，但这种划分原则一直未变。

德国宪法中原则性地划分了各级政府的事权，"为了普遍利益必须统一进行处理的事务"由联邦负责，其他的事务原则上由各州和地方政府负责，同时还规定了需要两级以上政府共同承担的事务。其中，被纳入联邦政府的事权包括：联邦行政事务、国防、军事、国际交流、联邦财政和海关、联邦交通和邮政电信、社会保障、重大科研计划、矿产采掘等事关全局的经济开发任务。被划归州政府掌控的事权包括：州行政事务、州财政安排、教育、文化、体育、社会救济、住房、治安等；承担联邦委托的事务，如高速公路管理等；联邦法律在州层面的执行，例如联邦层面制定的《环保法》的执行等。地方政府掌控的事权主要包括：地方行政事务、地方财政安排、地方公路建设和公共交通、水电供应、教育、文化、体育、住宅、社会救济、治安、城镇发展规划等。此外还明确了一些需要联邦和州共同承担的事务，例如高等院校的扩建和新建、地区经济结构的调整等。地方政府还接受联邦和州的委托，承担公民选举、人口普查等任务（王安栋，2005）。

与各级政府的事权相对应，德国通过《德意志联邦共和国基本法》明确了各级政府的征税权限。一些税额较大、税源稳定的税种大多作为中央和地方的共享税。德国的税制结构相对复杂，各级财政收入中大约75%来源于税收。其中，联邦政府征收的税种主要包括关税、消费税、保障税、所得税、资本流转税、汇兑税、团结税（为帮助东德地区发展而征收的特别税种）；州政府的税收收入主要来自各类财产税和行为税，如遗产税、财产税、消防税、机动车辆税及赌博税等；地方政府征收的税种主要包括土地税、企业营业和资本税、地方性普通消费税及奢侈性消费开支税等（韩丙虎，2013）。

（四）日本

日本是实行地方自治型单一制国家，政府层级包括中央政府、都道府县政府和市町村（特别区）政府三级，财政也相应分为三级，各级政府都有独立的财政预算。二战前，日本中央对地方进行直接领导和管理，后来转变为"财政立法权集中，执行权分散；财政收入集中，支出使用相对分散"的模式。在日本57个税种中，中央管理的税种包括所得、法人税（公司税）、继承税等25种，仅前三项就占税收总额的70%左右；地方税属于都道府县管理的有15个，属于市町村管理的有17个，包括居民税、企业税、机动车辆税、财产税等。中央税收在总额上居主导地位，征收范围广的税收大部分归中央；地方税种较少，需要依靠中央拨款。因此，日本通过一系列的下拨税和让与税的办法实现中央政府对地方政府的补助（黄恒学，2002）。

日本各级政府的事权划分在公共事务上面有严格限制，中央与地方之间以地方承担的职责较多，明显区别于欧美国家的地方财政体制，有"大地方政府型"地方财政体制之称。中央与地方在事权和支出责任上按照 3 类进行划分：1. 中央政府的专有事权，包括国防军事、国际交流、货币流通、邮政、通货膨胀和司法等影响国民经济整体和所有地方的事物。2. 地方政府专有事权，主要包括社会保障、医疗卫生、教育、基础设施建设、治安等与本地区居民密切相关的事务。3. 中央和地方两者的共有事权，涵盖了中央政府决策后需要地方去执行或牵涉中央与地方共同利益的事务，其责任和经费通常由中央政府全部或部分负担。这些事务可以分为四类：第一，需要地方政府或地方政府下属机构执行但涉及中央和地方共同利益的事务，通常由中央政府负责全部或部分支出，具体涵盖了义务教育、困难补助、预防疾病、卫生防疫、农业合作社监督与指导、保护森林、土地利用规划等 20 项；第二，需要由地方政府或其下属机构按综合规划运作的一些建设工程或项目，所需的支出通常由中央全额或部分承担，具体涵盖了新建或改建各种交通设施、城市规划的重点项目、公办房屋、社会保障和儿童福利设施、土地开垦与改良、失业救助等；第三，需要由地方政府或其下属机构进行的赈灾业务，仅凭地方税收所提供的财政支出无法满足其需要，具体涵盖了赈灾工作、灾后交通、设施重建、灾后农林水产设施重建等；第四，涉及国家利益的活动，具体涵盖了议员选举、国家统计调查、外国人登记、劳动事故补偿等。由于地方政府承担了大量的公共事务，地方财政支出占全国总财政支出的 2/3，而税收收入仅占全部税收总额的 1/3，因此地方政府职能的发挥很大程度上依赖于中央财政的巨额补助。

通过对上述西方各国中央与地方关于公共物品供给事权划分的分析可以看出，尽管在具体的财政收支形式上千差万别，但从公共物品的分工来看，中央政府负责全国性的公共物品和全体公民获益服务的开支，地方政府负责区域性较强和与居民日常生活联系紧密的地方性公共物品供给，这种分工格局已经越来越明确。与之相应，在财政收支体制、权责划分等制度安排上也愈加重视地方政府的职能，并向着强化地方政府独立性的方向演进。

四、地方公共财政与地方公共服务供给

地方公共财政是西方国家地方政府保障公共物品供给的最主要来源，西方国家的地方公共财政包括收入和支出两个方面。在财政收入上，西方国家地方政府的收入主要包括税收、财政拨款和非税收入三部分。税收主要是如前所述的地方税，如英国的房地产税、法国大区和省级政府的增值税等间接税以及市镇地方政府的房屋建筑地产税等直接税。这部分税收收入总体上在地方财政收入中所占比重并不高，甚至逐渐下降。因此，政府间的财政拨款构成地方政府财政收入的另一组成部分，并且比重总体上呈现增长的趋势，如英国中央政府采取专项拨款、补助拨款和基本建设拨款等形式，目前英国地方预算收入的 50%都来自中央财政拨款；法国则采取一般性补助、专项补助、退税和代替企业或个人缴税的方式对地方进行转

移支付，约占地方财政收入的 28%，法国的非税收入主要由服务性收费和借款组成，两者比重超过了地方财政收入的 20%；美国联邦和州对地方政府的援助也占地方政府收入的 30%—40%。除此以外，非税收入如收费、借款、公用事业收入、本地资产收入等也是各国财政的一个来源，但各国差异很大，英国的非税收入主要由收费、出售本地资产和贷款三部分组成，占其地方财政收入的 25% 左右。近年来由于政府稳定的偿付保障，借款正在被越来越多的地方政府运用，如美国 20 世纪 60 年代至 90 年代初近 30 年内，州一级地方政府未付债务占 GDP 的比重为 13%—16%，占州政府每年其他各项收入总和的 90%—120%。

西方国家的地方公共财政支出与地方公共服务的关系更为密切，地方政府的财政支出规模、支出比例对于地方公共服务供给的水平、特征有重要影响，同时也对认识和比较地方公共服务供给制度有重要意义。

1. 美国地方政府公共支出的主要内容

在美国的三级政府中，联邦政府所承担的财政支出是最大的。2016 年，联邦政府支出占美国财政总支出的 52.35%，州政府与地方政府的财政支出分别占总支出的 23% 和 24.65%。按照宪法对于联邦、州与地方财政之间在事权上的分工，联邦政府所承担的主要是社会保险和国防支出两项，同时为州政府及地方政府提供转移支付；州政府的财政支出责任主要是教育、公共福利和医疗卫生事业等。地方政府的财政支出责任主要是有地方性需求的公共服务，主要包括教育、公共安全、医疗卫生等。州与地方政府之间在主要项目上的支出比例如下表 3.1 所示：

表 3.1　2016 年美国州政府与地方政府各项直接支出的比例结构

单位：%

项目	州政府	地方政府
医疗卫生	37.96	9.02
养老	14.58	2.88
利息支出	2.64	3.31
其他支出	4.94	20.33
一般公共服务管理	3.27	4.35
交通运输	7.46	8.28
公共安全	4.32	9.73
福利事业	6.74	4.97
教育	18	37.07
国防	0.08	—

数据来源：根据 https://www.usgovernmentspending.com/state_spending 有关数据整理。

从上表可以看出，州政府和地方政府在财政支出和事权方面有着极大的重合部分。但由于州政府和地方政府的财政侧重点不同。从具体数据来看，州政府在医疗卫生方面的财政支出达到了 37.96%，而地方政府的医疗卫生支出仅为 9.02%；而州政府在养老、福利事业方面的财政投入比例也远远大于地方政府。然而，在公共安全、教育以及其他支出方面，地方政府的财政投入远大于州政府。两者在利息支出、一般公共服务管理方面的财政支出比例几乎一致。

2. 法国地方政府公共支出的主要内容

法国中央政府财政支出大体包括三个方面：费用支出（经常性事务开支）、资本支出（固定资产构建支出）和军事支出。具体包括：国防军事、国际交流和中央级行政事业经费，铁路、航运、国有企业等重点建设投资，国债，社会安全费和转移支付等，其中国防外交、社会保障和公共服务方面的支出占很大部分。地方财政支出的范围涵盖了行政、文化、教育、卫生、治安、司法、社会保障、公用事业、旅游、住宅建设和交通以及地方债等。法国地方政府的主要财政开支都是服务性开支，从表格 3.2 中可知 2017 年法国地方政府的服务性财政开支比例接近 60%。其中，教育支出占地方政府财政总支出的 14.67%，社会保障与健康支出占地方政府财政总支出的 20.18%，住房与通信支出占地方政府财政总支出的 7.64%，文化娱乐与宗教支出占地方政府财政总支出的 9.26%，环境保护支出占地方政府财政总支出的 7.48%。

表 3.2　2017 年法国地方政府财政支出各项目所占比重

单位：%

主要项目	占地方政府财政支出比例
教育	14.67
社会保障与健康	20.18
住房与通信	7.64
文化娱乐与宗教	9.26
环境保护	7.48
其他	40.77

数据来源：根据法国国家统计与经济研究院有关数据整理（https://www.insee.fr/en/statistiques）。

3. 英国地方政府公共支出的主要内容

英国是单一制国家，中央财政支出所占比例较大，一般都在 70% 左右，中央政府的财政支出主要用于国防和国家安全、外交、社会保障、贸易与商业调控、高等教育、中央债务还本付息、地方补助等方面，地方政府的财政支出主要用于为其辖区的居民提供中小学教育、个人社会服务、警察与消防、道路维护、娱乐和文化设施、环境服务（废物处理与道路清洁等）等公共服务。英国中央政府的财政支出主要是为民众提供全国性的公益服务。2013—2014 年间，英国中央政府财政支出的第一位是社会保障，占该年度英国中央政府财政支出的 35.18%，其次是占 22.70% 的医疗，一般公共服务支出占财政总支出的 11.74%，教育占 7.77%，这四者占据中央政府财政总支出的 77.39%。由于中央政府与地方政府在财政事权划分上的不同，因此其财政支出侧重点也不同。在选择地方政府财政支出数据时，笔者在这里主要选择了英格兰政府的主要财政支出及其比例，与英国中央政府的财政支出进行比较。由表格 3.3 可知，英国地方政府财政支出项目排在前列的是占比为 32.48% 的社会保障、占比为 27.02% 的教育和占比为 8.41% 的公共秩序安全。

表 3.3　2013—2014 年英国中央和地方（英格兰）政府各支出项目所占比重

单位：%

主要项目	中央政府	英格兰政府
一般公共服务	11.74	3.03
国防	6.50	0.03
公共秩序安全	2.72	8.41
经济事务	4.96	5.51
环保	0.84	3.71
住房与社区设施	0.35	2.70
医疗	22.70	1.51
娱乐、文化与宗教	1.20	2.80
教育	7.77	27.02
社会保障	35.18	32.48
欧盟交易	0.90	—
其他	5.16	13.02

数据来源：根据英国政府网 https://www.gov.uk/government/Statistics 有关数据计算。

4. 德国地方政府公共支出的主要内容

在德国，各级政府的财政支出责任划分明确。按照德国的三级财政制度，其财政支出的分工主要为：联邦政府财政主要承担社会福利和国防两大领域的开支，此外还承担其他一些重要的支出责任，如交通通信、文教科研、国有企业及环境保护等，其中在经济发展、运输与邮电方面的财政支出由联邦政府与州政府共同承担；州政府主要承担文化教育事业、治安、公共保健事业方面的支出；地方政府（市、县、乡）财政的主要责任是满足行政事务以及当地居民多样化的基本社会需要，如公共交通基础设施、文化娱乐教育、能源供给、城市建设发展、公共秩序安全及社会保障等。德国三级财政的支出规模及分担比重如表 3.4 所示。

表 3.4　德国联邦、州、地方支出数额及占支出总额比重表

单位：亿欧元

年份	支出总额	联邦支出		州支出		地方支出	
		数额	比重	数额	比重	数额	比重
2008	6992	2823	40.37%	2751	39.34%	1418	20.29%
2009	7272	2922	40.18%	2865	39.40%	1485	20.42%
2010	7443	3037	40.80%	2867	38.52%	1539	20.68%
2011	7502	2962	39.48%	2967	39.55%	1573	20.97%
2012	7681	3068	39.94%	2993	38.97%	1620	21.09%

资料来源：根据罗湘衡.德国联邦制下府际财政关系研究[D]. 天津：南开大学，2014 有关数据整理。

综上所述，这些西方国家地方政府的财政支出尽管在统计口径上有所不同，但都将教育、医疗卫生、基础设施、公共安全、社会保障及公共福利等领域作为政府财政支出的重要方面，如表 3.5 所示，保障这些设施与服务的供给是大多数西方国家地方政府的主要职责。分税制下地方政府税收的决策权、中央对地方的税收返还、各种专项拨款，以及收费、资产出售收入、借贷等保证地方政府财政支出有充足的来源，以实现地方公共服务有效供给的目标。

表 3.5　西方国家地方政府财政支出项目一览表

国别	地方政府财政支出的主要项目
美国	教育、医疗、公共福利、卫生、公共秩序安全、消防、交通事业以及债务支出
法国	教育、社会保障、住房与通信、文化娱乐与宗教、环境保护、交通等
英国	一般公共服务、公共秩序安全、经济事务、环保、住房与社区设施、医疗、娱乐、文化与宗教、教育、社会保障等
德国	公共交通基础设施、文化娱乐教育、能源供给、城市建设发展、公共秩序安全及社会保障等

资料来源：本书研究整理。

第二节　西方国家地方公共服务的市场供给制度变迁

在现代市场经济体系下，地方公共服务的提供已经形成多元化格局，参与地方公共服务供给的不仅仅是政府，私人企业、第三部门、社区以及国际组织都可以参与。市场配置资源的手段已经从一般的私人物品领域渗透到地方公共服务中，许多新的制度安排被设计出来并得到广泛实施。这种趋势自 20 世纪 90 年代以来呈现出愈演愈烈的趋势，许多过去被认为必须由政府来提供的地方公共服务转而通过非政府方式提供，从而形成多样化的制度形式。本节专门对西方地方公共服务的市场供给制度演变历程进行系统考察，以期为我国地方公共服务供给制度的改革创新提供借鉴。

一、西方国家地方公共服务市场化供给的起因与发展

用市场机制调节地方公共服务的供给并不是近半个世纪内的新生事物，实际上早在十七八世纪，就已经出现私人介入地方性公共物品供给的事例了，科斯（1974）所举的"灯塔"就是最典型的例子。早在 17 世纪末，私人就已经开始从事灯塔的建造和运营[①]，而政府建造并经营灯塔的活动（主要由领港公会负责）开始于 18 世纪末。1820 年，英格兰和威尔士有 46 座灯塔，其中 34 座由私人建造，政府所占比例很低。虽然 1836 年，领港公会收购了所有私人灯塔，但实际上领港工会也是一个私人部门。又譬如教育，美国的早期教育绝大多数为私立的，最初在清教徒聚居的新英格兰创办的学校隶属于教会。伊利运河通航之后，农民逐渐从新英格兰的山区迁徙至富饶的中西部平原，在迁徙的过程中各地建立了小学、中学、大学和神学院，这些早期设立的学校都是私立的。直到 19 世纪 40 年代，在"美国公共教育之父"——霍勒斯·曼的发起和影响下，美国才建立起完整的公立教育制度。

现代意义上的公共物品市场化供给是指自觉地把市场化作为改善政府运作进而改善整个社会福利的工具。19 世纪，英国工程师查德威克率先提出用特许经营的方式将地方的污水处理和卫生服务外包出去以提升运作效率，这是早期的合同管理模式，也是地方公共服务市场化供给的雏形。

---

① 那时，船主和货运主可以向国王申请建造私人灯塔并向受益船只收取（规定的）使用费。灯塔由私人建造、管理、筹资和所有，他们可以出卖和处置灯塔。

一些典型的公用事业，如路灯照明、供电、通信、火车和有轨电车等，在当时大多数国家中最初都是政府授权私人公司开办的。

第二次世界大战后，这些国家由于经济危机和凯恩斯国家干预主义的影响，加之有社会主义国家作参照，在很多地方公共服务领域采取了各种形式的国有化。英国在 1945—1951 年间和 1974—1979 年间掀起了两次国有化浪潮，法国在 20 世纪 30 年代中期至 80 年代初的半个世纪中共发动了三次国有化运动，原来主要由私人经营的地方公用事业逐渐被政府所接管。

到 20 世纪 70 年代末 80 年代初，由于公用事业的国有化导致的竞争缺乏、效率低下、成本较高而服务质量较低的弊病凸显，西方国家掀起了一轮国有企业的变革与私有化浪潮。玛格丽特·撒切尔（Margaret Thatcher）和罗纳德·里根（Ronald Reagan）担任英国首相和美国总统，正式开启了新自由主义盛行的时代。英国在这一时期通过转让国有资产或关闭国有企业等方式，几乎将所有原来由政府垄断的公共事业私有化，国有经济比重逐渐下降，如英国燃油公司（1979）、国家货运公司（1982）、英国天然气公司（1986）等。自来水和电力公用事业也分别于 1989 年和 1990 年实现民营化。在英国的示范作用下，20 世纪 80 年代越来越多的西方国家加入民营化的浪潮，一些发展中国家也紧随其后。私有企业接管地方公共服务供给成为世界各地公共服务改革的主要方向。

私人部门对地方公共服务的大量参与也衍生出多种不同的参与制度安排，从私有化到强制竞争性招标，从立约承包到鼓励私人投资行动，形成了不同形式的政府和社会资本合作制（Public-Private Partnerships）。在从"国有化"到"私有化"再到"政府和社会资本合作"的演变历程中，许多不同的制度安排被创造出来，很多国家设立专门的政府机构来推动地方公共服务市场化的发展，同时欧盟、联合国、经济合作与发展组织以及世界银行等国际组织也将民营化、政府和社会资本合作的理念和经验在全球范围内大力推广。迄今为止，各种形式的地方公共服务市场化供给制度已经在全世界范围内得到了广泛的应用，其应用范围已经从道路、桥梁、隧道、港口、轨道交通、供水供电、燃气、电信、垃圾处理等传统的地方公共事业拓展到学校、医院和监狱的建造和运营，甚至包括航天、国防等全国意义上的公共物品。从美国经验来看，在一些公共服务领域，私人供给能够取得相对于政府供给更高的效率，如表 3.6 所示。

表 3.6　美国部分公共品私人供给相对政府供给效率比较

行业名称	私营部门对于公营部门的效率改进
消防部门	人均费用便宜 30%—40%
公共交通	单位公里成本降低 20%—60%
居民住房	价格便宜 20%
船舶修理	包括军舰在内，价格下降 50%
储蓄与贷款	运行费用减少 10%—35%
城市供水	运行费用降低 15%—60%
天气预报	营运费用减少 33%

资料来源：胡鞍钢.影响决策的国情报告[M]. 北京：清华大学出版社，2002。

二、西方国家地方公共服务市场化供给的制度安排

自 20 世纪 80 年代，西方国家兴起了将市场机制引入公共服务领域的浪潮，用以节约政府提供公共服务的成本，提高公共服务质量。地方公共服务的市场化供给可以通过许多不同的技术和方法来实现，不同的国家、不同的制度背景、不同的供需条件，市场化供给的方式都有所不同，再加上在不同的语言背景下表述方式的不同，要将所有的制度安排完全列举出来是比较困难的事情。有人用民营化、非国有化、非政府化、非国家化、公私伙伴关系、合同外包等来表述地方公共服务供给制度的市场化进程，还有人用股份化、商业化等更广义的词汇来描述。从本质而言，这些纷繁复杂的制度安排都是从完全依赖政府向更多依靠市场的过渡中的种种中间形式，按照市场机制作用从"弱"到"强"可以把它们归结为一个完整的谱系，一极是完全的政府直接生产，另一极是完全的市场自发组织，在这两极中间按照市场机制的作用程度可以归纳为政府间协议、放宽准入、合同承包、特许经营、政府撤资、自由市场 6 种制度安排，再加上政府直接生产和志愿服务一共 8 种基本制度类型，它们在整个谱系中的相对位置如图 3.3 所示。

下图仅仅是对这些不同制度安排的简单归纳和示意，现实中上述各种基本制度类型内部的制度安排都是复杂而特殊的，这里将对这 8 种制度类型在西方国家地方公共服务供给中的具体表现形式进行阐述。

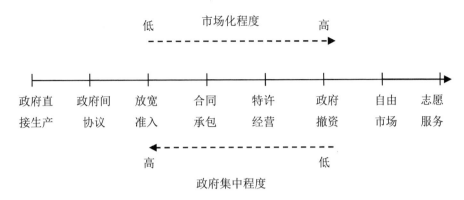

图 3.3　西方国家地方公共服务市场化供给的 8 种基本制度类型
资料来源：研究整理。

（一）政府直接生产

政府直接生产是指由政府部门雇员直接生产并提供地方公共服务的一种制度安排。这方面的例子很多，大多数的地方政府职能部门实际上都可以列入这一范围，只不过有些提供的是间接的、无形的产品或服务，如企业登记、规划、宣传等，广义上都属于地方公共服务，还有一些部门则更为直接，如警察局、消防署、市政管理局等。需要注意的是这种基本类型可以进一步细分为政府部门生产和国有公司生产两个子类，前面所列举的主要是第一个子类，而第二个子类是由国家或地方政府拥有的企业所提供的服务，也被看作"政府直接生产"，尽管其运作与政府部门生产的明显不同，如公立学校、公立医院、国有自来水公司、国有市政建设公司、政府创办的广播电视公司等。以公司的形式生产地方公共服务时，其供给主体是一种市场主体，但同时也可以视为政府职能的延伸，政府体系中的一些优点和缺点在国有公司中也都有所体现，因而在划分上把它归入政府直接生产的类型中。政府直接生产始终是各个国家提供公共服务的最主要方式。如表 3.7 所示，1982—2007 年间美国政府直接生产和提供的公共服务均在半数以上。

表 3.7　1982—2007 年间美国政府直接生产和提供的公共服务比例

年份	1982	1992	1997	2002	2007
所占比重	57%	54%	50%	58%	52%

数据来源：根据吕洪良．政府购买公共服务：理论依据及国际经验[J]．产业与科技论坛，2012（20）：7-8．有关数据整理。

（二）政府间协议

在西方国家，为了给不同区域内的选民提供相同质量和水平的公共服务，一些地方政府有时会通过政府间协议的方式将某些地方公共服务交由上级政府、邻近的同级政府或下级政府来供给，美国许多地方政府雇用或付费给其他政府以提供公共服务，如有些没有成立高中的社区将本地区的学生派往邻近社区的高中，在邻近的社区接受教育并支付给该学区相应的费用；还有些地区成立专门的政府单位，向一些小的社区有偿提供图书馆、健身娱乐设施或消防服务。一些地区的县政府常常与处于同一区域的市镇政府之间签署协议，由县政府支付一定的费用给市政府，用于穿越市镇的县级公路的养护。州政府与市镇或县政府之间也会签署协议，有偿提供一部分公共服务。这些同级地区间和上下级地区间的合约安排能够更有效地配置地方公共服务资源，使得地方公共服务质量得以改善并降低成本。在这种政府间协议的供给制度中，一方政府作为服务的生产者，另一方政府作为服务的安排者或提供者。

美国地方公共服务的提供普遍采取政府间协议的方式，根据 2004 年美国艾奥瓦州公共事务学院所提供的清单可以发现，在需要政府间协议而共享的服务中，频数最大的是警察服务，达到了 32 次；娱乐、固体垃圾处理、街道建设维修及养护、废水处理、图书馆服务以及设备及劳动力的频数也较大，如图 3.4 所示。除此之外，在美国新泽西州县际政府共同协议中，政府间协议的服务类型除以上 8 类之外还包括派遣和青少年教养、公共卫生、紧急响应、有害物品处理及游乐场地和公园等其他公共服务项目等。

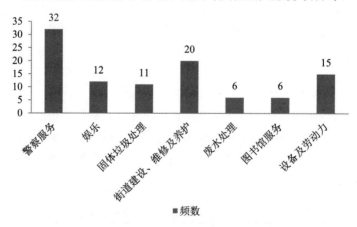

图 3.4　艾奥瓦州政府间协议主要项目频数

数据来源：根据莉安·贝蒂，爱伦·鲁宾. 地方层面上的政府间合约：场合、原因、对象，以及相关者[J]，谭锐，译. 公共行政评论，2010（3）：4-24. 有关数据整理。

（三）放宽准入

放宽准入是指在国家垄断中引入私营或者其他公共经营者的竞争，前两类供给制度安排总体上来说从属于政府供给的方式，而放宽准入则意味着政府单一供给主体的制度被打破，私人资本开始介入公共物品的供给领域。这种供给方式主要是通过增量来激活存量，因而短期内对既有的国有企业或政府部门的冲击较小，更主要是促进竞争、改进效率，避免造成就业的动荡，因此在西方国家许多领域的制度改革初期得到了广泛的应用。很多情况下放宽准入是政府有意识的一种行为，通常会结合一些针对民间资本的鼓励政策和对国有资本的限制政策。例如英国在 1989 年放宽了私人资本在公共投资领域的准入，进而在 1992 年引入了鼓励私人投资行动（PFI）的计划，创造各种条件服务于私人资本进入地方公共服务领域，英国私营医疗服务的重新出现与政府有意识地削减公共医疗服务预算密切相关。

（四）合同承包

前一种方式主要是横向上引入私营机构的竞争来实现市场化，合同承包则是一种纵向上对私营机构的引入，即在地方公共服务供给过程中地方政府与私营企业或非营利组织以签订承包合同的形式来实现某一活动的市场化供给。在这些安排中，私营企业是地方公共服务的生产者，政府是安排者，由其付费给生产者。"合同外包"是地方公共服务市场化供给最主要的形式，这里所谈的合同承包主要是在建设、运营和服务方面，涵盖了服务合同、管理合同和租赁合同三种。在美国，一些公共设施和服务的运营与维护采取服务合同的方式外包给非营利组织，具体包括垃圾收集、铲雪服务、救护车服务、道路街灯的养护等。道路、学校和政府办公设施等也都是通过合同，由私人建筑商设计和提供的。管理合同是指政府保留地方公共设施和资产的所有权，让私人企业去经营，如供水系统、废水处理厂、资源回收工厂、垃圾填埋场、医院等都是这方面的例子。租赁合同则是将资产直接租给私人投资者，使其经营范围更广，但需要自己承担经营风险。英国 1988 年通过了《地方政府法》，该法规定垃圾收集、道路清扫、公共建筑清理、车辆养护、地面养护和饮食服务 6 种基本的市政服务都需要通过竞争性招标寻找合适的供应商。

以合同承包方式来提供地方公共服务在西方国家的应用已经十分普遍，在美国最主要的 64 项市政服务中，政府以合同外包方式转交给私营部门的平均占比为 23%（Miranda et al.，1994）。州一级政府中，政府外包给私营部门的项目平均占比为 14%，地方政府的 200 多项服务都由合同承包商提供（The Council of State Government，1993）。在美国的市、县级地方政府中，1992 年通过与私人营利组织和非营利组织签约的方式提供各种公共服务的百分比如表 3.8 所示。

从加权平均后的结果来看，总体上约有 21% 的地方政府采取了合同外包的方式。在文化和艺术、健康和人力资源服务类别中，合同外包方式的主要承包者是非营利机构，营利机构的合同外包也在日益增长。在公共工程和运输、辅助服务类别中也经常如此，大多数服务都转移到了营利性企业。在丹麦，很多城市的消防服务和救护车是通过协议的方式由私人企业福尔克公司（Falck Company）提供的。在瑞典，约占 2/3 的消防服务是由私人承包商提供的（Bish et al.，1972）。

表 3.8　合同承包和内部供应的市镇和县政府服务

服务领域	市镇和县政府的比例（%）			
	使用自己的雇员		运用合同承包	
	完全	部分	营利企业	非营利机构
公共工程和运输	57	22	22	2
公用事业	45	6	31	3
公共安全	60	11	15	3
健康和人力资源	28	17	11	17
公园和娱乐	72	19	7	3
文化和艺术	32	19	3	23
辅助服务	65	19	14	1
加权平均	55	18	16	5

注：由于其他安排（如特许经营、志愿行动和补助等）的运用，各栏中的数字合计不等于 100%。

资料来源：根据 Rowan Miranda and Karlyn Andersen. Alternative Service Delivery in Local Government (1982-1992), Municipal Year Book 1994 (Washington D. C.: International City Management Association, 1994), 26-35, appendix 推算。

然而近年来，西方国家也开始出现逆民营化的过程，所谓逆民营化即政府部门将公共服务已经外包出去的项目通过政府回购的方式收回，重新由政府或政府和社会组织供给（吴小湖，2017）。从本质上来说，公共服务的逆民营化并不意味着公共服务民营化的失败，这恰恰是随着时间的推移与环境变化的不断改善，公共服务民营化进一步发展的表现。

（五）特许经营

特许经营是地方公共服务市场化供给的另一种形式，政府授予某一私人组织带有一定排他性质的权利，允许其直接向居民出售某种产品或服务，私人组织一般应向政府支付一定的费用并承诺服务的水平，接受政府机构的价格管制。在特许经营与合同外包中，政府同样是地方公共服务的安排者，私人组织是具体的生产者。但在合同外包的制度安排下往往由政府付费给私人组织，在特许经营的制度安排下往往由消费者付费给私人组织。生产者虽然具有更多的自主决策权，但也必须承担经营中可能的风险。特许经营方式的应用领域主要是一些可排他收费的地方公共服务项目，例如供电、供气、供水、公路、桥梁、港口、污水处理以及公共交通等，政府将这些"公共场域（Public Domain）"特许或者租赁给私人经营者使用，以实现政府直接生产所无法达到的高效率。

英吉利海峡的海底隧道便是英国和法国政府采用特许经营方式提供的典型。美国高速公路沿线、公园、体育馆、飞机场等场所的餐饮和其他服务，都是通过特许经营方式安排的。法国的城际收费公路采用建设—运营—转让（BOT）的方式交由私营企业投资、建造、所有、管理和保养，若干年后再移交政府。法国实行特许经营权的公路里程数达 7048 公里，在建 835 公里，特许经营企业人员达到 1500 人。法国政府通过公路特许经营权的转让，不仅推动了国家高速公路的发展，还节省了财政开支。法国公共交通事业经营单位情况如表 3.9 所示。

这种方式赋予私营企业利用公共物品进行收费的权利，由于地方公共服务往往具有自然垄断性和需求稳定性的特征，在运营的过程中能够为私营企业带来稳定的现金流入，充足的利润回报激励私营企业对地方公共服务进行投资。尤其在需要大量前期投资的基础设施领域，在特许经营的方式下衍生出许多创新性制度安排，如租赁—开发—运营（Lease-Develop-Operate）、建设—租赁—运营—转让（Build-Lease-Operate-Transfer）、建设—运营—转让（Build-Operate-Transfer）、建设—所有—运营—转让（Built-Own-Operate-Transfer）等，都是特许经营方式的进一步拓展。

表 3.9　法国公共交通事业经营单位情况

委托形式	单位（个）	百分比（%）
市政部门直接管理	1	0.6
合同管理单位	10	6.3
公私合资企业	31	19.5
公共管理者	18	11.3
私人管理者	99	62.3
总数	159	100

数据来源：法国国家交通研究中心（CERTU）2008 年的统计年报。

（六）政府撤资

前面的第三、第四和第五类都属于私人机构部分参与地方公共服务供给的制度安排，而政府撤资则意味着政府完全退出公共物品的供给，对市场存量进行民营化。在现实中通常通过政府出售国有企业或公共设施的所有权的方式来实现，私人或民间机构购买并获得政府或国有企业的既有资产和未来的经营权，从而一次性地完成政府供给向私人供给的转变。

政府撤资主要有出售、赠予和清算 3 种方式，其中直接出售是最为常见的，可以进一步细分为 5 种形式（萨瓦斯，2002）：（1）建立合资企业；（2）将企业出售给私人买主；（3）将股份卖给公众；（4）将企业出售给管理者或雇员；（5）将企业或资产出售给使用者或顾客。例如，许多西方国家通过国有企业不完全地出售股份给私人公司来建立合资公司，使私人企业获得相当比例的股份，并掌握企业运营的控制权，这种方式与一般集资行为的不同之处就在于政府必须放弃对企业的控制。在西方国家中也经常由政府直接出售国有的水务公司、燃气公司、供热企业，纽约市政府更将出售范围扩大到广播电台和电视台。在资本市场已经较为成熟的美国、英国、日本等国将企业出售给公众的情况也十分常见，如美国 1987 年将联合铁路公司通过资产重组上市，在资本市场向社会筹资，从而完成铁路的私有化。关于第四种方式，如同英国的国有卡车货运公司将公司的股份出售给企业的管理层和员工，很多地方的公共服务企业也是通过管理层收购（MBO）实现私有化的。最后一种方式也时有发生，如美国曾把农村电网和供水设施等出售给当地的使用者合作社。

政府也会将企业无偿赠予企业的雇员或使用者，如纽约市立医院的民营化方案就是将这些医院无偿转让给新成立的居民代表委员会，这些委员会立足于使用者群体所在的社区，具有地方性和非营利性特征。这种现象也发生在一些发展中国家，如非洲肯尼亚的政府供水部门将部分供水系统转让给乡村用水者协会，邻里相互合作，出资出劳动力挖坑掘井，铺设供水管道并自己管理，大大提高了供水质量。

清算是指政府通过清算关闭经营不善的国有企业，卖掉企业剩余资产，使原有的国有资产得到市场化利用，从而实现政府撤出，这种方式主要在转型和发展中国家中比较多见。

（七）自由市场

自由市场是资源配置最基础性的制度安排，在私人物品中的应用最为普遍，而在地方公共服务供给中，自由市场制度主要应用于可收费物品。生产者通过收费制度来实现消费的排他性，消费者通过选择产品或服务的生产者来满足个体需求，政府则主要确定服务并制定安全、质量等标准，但介入程度不深。这种制度安排的出现往往伴随着政府管制的放松，政府仅仅保留一些社会性职能，将经济性的职能压缩到最小，从而更好地发挥市场机制的调节作用。在美国的一些小镇，垃圾通常由私人收集，政府仅从公共健康的角度规定家庭收集垃圾的最低频率为每周一次，每个家庭有付费选择私人企业收集处理的权利。在污水处理方面，政府仅制定工厂废水处理的标准，但工厂有自由选择废水处理机构的权利。在上述这些国家中，市场安排被用于各种各样的必需物品和基本服务的提供上，如水、电力、住房、健康医疗、教育、运输、退休金管理等。

（八）志愿服务

由于地方公共治理的理念在世界各地不断被推动和普及，西方国家开始探索政府与市场之外的第三种供给制度，充分利用地方公共服务受益者的自发意愿，通过志愿团体、第三方组织来提供地方性公共物品或服务。例如通过志愿劳动，慈善组织提供了很多人们需要的服务。西方国家常见的志愿团体所提供的地方性服务包括体育爱好者经营的社区娱乐项目、居民自发组织的保护巡逻、志愿消防队提供的火灾防护等。在志愿服务这种制度安排中，服务提供者或安排者的角色由志愿团体所扮演，而服务有些是由组织成员直接生产，有些则通过雇用、付费由私人企业提供。

这些志愿组织能够形成的关键在于集体行动治理机制的合理设计，个人要联合建立这样一个组织需要一系列的必要条件：第一，对该服务的需求明确且持久；第二，有足够多的人乐于花费时间和金钱去满足这种需要；第三，团体所拥有的技术和资源允许提供这一服务；第四，对团体的效果明显，且能够提供精神上的满足和激励（贾康等，2006）。这种利益共同体可以按地理区域建立，如建立一个房东或邻里联合组织，以保证安全，提供更干净的街道和更多的娱乐等；也可以超越地理区域建立，其目的是提供一些可供集体消费的地方公共服务。除一些专门组建的服务组织外，还有一些公共服务是由其他社会组织因某种目的或活动所暂时提供的。例如在美国纽约，很多宗教组织响应市长的呼吁，为城市的街头流浪者提供食品和居住帮助。

当今西方社会正式的志愿活动已经非常普遍，但除志愿消防队外，其他由志愿方式提供的地方公共服务在地理范围和服务种类上还是十分有限的，人们对其还知之甚少。美国由志愿者所组成的消防队约占全部消防队总数的90%以上，但如果按照消防员人数来看，志愿性消防员只占了消防员总数的一小部分，其原因在于志愿性消防队普遍规模较小，服务于狭小的社区或农村,而大规模的城市消防部门采用志愿服务形式的却十分少见。但西方社会的很多趋势表明,这种志愿服务的方式正在逐渐兴起,据官方数据统计,2008 年美国公民参与志愿服务的人数达到了 6180 万,累计无偿劳动达 80 亿小时,创造了 1628 亿美元的价值。78.2%的志愿者为社会慈善事业捐助了 25 美元及以上的善款(徐彤武,2009)。在英国大约有 70 万个社区和志愿者组织,其中慈善组织 25 万多个。在 2013—2014 年间,英国有 74%的成年人每年至少参加一次志愿服务。

第三节　中国地方公共服务供给制度及其演变历程

中国地方公共服务供给制度在计划经济向市场经济过渡的大背景下,与西方国家的供给制度演变相比有着许多特殊的地方,但就总体的趋势而言,有许多地方是相似的,其中存在一定的规律可循。与前面的分析相对应,对我国地方公共服务供给制度演变的分析分为两个部分:一是地方政府财政制度功能的演变;二是各种市场化的供给制度变迁。

一、地方公共服务与地方政府财政制度演变

自20世纪50年代,中国的国家财政划分就体现了公共物品的地域特征,属于中央支出的有国防、外交等与社会安全相关的公共物品和服务;纯属地方支出的主要是那些与地方社会秩序相关的公共物品,如地方治安和司法等;一些对整个国民经济至关重要的物资和人力资源投资,如农业、水利、文教卫生等,则在不同程度上由中央和地方共同分担。此外较为特殊的是,中央和地方还有一部分支出用于建设和维持直接生产领域里各自所有的国有企业。在数十次中央—地方财政关系调整中,一方面是中央与地方的冲突协调,另一方面还夹杂着复杂的政企关系,使中国地方财政制度变迁与其他国家相比有其特殊的一面。本节主要分析改革开放以来的制度演变。

(一)中央—地方财政关系变革分析

根据传统的划分,中国的财政体制包括 5 个层级(中央级、省级、地级、县级、乡镇级)。通常中央政府以下的各级政府统称为地方政府。中华人民共和国成立以来,中央与地方的财政关系变迁主要经历了四大阶段,分别是 1978 年以前中央计划的统收统支阶段、从改革开放到 1994 年的财政包干阶段、1994 年以来的分税制阶段和十八大以后央地事权与财税改革深化阶段。

1. 1978 年以前中央计划下的分权措施。

在第一阶段的中央计划时期，中央—地方关系也出现过若干轮调整，如1958—1960 年的"大跃进"期间及 1966—1976 年的"文化大革命"期间都具有比较明显的分权化特征（Xu，2011）。"大跃进"时期的分权主要是通过将中央直属企业下放给地方，使得地方财政收入比重大幅上升，但灾后调整期间的重新集中化政策又重新扩大了中央直属企业的比重，并实行中央和地方"一本账"，强化了中央集权。当经济形势好转以后，在"文化大革命"期间推动地方建立自己独立的经济体系，涌现出大量分散化、小型化的钢铁、农业机械、化肥等生产企业，地方财政占比又进一步上升。

2. 改革开放至 1994 年的"分级包干"中央—地方关系变革

这一阶段以"分级包干"为主要特征，主要是进行中央与地方的收支权力责任的划分，发挥地方政府的自主性。1980 年，国家开始确定和实施"划分收支、分级包干"的预算管理体制，也称"分灶吃饭"体制。基本内容是：收入上确定了中央和地方所固有的收入项目，其他的共同收入在中央和地方之间进行分配。具体包括：所有权为中央的企业收入、关税和中央其他收入划为中央财政。所有权在地方的企业收入、盐税、农业税、工商所得税和地方其他收入划为地方财政。由中央部门直接管理企业的收入，由中央和地方政府分成，其中 80% 归中央财政，剩余 20% 归地方财政。工商税作为中央和地方的调剂收入，支出上首先按照企业和非营利事业团体的种类划分为中央、地方的经常支出，由中央和地方各自负担；经常支出以外的专门项目支出，由中央财政以特别支出的形式承担。1985 年，引进了纳税方式，用"利改税"方式取代了国有企业利润上缴方式，全面制定各种税制。与此相适应，中央和地方间的分配也更加明确。1988 年，调整了之前的预算包干法，按照当时全国各省级行政区和计划单列市的不同实际情况，分别采用了收入递增包干、总额分成、总额分成加增长分成、上缴额递增包干、定额上解以及定额补助等多种不同类型的包干方法。另外，大量地方政府所有的国有企业开始保留其利润，这些留成利润的大部分也归地方政府所有，用于为地方国有企业提供公共服务以及税收减免和保护等。

从改革开放到 1994 年分税制改革以前，财政包干制是我国政府间财政制度调整的主要内容。通过以上财政改革，地方政府特别是省一级政府掌握了财政收入的剩余控制权，使得地方政府在促进经济改革，发展地方经济方面有了激励机制，大大调动了地方政府管理地方公共事务的积极性。但由于中央与地方在经济运行情况上的信息不对称，使得地方政府存在隐藏税源的动机。当税收增加时，主要受益者为中央政府，因此地方政府具有降低税收的倾向。事实上，这就形成了一种转移支付的制度安排（楼继伟，2012）。中央财政收入占全国收入的比重在这一时期发生短暂的上升后出现逐渐回落，由 1980 年的 24.5%上升到 1984 年的 40.5%，此后持续下降到 1993 年的 22%，低于改革初期的水平（陈硕等，2012）。

3. 1994 年以后的分税制改革

第三阶段以 1994 年分税制改革为主要特征，将中央与地方的分配格局以税收制度形式确定下来。随着我国实施财政分权十多年的实践，确立明确的分税制财政体制的时机已经逐渐成熟。1994 年 1 月 1 日分税制财政管理体制开始实行，其目的在于理顺中央与地方政府间的事权划分和财政体制，重新收回中央政府对重要领域的经济管理权，以适应经济和社会发展的要求（刘克崮等，2008）。我国分税制改革主要包括以下四个方面：

（1）在支出方面，界定中央和地方政府各自的事权，确定各级财政支出的范围

中央财政的预算支出涵盖了国家安全、国际交流和中央机关运行经费，以及调节经济结构、平衡地区发展、实施宏观调控等活动的支出，还包括中央直接管理的事业发展支出。具体内容如表 3.10 所示。

表 3.10　中央和地方财政预算支出分工

中央预算支出	地方预算支出	中央财政专项拨款
中央基本建设投资	地方统筹基本建设投资	特大自然灾害救济费
中央企业的挖潜改造	地方企业的挖潜改造资金	特大抗旱和防汛补助费
新产品试制费和简易建筑费	新产品试制费和简易建筑费	支援经济不发达地区的发展资金
地质勘探费	城市维护建设费	边境建设事业补助费
国防费	地方农林水利事业费	
武装警察部队费	工业、交通、商业部门事业费	
人民防空经费	文教科学卫生事业费	
对外援助支出	抚恤和社会救济费	
外交支出	行政管理费（含公、法、检支出）	
国家物资储备支出	民兵事业费	
中央级的农林水利事业费	其他支出	
工业、交通、商业部门事业费		
行政管理费		
其他支出		

资料来源：王晶. 城市财政管理[M]. 北京：经济科学出版社，2002.

（2）在收入方面，依据财权与事权相互匹配的原则，确定中央与地方各自的税收来源

在税种的设置上，中央税主要为与维护国家权益、实施宏观调控密切相关的税种；地方税主要为适合地方征管的税种，相对以往更为丰富；中央和地方共享税主要为经济发展直接相关的税种。三类税种的具体项目参见表 3.11。税种的征收也有明确分工，国家税务总局及其各地方分局负责中央税种和共享税种的征收工作，并将共享收入按照比例划转地方；地方税务局负责地方税种的征收工作。

表 3.11　中央和地方收入划分

中央固定收入	地方固定收入	中央地方共享税
关税以及海关代征消费和增值税	营业税（不包括铁道部门、各银行总行、各保险总公司等集中缴纳部分）	增值税（中央75%、地方25%）
	地方企业所得税（不含地方银行和外资银行及非银行金融企业所得税）	
	地方企业上缴利润	
中央企业所得税	城镇土地使用税	
	城市维护建设税（不含铁道等部门集中缴纳的部分）	
	固定资产投资方向调节税	
地方银行和外资银行及非银行金融企业所得税	个人所得税	资源税（大部分作为地方收入）
	房产税	
	车船使用税	
铁道部门、各银行总行、各保险总公司等集中缴纳的收入（包括营业税、所得税、利润和城市维护建设税）	印花税	
	屠宰税	
	农牧业税	
中央企业上缴利润	农业特产税	证券交易税（中央地方各50%）
	耕地占用税	
	契税	
外贸企业出口退税	遗产和赠予税	
	土地增值税	
	国有土地有偿使用收入	

资料来源：笔者根据国务院制定实施的增值税、消费税、营业税、资源税、土地增值税、企业所得税等暂行条例整理。

（3）中央对地方财政的税收返还

为了补偿地方上划税收收入所带来地方收入的减少，中央财政会给予地方一定的消费税、增值税和所得税的返还，具体数额以 1993 年为基准年核定。1993 年时为了与之前的税制平稳过渡，中央财政从各地征收的消费税和增值税的 75% 的上划收入中减去下划地方的收入部分，全额返还给地方，以维持地方收入不受冲击，将这一金额作为中央财政对地方的税收返还基数。1994 年开始以上一年为基数，返还额按年递增，增长率按增值税和消费税全国平均增长率的 0.3 计算，即如果"两税"的年增长率为 1%，则返还额年增长率为 0.3%。

（4）中央补助、地方上解等部分的过渡措施

对于原有体制下的中央补助部分，继续沿用原有办法提供补助；对于原体制地方上解，对实行递增上解和定额上解等的地区尽量沿用原有方式，对总额分成和原分税制试点地区则采用递增上解方式。之前中央下拨地方的各项专款依然保持不变。之前由地方承担的出口退税金额的 20% 部分与上解和补助抵扣后的数额作为此后年度上解或补助的定额，用于中央和地方的结算（黄恒学，2002）。

对于预算外收入部分，1994 年分税制改革将地方国有企业留成利润从地方政府预算外收入中划出来，由财政部直接支配。1997 年又将 13 项政府基金从预算外划归预算内管理，1997 年以后的一些新的收入来源如土地出售收入、收费收入以及那些直接或间接隶属于地方政府代理机构的收入又带动了地方政府预算外收入的增长，成为地方政府重要的财政激励来源。

就各级政府的事权和支出范围而言，分税制改革并没有取得太多新的突破，实际上仍然维持了 1994 年以前的分配格局，但地方政府的税收收入所占的比重实际上有所下降，同时也削弱了其给地方企业减免税收的权力。在实行分税制当年，全国财政预算收入占 GDP 的总体份额并未由于改革的推行而有所上升，而是从上一年的 12.3% 下降到 1994 年的 10.8%，然而中央财政收入的占比却从改革前的 22% 跃升到 55.7%。但新的分税制方案扩大和保护了地方财政的自主权，一方面，通过将中央和地方两个税收监管系统分隔开，在组织上避免了中央和地方之间财政利益的侵犯；另一方面，分税制相对稳定，避免了以往财政体制频繁调整的不确定性。

4. 十八大以后中央—地方事权与财税改革深化阶段

合理划分中央与地方的事权关系并构建"事权与支出责任相适应的制度"是十八大确立的全面深化改革总体部署的重要组成部分（刘晔，2017）。2012 年 11 月，党的十八大报告将"加快改革财税体制，健全中央和地方

财力与事权相匹配的体制"列为国家治理体系建设的重要内容。2013 年 11月，党的十八届三中全会通过了《中共中央关于全面深化改革若干重大问题的决定》，进一步将"推进国家治理体系和治理能力现代化作为全面深化改革的总目标"，并且把"建立事权与支出责任相适应的制度"列为构建现代财政制度的任务之一。2014 年 6 月，《深化财税体制改革总体方案》通过中共中央政治局的审议，正式对中央和地方事权与支出责任的划分做出总体部署。2016 年 8 月发布了《国务院关于推进中央与地方财政事权和支出责任划分改革的指导意见》，对中央事权、地方事权和中央地方共同事权进行了明确的划分，并对改革的实施规划了具体的时间表和路线图。从而改变了 1994 年分税制以来财权财力向上集中，事权和支出责任层层下压的局面，规范了中央和地方之间存在的事权模糊不清等一系列现象。与此同时，税制改革也不断向纵深推进，增值税、消费税、个人所得税、房产税、资源税、环境税的相关立法都取得了一系列进展。

2018 年 1 月正式下发《国务院办公厅关于印发基本公共服务领域中央与地方共同财政事权和支出责任划分改革方案的通知》（国办发〔2018〕6号），率先制定了基本公共服务领域中央与地方共同财政事权清单，并发布了基础标准、支出责任及分担方式，涵盖了义务教育、学生资助、基本就业服务、基本养老保险、基本医疗保障、基本卫生计生、基本生活救助和基本住房保障共八大类 18 项。在支出责任分担比例上考虑了不同地区的财力实际状况，将 31 个省区市和 5 个计划单列市划分为五档，自 2019 年 1月 1 日起正式实施。

（二）我国地方公共支出与地方公共服务供给

在我国政府主导的市场经济条件下，地方公共服务供给与政府的地方公共支出存在更加紧密的联系，地方公共支出不仅明确地反映了政府活动的范围和方向，也一定程度上体现出地方公共服务的供给水平。

1. 地方公共支出的总体规模

按照中央与地方的事权划分，地方政府主要承担地方经常性事务支出以及专项建设，在地方政府公共支出的总量与结构上也随着中央—地方财政制度的调整不断变化。从世界各国的长期发展道路看，分权化是一种大趋势，反映到公共支出上，则是地方公共支出所占份额的逐年上升，我国中央政府与地方政府公共财政收入和支出的比例分别如表 3.12 和表 3.13所示。

表 3.12　中国中央政府和地方政府的财政收入

年份	GDP（亿元）	财政收入（亿元）			比重（%）		地方财政收入占GDP比重（%）
		全国	中央	地方	中央	地方	
1980	4588	1160	284	875	24.5	75.5	19.1
1985	9099	2005	770	1235	38.4	61.6	13.6
1990	18873	2937	992	1945	33.8	66.2	10.3
1995	61340	6242	3257	2986	52.2	47.8	4.9
2000	100280	13395	6989	6406	52.2	47.8	6.4
2001	110863	16386	8583	7803	52.4	47.6	7.0
2002	121717	18904	10389	8515	55.0	45.0	7.0
2003	137422	21715	11865	9850	54.6	45.4	7.2
2004	161840	26396	14503	11893	54.9	45.1	7.3
2005	187319	31649	16549	15101	52.3	47.7	8.1
2006	219439	38760	20457	18304	52.8	47.2	8.3
2007	270232	51322	27749	23573	54.1	45.9	8.7
2008	319516	61330	32681	28650	53.3	46.7	9.0
2009	349081	68518	35916	32603	52.4	47.6	9.3
2010	413030	83102	42488	40613	51.1	48.9	9.8
2011	489301	103874	51327	52547	49.4	50.6	10.7
2012	540367	117254	56175	61078	47.9	52.1	11.3
2013	595244	129210	60198	69011	46.6	53.4	11.6
2014	643974	140370	64493	75877	45.9	54.1	11.8
2015	689052	152269	69267	83002	45.5	54.5	12.0
2016	743586	159605	72366	87239	45.3	54.7	11.7

表 3.13　中国中央政府和地方政府的财政支出

年份	财政支出（亿元）			比重（%）	
	全国	中央	地方	中央	地方
1980	1229	667	562	54.3	45.7
1985	2004	795	1209	39.7	60.3
1990	3084	1004	2079	32.6	67.4
1995	6824	1995	4828	29.2	70.8
2000	15887	5520	10367	34.7	65.3
2001	18903	5768	13135	30.5	69.5
2002	22053	6772	15281	30.7	69.3

年份	财政支出（亿元）			比重（%）	
	全国	中央	地方	中央	地方
2003	24650	7420	17230	30.1	69.9
2004	28487	7894	20593	27.7	72.3
2005	33930	8776	25154	25.9	74.1
2006	40423	9991	30431	24.7	75.3
2007	49781	11442	38339	23.0	77.0
2008	62593	13344	49248	21.3	78.7
2009	76300	15256	61044	20.0	80.0
2010	89874	15990	73884	17.8	82.2
2011	109248	16514	92734	15.1	84.9
2012	125953	18765	107188	14.9	85.1
2013	140212	20472	119740	14.6	85.4
2014	151786	22570	129215	14.9	85.1
2015	175878	25542	150336	14.5	85.5

资料来源：中国统计年鉴（1980—2016）。

总体来看，经济体制改革以来，我国地方财政收支的规模变化呈现以下两方面特征：

（1）地方公共收入的增长一度低于国内生产总值的增长，到 21 世纪初开始逐渐回升。改革开放以来，经济快速发展，国内生产总值快速增长，但地方公共收入的增长相对缓慢，地方财政收入占 GDP 的比重逐年下降，尤其在 1994 年实行分税制改革后出现断崖式下跌，远远低于改革开放初期。地方财政收入在全部财政收入中的比重在 2000 年以后略有上升，近年来保持在 54%左右。地方财政能力一度不断弱化，削弱了对地方经济的影响力，有的地方甚至连"吃饭"都感到很紧张。近年来虽逐渐回升，但地方政府收入水平与经济发展水平仍不相称，而同一时期西方国家地方政府收入约占 GDP 的 15%左右。

（2）地方公共支出占国家公共支出的比重稳步上升。在地方公共收入占国内生产总值比重相对下降的同时，地方公共支出占整个国家公共支出的比重却不断提高，由 1980 年的 45.7%提高到 2015 年的 85.5%，远远高于地方财政收入在全部财政收入中 54.5%的份额。这种现象从表面上反映出地方政府成为改革的受益者，财政支出自主权不断提高，表明地方政府的事权范围正在扩大，但也同时带来地方财政收入与支出不匹配的问题。

地方公共支出对经济的影响力迅速增强，甚至超过中央，如果与地方的预算外资金支出一同考虑，则这种影响力更为明显。

2. 地方公共支出的使用去向结构

我国地方财政支出的统计口径分为两个阶段。第一阶段是 2007 年以前，将地方财政支出按照基本建设、企业挖潜改造资金、地质勘探费等 23 项进行统计[①]。为便于分析，这里将地方财政公共支出归为 9 类，各自比例如表 3.14 所示。

表 3.14　中国历年地方财政主要项目支出比例统计（1991—2005）

单位：%

年份	合计（亿元）	基本建设支出	企业技改资金	地质勘探费	工业交通流通部门事业费	支农支出	科教文卫支出	抚恤和社会救济费	行政管理费	其他支出
1991	2295.8	8.46	5.37	0.01	1.63	9.61	27.19	2.91	13.62	31.2
1992	2571.8	8.7	5.94	0.01	1.72	9.39	27.3	2.56	15.1	29.28
1993	3330.2	8.47	9.82	0.01	1.57	8.74	25.65	2.24	14.77	28.73
1994	4038.2	7.26	7.37	0.01	1.58	8.79	28.2	2.33	16.61	27.85
1995	4828.3	8.51	7.59	0.02	1.42	7.95	27.34	2.38	16.63	28.16
1996	5786.3	8.79	7.5	0.02	1.44	7.87	26.66	2.19	16.75	28.78
1997	6071.1	8.72	6.7	0.01	1.44	7.53	25.63	2.11	15.83	32.03
1998	7672.6	10.14	6.9	0.01	0.98	7.26	24.93	2.15	16.11	31.52
1999	9035.3	11.75	6.6	0.09	0.98	6.74	23.8	1.97	15.61	32.46
2000	10366.7	10.54	6.18	0.43	1.04	6.65	23.64	2.03	16.01	33.48
2001	13134.6	12.54	5.74	0.53	1.06	6.23	22.85	2.02	15.65	33.38
2002	15281.5	12.37	4.79	0.48	1.08	6.43	23.11	2.42	16.27	33.05
2003	17229.9	11.07	4.79	0.47	1.16	5.8	23.2	2.87	16.82	33.82
2004	20592.8	10.17	4.71	0.43	1.35	7.54	22.45	2.7	16.86	33.79
2005	25154.7	10.64	4.6	0.37	1.4	6.54	21.93	2.8	16.84	34.88

资料来源：中国财政年鉴（2000），中国统计摘要（2006）。

---

① 这 23 项分别为：基本建设、企业挖潜改造资金、地质勘探费、科技三项费用、流动资金、农业支出、林业支出、农林水利气象事业费、工业交通等部门事业费、流通部门事业费、文体广播事业费、教育支出、科学支出、医疗卫生支出、其他部门的事业费、抚恤和社会福利救济、行政事业单位离退休支出、社会保障补助支出、国防支出、行政管理费、外交外事支出、武装警察部队支出、公检法司支出等。

表3.14所列各项，其中属于地方公共服务范畴的主要包括科教文卫支出、抚恤和社会救济费以及基本建设支出的一部分。从表中可以看出，1991年以来，政府支出用于教育、医疗卫生、科学和文化事业的比例呈明显下降趋势，由1991年的27.19%下降到2005年的21.93%；抚恤和社会救济费略有下降，但基本保持在2%—3%的水平；基本建设支出略有增长，从1991年的8.46%增长到2005年的10.64%；行政管理费增长速度较快，从1991年的13.62%增长到2005年的16.84%。

第二阶段是2007年以后，国家统计局采用了新的财政支出统计分类指标。根据表3.15中各项支出占比的变化趋势可以看出，一般公共服务的占比经历了较大幅度的下降，从2007年17.89%下降到2017年的8.82%；教育、科技、文化和社会保障各自稳定保持在17%、2.3%、1.8%和13%左右；医疗卫生从5.51%上升到8.3%；城乡社区、农林水和交通运输事务各自占比略有上升。

表3.15　中国历年地方财政主要项目支出比例统计（2007—2017）

单位：%

年份	合计（亿元）	一般公共服务	外交国防	公共安全	教育	科学技术	文化体育与传媒	社会保障和就业	医疗卫生	城乡社区事务	农林水事务	交通运输	其他
2007	35524	17.89	0.21	8.10	18.94	2.42	2.17	14.37	5.51	9.12	8.70	3.19	9.40
2008	45156	16.50	0.18	7.55	18.86	2.33	2.12	14.31	6.00	9.28	9.38	3.19	10.29
2009	61045	13.24	0.21	6.39	16.17	2.15	2.03	12.86	6.44	8.36	10.49	5.86	15.82
2010	73884	11.50	0.21	6.28	16.01	2.15	1.88	11.75	6.40	8.09	10.48	5.41	19.82
2011	92734	10.87	0.22	5.68	16.71	2.03	1.84	11.44	6.86	8.21	10.27	7.73	18.15
2012	107062	10.93	0.20	5.54	18.81	2.09	1.94	11.21	6.70	8.46	10.71	6.85	16.56
2013	119582	10.67	0.20	5.43	17.47	2.27	1.96	11.58	6.86	9.32	10.72	7.21	16.31
2014	128999	9.47	0.18	5.33	16.89	2.23	1.91	11.84	7.82	10.03	10.57	7.50	16.23
2015	150048	8.33	0.15	5.20	16.60	2.26	1.87	12.19	7.91	10.58	11.09	7.67	16.16
2016	160011	8.49	0.14	5.81	16.64	2.42	1.82	12.94	8.17	11.48	11.13	6.05	14.91
2017	172805	8.82	0.12	6.14	16.55	2.57	1.81	13.66	8.30	11.90	10.64	5.51	13.99

资料来源：中国统计年鉴（2007—2017）。

二、我国地方公共服务供给存在的主要问题

尽管我国同世界上其他国家在财政支出的统计口径上有所不同，但从

上述支出结构中仍可以看出，我国地方政府在区域经济发展中所发挥的作用与西方国家存在很大的差异。

第一，与西方发达国家地方政府财政支出主要用于教育、医疗、社会保障、警察和消防等项目不同，我国地方政府一方面承担着行政管理、司法治安、科教文卫事业等公共领域的职能，另一方面还担负着大量国有企业的创建、运营、弥补亏损等责任。因此，政府也涉及大量的私人物品领域，企业的技术更新改造、流动资金补充、各类政策性补贴等都构成政府财政支出的重要组成部分，但从 2007 年以后各项支出的变动趋势来看，一般公共服务占比大幅度下降，表明政府职能已经逐渐向公共事务领域转变。

第二，地方政府财政用于基本建设的支出比例相对较低。尽管改革开放后，随着经济发展和社会投资主体的多元化，政府投资逐渐转向企业和个人，同时一部分预算外资金承担了经济建设的部分职能，目前地方政府的支出水平与大多数西方发达国家基本相当，如美、德、英三国地方经济建设支出占地方财政支出的比重也平均不到 10%。但考虑到我国所处的工业化阶段，目前这一比例不合理。按照经济发展阶段的一般规律，在工业化中期，政府投资可发挥的作用更大，因而在社会总投资占比通常较高，政府会加大力度发展各类公共基础设施，如公路、铁路、港口、机场、环境保护设施、医疗教育设施等。但自从中华人民共和国成立以来，我国基础设施的条件较差，历史欠账较多，长期处于国民经济发展的瓶颈制约状态。这种状况导致我国政府在基础设施建设方面具有比发达国家更重的任务，因此目前的这种投入水平与我国经济发展所处的工业化阶段是不相适应的。

第三，科教文卫等地方公共服务领域的支出比重偏低。科教文卫通常划归为典型的地方公共服务，外部效应明显，对于一个国家稳定持续的经济发展和居民生活水平的改善都发挥着重要作用。科教文卫的支出历来受各国政府高度重视，如美国在 20 世纪 90 年代末，地方财政用于文化教育的支出在其财政支出中的份额达到四成以上。而 2005 年我国地方政府用于科学、教育、医疗卫生和文化事业全部的比重仅为 21.93%，2017 年在新的统计分类中，科学、教育、医疗卫生和文化体育事业四项占比为 29%左右，相较于发达国家仍然偏低，导致我国在医疗服务、教育等方面的公平性指标在国际上长期处于中下游。这与世界各国发展的经验不符，也将成为新形势下国家战略目标实现的制约瓶颈之一。

第四，社会保障支出明显不足。随着经济水平的不断提高，社会不平衡程度不断增加，而社会保障是体现公平性的重要手段，是社会稳定的基石。因此，各国政府均将社会保障支出作为政府财政的重要一项。1995 年以前，在我国统计体系的财政支出科目中仅有抚恤和社会福利救济费可归为社会保障项目，从金额来看虽然保持了一定的增长，但其份额仅为财政支出的 2%—3%。20 世纪 90 年代末，行政事业单位的离退休经费被划入了社会保障支出科目，并在 2001 年明确设立了社会保障补助支出科目，从统计指标来看社会保障支出比重有了较大提升。到 2005 年，三项之和占地方财政支出的比例达到 13.35%，而按照新的统计分类，2017 年社会保障和就业支出所占比重达到 13.66%。尽管这一比例有所提高，但从城镇化和老龄化发展的现状来看，这样的水平仍难以满足很多地方的社会保障需求，目前的社会保障支出总量还远远不够。同时，社会保障的覆盖范围十分有限，城市与乡村、政府与企事业单位之间的社会保障水平有很大差异，与市场经济发展对社会保障制度的要求相去甚远。

第五，行政管理费用有所下降，但占比仍然较高。行政管理费服务于国家的核心职能，属于财政支出的重要组成部分。通常行政管理费用会与财政支出一同增长，但随着行政管理效率的提高，其上升幅度应低于财政支出的上升幅度，这样能更好地保证财政支出的增量服务于经济建设和社会公共事业的发展。但我国地方政府的行政管理支出曾经一度呈现不降反升的趋势，这一趋势在十八大以后有所改善。但传统体制下"大政府"的行政机构在市场经济条件下仍然存在改革滞后的问题，由于经济的快速发展，新的形势不断涌现，新的机构也相应地不断增设，并且有时需要有专门机构从事新旧机构的过渡和协调，造成行政机构数量不断增加，人员编制不断扩大，财政供养人数不断增多，最终造成行政管理费支出占比的高位运行。一些地方机构在设置上条块分割，行业、部门的机构职能交叉重叠，政出多门，降低了行政管理的效率，导致财政资金使用的效益不高。在推进"减税降费"的过程中，一些地方政府的财政收入来源明显下降，资金近半数用于人员开支，地、县两级财政甚至成为"吃饭"财政。这也导致公用经费不能得到保障，客观上影响了公共事业的发展。

三、中国地方公共服务的市场化供给制度变迁

（一）中国地方公共服务供给制度市场化的历程

自 20 世纪 80 年代以来，随着经济体制的市场化改革进程，中国地方政府在公共物品供给中所发挥的作用也越来越重要，地方政府不仅仅扮演着地方公共服务的重要直接生产者，同时也成为地方公共服务市场化供给的重要推动者，并从 90 年代开始以各种民营化、PPP、混合所有制等形式

推进中国地方公共服务的多元化市场供给进程。对于地方公共服务市场化的探讨较多集中在市政公用事业上，主要领域涵盖了城市供水、供热、供气、公共交通、排水、污水处理、道路与桥梁、市政设施、市容环境卫生、垃圾处置和城市绿化等方面。结合孙学工等（2015）、崔运武（2015）、陈富良等（2016）对中国公用事业改革历程的阶段划分，可以把中国地方公共服务的市场化改革历程分为四个阶段。

第一阶段为1980年到1990年。该阶段逐步放松规制，鼓励公用事业多轨并存，主要以东部沿海地区为主率先创办公私合作公用事业的试点，开始了从公有制向多种所有制并存的转型。在教育领域，自20世纪80年代就已经开始出现了私人机构，主要以文化补习班、技能培训机构等非学历教育为主。医疗服务的市场化是从20世纪80年代医院内部运行机制的改革开始的，在这一时期为缓解供需矛盾，很多地方制定了一系列鼓励提升效率和扩大服务供给的政策，涌现了一大批民资、合资的医疗服务机构，医疗服务"公有制"一统天下的格局转变为多元化并存的局面。

第二阶段为1990年到2004年。该阶段的正式引入市场化模式，以建设部正式提出"市政公用事业应逐步建立现代企业制度"为标志，外商资本和民间资本开始成为地方公共服务的供给主体之一。中法水务、法国通用水务、英国泰晤士水务等跨国公司都在这一时期进入中国。特许经营成为当时中国公用事业发展的主要形式。2002年建设部进一步出台了《关于加快市政公用行业市场化进程的意见》，提出引入竞争机制促进市政公用事业的市场化，加快市场化改革的步伐。从2002年开始，许多上市公司都进入公用事业领域，如泰达股份、金路集团等多家上市公司陆续投资绿化、自来水、天然气等领域，科学城（乌江电力）甚至将主营业务转向城市公用事业的投资和管理。据不完全统计，2002—2004年间已经有30多家上市公司开始或加大对公用事业的投资。2002年，和记黄埔斥资2.5亿元收购了在香港创业板上市的百江燃气，借此进入内地燃气市场。内地民营企业、香港上市公司——新奥燃气也加入进来，先后以控股甚至独资的形式获得了国内20余个城市的燃气管网的独家经营权，覆盖城区人口超过3500万。供水领域的市场化最早始于1996年，上海引入世界三大水务巨头之一——英国泰晤士水务，其以BOT模式投资7300万美元，取得了上海市北自来水公司下属大场水厂项目为期20年的经营权。1997年6月，法国通用水务集团在天津签署了国内第一个特许授权合同，负责运营并改造该市的饮用水厂。此外，德国SKP公司与无锡公用事业局所属环卫处签订了垃圾填埋发电的合资协议。

对于教育、医院市场化供给的探讨则更直接与地方政府财政投入逐渐减少相关，由原来地方政府直接开办逐渐转向民办公助、股份合作制、集团控股制和民办私立等各种形式。经过 20 世纪 80 年代到 90 年代初的摸索和初步发展，以 1992 年邓小平"南方谈话"为起点，民办教育进入快速启动时期。1993 年，《中国教育改革和发展纲要》提出了针对民办教育的"十六字方针"——"积极鼓励、大力支持、正确引导、加强管理"，并且在纲要中明确提出要"改变政府包揽办学的格局，逐步建立以政府办学为主体、社会各界共同办学的体制"。1997 年《社会力量办学条例》以及 2002 年《中华人民共和国民办教育促进法》的颁布标志着教育市场化改革进入依法调整和加速发展的新时期。2004 年，全国共有各级各类民办学校（教育机构）7 万余所，在校生 1769 万人。在学前教育阶段，有幼儿园 6 万余所，在园儿童 584 万人。在义务教育阶段，有小学 6000 余所，在校生 328 万人；普通初中 4000 余所，在校生 315 万人；职业初中 24 所，在校生 1.5 万人。在高中教育阶段，有普通高中近 3000 所，在校生 185 万人；中等职业学校 1633 所，在校生 110 万人。民办高等教育也取得了较大发展，具有独立颁发毕业证书资格的民办高校 228 所，在校生 71.1 万人；民办高等教育机构 1187 所，注册学生 105.3 万人。

在医疗领域，自 20 世纪 90 年代公费医疗制度逐渐取消转为医疗保险制度，同时国家对医疗机构的补助形式，也逐渐由"包下来"转为部分补助。于是，市场上涌现了多种形式、多种体制的医疗机构。医疗服务的主体虽然依然是公有制医疗机构，但私营制、股份合作制、集团（公司）控股制等医疗机构的出现，使得医疗市场上形成了一定的竞争，促进了医疗服务水平的提高。

据世界银行的统计，从 1990 年到 2011 年在交通、电信、能源、供水和污水处理领域，中国私营部门参与公共事业的项目共计 1018 项，黄金期主要在 1995—2004 年间，此后基本呈趋减状态。这一阶段中国的地方公共服务市场化虽然得以迅速推进，但与此同时，由于对特许经营模式的认识不足，推进市场化操之过急，导致了公用事业操作不规范、国有资产流失以及公用事业服务质量下降等一系列问题。

第三阶段为 2005 年到 2014 年。由于早期推行特许经营模式出现了一系列问题，行业监管逐渐加强，很多地方具有国有资产背景的企业集团收回了一些市政公用事业的经营权，呈现重新国有化的趋势。如在特许经营项目较多的水务环保行业，从 2008 年开始地级以上城市的供水项目招商基本上停止，污水厂项目招商也大幅度减少。又如城市公交行业，在 2006

年公交优先政策推行以后，很多地区的公交企业进行了重组，如北京从2007年开始实行重新国有化和低票价政策；上海在2009年上半年进行公交重组，市区公交重组为浦东、浦西两个完全国有的公交公司；青岛在2007年将之前特许经营的60多条公交线路重新收归国有；2008年，全国首先推行公交民营化改革的湖北十堰在发生四次市区公交全线停运事件后，收回十堰市公交集团公司的城市公交特许经营权。

第四阶段为2014年至今。该阶段为新一轮以PPP为主要模式的市场化新阶段。国家相关部委在基础设施、公用事业领域出台和建设了一系列文件和PPP项目库等，以鼓励、规范社会资本的参与。PPP模式成为比较常态化发展的标准模式，各地根据实际情况采用BOT、BOOT、BT等多样化的市场化模式。近年来随着PPP模式的兴起，新的市场化浪潮开始涌现，根据住房和城乡建设部的统计，截至2015年底，城市供水行业中由社会资本参股控股的项目已占城市供水规模的20%。在城市燃气行业中，民营企业已占40%。城市供热和新建污水处理设施中也有60%由社会资本提供，垃圾无害化处理设施中30%以上由社会资本投资运营[①]。根据财政部全国PPP综合信息平台项目管理库的数据显示[②]，截至2018年12月末，全国PPP累计入库项目已达到8654个，入库项目金额为13.2万亿元，其中落地项目累计4691个、投资额7.2万亿元，落地率54.2%。从行业分布来看，累计项目数位居前三位是市政工程、交通运输、生态建设和环境保护，分别为3381个、1236个、827个[③]。从地区分布来看，累计项目数位居前三位是山东（含青岛）、河南、贵州，分别为757个、643个、514个。在民营企业参与方面，在4550个社会资本所有制信息完善的落地项目中，涉及社会资本共7781家，其中民营企业占34.9%；民间资本背景项目1961个、投资额2.3万亿元，分别占上述4550个落地项目的43.1%和32.5%。

（二）中国地方公共服务供给市场化的主要形式

中国地方公共服务市场化所采取的主要形式在许多方面与西方国家是类似的，但由于我国处于从计划经济向市场经济过渡的转型阶段，市场经济的成熟程度与西方国家有很大差距，因此也涌现出许多新的特征。中

---

① 中国日报网.五部门鼓励民间资本进入城市供水、燃气、供热等行业[EB/OL].2016-10-20[2017-02-15]. http://cnews.chinadaily.com.cn/2016-10/20/content_27121168.htm.

② 财政部PPP中心. 全国PPP综合信息平台项目管理库2018年报[EB/OL]. 2019-01-31[2019-01-31]. http://www.chinappp.cn/newscenter/newsdetail_16446.html.

③ 管理库涵盖了能源、交通运输、水利建设、生态建设和环境保护、市政工程、城镇综合开发、农业、林业、科技、保障性安居工程、旅游、医疗卫生、养老、教育、文化、体育、社会保障、政府基础设施与其他19个一级行业。

国地方公共服务供给市场化存在多种多样的具体形式，在改革历程中出现了特许经营、股权合作、BOT、PFI、PPP、混合所有制、民营化等各种概念，但这些概念在内涵和外延上往往存在交叉和容易混淆之处。本书从市场化不同形式的核心特征出发，结合中国具体实践，归纳出以下6种主要的市场化形式：

1. 事业单位改制

在我国，公共服务的最主要生产者是各类事业单位，大多数事业单位建立的目的就是提供公共服务。所谓事业单位就是指"国家为了社会公益目的"设立的"社会服务组织"，"由国家机关举办或者其他组织利用国有资产举办"，事业单位所涉及的行业主要为科学、教育、文化和卫生。根据2017年底的统计数据，中国有140多万个事业单位，从业人员约3600万人。事业单位拥有着一大批优质的经济资源，包括一半以上受过良好教育的专业技术人力资源、国有土地资源、2/3左右的非经营性国有资产、1/3左右的各级政府的经常性开支。随着事业单位分类改革的推进，私营部门在公共服务生产中所占的比重不断增加。一部分事业单位通过转制改革的方式成为公共服务的生产者，还有一些私营部门直接加入进来，形成了与事业单位的竞争。根据民政部发布的2017年社会服务发展统计公报，2017年全国有40万个民办非企业单位，其中教育类最多，为21.7万个；其次为社会服务类，为6.2万个。由于公共部门在教育、医疗和卫生领域的供给无法满足迅速增长的社会需求，在这些领域中民办非营利机构的市场份额不断增加，并延伸到地方公共服务的各个领域。2011年，《中共中央 国务院关于分类推进事业单位改革的指导意见》的发布进一步明确了事业单位改革的时间表。意见提出对于从事生产经营活动的事业单位，2020年前将全部转企改制，转制单位注销事业单位法人，核销事业编制。这类事业单位涵盖了工程建设、维修、养护、勘察设计、市政公用经营与作业、经营性水利工程管理、技术开发类科研、经济鉴证类社会中介、招投标代理、粮食收储、一般文艺院团、新闻媒体的印刷广告发行传输等经营部分、电影制片等多个领域。

2. 企业改制

企业改制是将地方公共服务供给主体从传统计划体制下的企业转变为现代公司组织结构，这一转变是我国地方公共服务市场化的重要阶段。我国地方公共领域企业改制主要采取的形式是主辅分离、社会职能剥离、资产重组等。完成公司化以后，企业性质发生了巨大变化，由传统政府包办转变为在市场中独立经营，企业公司制的建立也是其他各种市场化形式的基础，在很多企业的改制过程中往往随之而来的是其他投资主体的参股甚至控股。以水行业领域为例，最早实施现代企业制度改革的排供水企业是深圳市自来水公司，它按照"产权清晰、权责明确、政企分开、管理科学"的要求改制为国有独资有限责任公司，"深圳市自来水（集团）有限公司"于 1996 年 10 月 25 日正式挂牌，2001 年并入原污水处理厂及排水管网公司约 30 亿元的资产，总资产达 60 亿元，为全国最大的大型城市水务集团。上海在 2000 年推行了水务运营体制的改革，对原上海市排水公司按照投资、建设和运营进行拆分，分别组建了上海水务资产经营发展公司、上海城市排水公司、上海环境建设公司以及上海城市排水（市北）（市中）（市南）运营公司等单位。其中，给排水国有资产的管理和项目融资的职能主要由上海水务资产经营发展公司承担。水务资产公司通过股权控制上海城市排水公司、排水运营公司和供水公司以及环境建设公司、原水股份有限公司等，还在浦东威望迪供水公司中拥有 50%的股份。其中上海城市排水公司主要承担收缴排水设施使用费的职责，同时履行对三个排水运营公司监督的职责。三个排水运营公司则承担污水处理厂和管网的运行与维护职责。三个排水运营公司不具有投资职能，主要负责人需接受水务资产公司的委派。通过这种模式打破了上海市供水和排水服务的垄断，促进了城市不同区域之间的竞争，尤其对于特大型城市具有借鉴意义（余晖等，2003）。

3. 股份合作

股份合作主要是指通过合资、股权转让或上市的形式吸收民间资本或外资参股，形成混合所有制，优化企业的产权结构，弥补政府投资不足，并提高供给效率。我国城市水务领域较早开始了混合所有制的实践。上海水务资产经营发展公司成立后，2002 年就与法国通用水务公司合作，转让自来水浦东公司 50%股权给法方，由法国威望迪通用水务公司投资 23 亿元，双方成立了供水行业中全国首家中外水务合资公司。2004 年，由海南天涯水业（集团）公司与法国苏伊士集团的中法水务投资（三亚）有限公司合作组建的三亚中法供水有限公司正式营运，双方各占 50%的股份。2003年，法国通用水务公司、深圳市投资管理公司和首创威水投资有限公司正式签约，其中由威立雅环境与首创股份合资成立的首创威水投资 29.4 亿元拥有其 40%的股权，法国通用水务占有 5%的股权，深圳市投资管理公司持有 55%的股权，是当时中国水务市场最大的投资案例，在世界水行业并购中位居第二。此外，舟山市政府将舟山自来水公司的 2.11 亿资产转让给钱江水利开发股份有限公司，并通过国有投资公司投资 3400 万参股，组建新的合资企业。还有许多水务企业通过资本市场上市融资，如原水股份、凌桥股份、南海发展、创业环保、三峡水利、武汉控股等。在医疗领域，2003年杭州萧山区政府与浙江东南网架集团有限公司签署合作协议，后者出资2亿元投资入股萧山区妇幼保健院和第五人民医院，随后异地重建更名为萧山医院，性质为非营利性的混合所有制综合医院，在改制后的医院股权构成中东南网架公司占股85%，区政府占股15%。

4. 合同承包

通过合同承包将部分政府职能外包出去，借用外部的资金、技术和人才来实现政府的公共服务目标，是有效降低政府行政成本、提高公共服务水平的途径。这种模式以公共部门出资、私人部门运营为基本特征，主要出现在公共服务的某一具体环节，如轨道交通中地铁机车车辆、通信信号和建筑实体的维修保养。近年来，合同外包在政府采购、公共工程领域得到愈来愈多的采用，一方面使得政府能够更加广泛地提供社会需要的公共物品，另一方面也使得成本有所降低。合同承包在我国应用的领域十分广泛，既有道路、机场、写字楼、展览馆、医院、学校、图书馆和体育场馆等硬件设施，也有城市绿地、广场等市容建设和人才管理等软件设施。合同承包制度在一些地方还深入到消防领域，《中华人民共和国消防法》中也鼓励专职消防队、义务消防队等多种非政府形式的消防组织的发展，我国山东、深圳等地通过招聘、录用合同制消防队员，弥补公安消防力量在灭火救援方面的不足，这是一种有效的制度尝试。

5. 特许经营

特许经营是我国当前地方公共服务供给市场化的最主要方式之一，尤其是在市政公用事业领域。2004年《市政公用事业特许经营管理办法》中明确指出，市政公用事业特许经营，是指"政府依照有关法律、法规规定，通过市场竞争机制选择市政公用事业投资者或者经营者，明确其在一定期限和范围内经营某项市政公用事业产品或者提供某项服务的制度"，适用本办法的主要是依法实施、特许经营的城市供水、供气、供热、公共交通、污水处理、垃圾处理等行业。一些地方政府也制定了关于市政特许经营的地方性法规，如2003年深圳市政府发布的《深圳市公用事业特许经营办法》、河北省建设厅发布的《河北省市政公用事业特许经营管理办法》、北京市政府公布的《北京市城市基础设施特许经营办法》等。在现实中常见的BOT、TOT、BOO等都是特许经营的特殊形式。目前我国许多地方的自来水厂、供热站、污水处理厂、垃圾处理厂等多采用这种模式。我国的特许经营主要设置在地方公共服务的自然垄断环节，采取公开招标的形式，将排他性的服务经营权拍卖给出价最低的报价者，同时特许经营权获得者要与政府管理机构签订有一定经营期限的合同。特许经营权的实施，为提高我国地方公共服务的供给水平，吸引本地资本和外国资本进入地方公共服务领域，打破行政垄断，实现有效竞争，发挥了重要作用。

6. 政府撤资

随着民营化和放松管制的趋势，我国地方政府在一些领域开始大胆尝试通过股权出售、兼并、管理层收购等形式，将一些生产地方公共产品的国有企业或国有事业单位的整体资产或控股权转让给外商投资者或民间投资者。这种方式一方面可以将产权不清、缺乏竞争力的传统体制下的国有企业转变成产权清晰、独立自负盈亏的现代企业，另一方面可以逐步降低或取消政府的财政补贴，将企业推向市场，减轻政府的财政压力。2002 年，湖北省十堰市提出向外资和社会开放十堰市公交市场的改革措施。2003年，温州五马汽车出租公司出资 3816 万元投资十堰市公交公司，获得该公司 68%的股份，原公司的职工拥有 32%的股份，新公司更名为"十堰市公交集团有限责任公司"，该公司每年出资 800 万元用于买断十堰市 23 条公交线 18 年经营权，开始了中国国有公交行业的民营化探索。

第四章 地方公共服务供给对空间经济的聚集作用

第一节 地方公共服务推动区域形成与发展的理论考察

一、地方公共服务是区域经济的基础构成要素

地方公共服务是区域经济系统中最基础的构成要素之一，区域经济是由资金、劳动力等资源要素的空间聚集所形成的，关于资源空间聚集的规律，从韦伯（Weber，1909）、克里斯塔勒（Christaller，1933）等古典区位学派到克鲁格曼（Krugman，1991）、藤田（Fujita et al.，2001）等新经济地理学派，许多学者都进行了深入的研究。尽管不同的学者在聚集要素的界定和分析的范式上有着巨大的差异，但都将资源空间聚集所产生的正外部性视为聚集的最主要动机之一。而这种正外部效应一方面来自克鲁格曼等所强调的要素本身所具有的规模报酬递增规律，另一方面则来自基础设施、政策环境、劳动力素质等所发挥出来的正外部效应，被胡佛归纳为"地方化经济（localization economies）"和"城市化经济（urbanization economies）"，而二者的来源都与该区域公共物品的供给水平紧密相关。地方化经济是指同一行业中不同企业集中在一个地方产生的成本节约。这种产业集群化的成本节约既来自企业间的投入—产出合作，也来自当地专业化的厂商和劳动力资源，而前者取决于当地供水、供电、运输等方面的硬件基础设施条件，后者则与地方的知识传递渠道、教育水平、社会网络等有直接关系，这种关系的形成依赖于教育、社会保障等软环境的建设，与地方公共服务水平息息相关。城市化经济是指各种类型的大量的经济活动在同一个地方集中导致的成本节约，主要指不同产业之间的聚集效应，如分享城市基础设施、专业性外部服务业和配套设施等，以及城市公共物品

的各个方面，如道路等一些公共设施的建设和维护、教育、卫生、治安、绿化、便民利民服务与公平公正的政策环境等，由此可知，城市化经济的最主要来源就是地方公共服务的外部效应。因而，地方公共服务的供给与区域经济系统的建立、运行是密不可分的。

二、区域形成和发展逻辑的演变与地方公共服务的角色

从对"区域"的概念表述来看，其在教科书中的定义为：便于组织、计划、协调、控制经济活动而以整体加以考虑的，并考虑行政区划基础上的一定的空间范围，它具有组织区内经济活动和区外经济联系的能力，常由一个以上以高级循环占重要比重的中心城市、一定数量的中小城镇以及广大乡村地区所组成。总结起来，经济学意义上的"区域"包括四层含义：第一，区域是一个空间概念，必然与地理的因素有着密不可分的联系；第二，如胡佛所指出的，"区域"内部的经济活动必然具有一定的同质性或者一定的聚集特征；第三，"区域"与行政区划的关系，在现实的研究中的区域往往是以行政区划为界限进行考察的，但作为理论上的抽象，"区域"的概念必然不等同于行政区划，而是应当按照某种特征加以划分的；第四，"区域"具有不同的层级，某一区域往往是上一个层级区域的一部分或一个单元，这就说明"区域"是一个系统的概念，本身包含着系统与子系统的思想。区域的核心在于空间范围内经济要素的"自组织"，强调在一个特定空间范围内，经济活动具有自组织的特性。自组织是区域经济学整个理论体系的一个基点，也是区域形成与发展的内在基本逻辑。

在埃德加·M.胡佛所著的《区域经济学导论》一书中指出了区域经济的三个基石：自然资源优势、集中经济和交通运输成本。可将其进一步表述为生产要素的不完全流动性、生产要素的不完全可分性和产品与服务的不完全流动性，这三个性质再加上创新能力的部分排他性和竞争性就成为区域分异的客观基础。

在区域形成和发展的早期，经典理论所分析的这些性质发挥了重要的作用，尤其是在农业经济时代和工业经济时代，区域的形成主要依托于从生产要素到最终产品这些物化要素的层面，尽管后来加入创新能力这一非物化要素，但其逻辑仍然是农业和工业经济社会的逻辑。

克鲁格曼和藤田等所开创的新经济地理学派重新将区域经济建构在资源要素的空间聚集之上，而在资源的空间聚集规律中，都认为空间聚集具有正的外部效应且能形成正向的反馈。这种正向的外部效应来源于两个方面：一是要素本身规模报酬递增；二是要素相互连接所需要的基础设施、

上下游协作、组织协调、经验习得以及休憩娱乐活动等存在的正外部效应。在胡佛概括的聚集经济三种形式中，后两者地方化经济和城市化经济主要是基于行业内和行业间来分别进行阐述的。无论是对地方化经济还是对城市化经济，地方公共服务无疑都发挥了重要的作用。在地方化经济中，地方公共服务提供了生产活动所必需的水、电、气、电信、交通等基本的动力和基础设施。例如，交通基础设施在很大程度上降低了运输成本，促进了生产要素在交通设施发达的地域集聚，最终促进了地方化经济的形成。在城市化经济中，地方公共服务是城市基础设施建设维护、教育培训、医疗卫生、社会保障以及政策环境的承担主体。随着经济的进一步发展，人们对生活质量的关注越来越高，对医疗、教育等公共服务的需求进一步增强。中国社会普遍存在"看病贵、看病难"现象，居民的医疗服务需求普遍大于供给，医疗卫生类公共服务是区位选择时重要的考虑因素，那些医疗卫生服务供给水平较高的地区有着明显的聚集优势，因此医疗对城市化经济的作用将越来越重要。城市教育水平的高低对城市化经济有显著的影响，通常而言教育供给水平越高，人力资本供给质量就越高，创新氛围越浓厚，技术创新水平越高，从而经济越发达。较高的经济水平和高质量的教育供给将更进一步吸引高素质人才，促进城市经济发展，形成正反馈效应。从上面的分析我们可以发现，地方公共服务对于区域经济系统的建立和运行发挥着极为关键的作用。

地方公共服务与区域经济形成和发展的关系如图 4.1 所示，在区域形成阶段，地方公共服务发挥了资源要素聚集先决条件的作用。例如，交通运输成本是企业进行选址时需要考量的最关键因素之一，特别是对于传统制造业而言，运输成本是企业进行布局时要考虑的先决条件，而交通便利度、医疗和教育供给质量也逐渐成为居民选择定居城市的重要因素之一。而在区域的发展阶段，地方公共服务是资本、劳动力等要素循环累积过程的基础，由于地方公共服务是企业生产和居民生活的必备条件，没有地方公共服务供给水平的提高，资本与劳动力的聚集累积是不可能实现的。地方公共服务在区域经济中的重要性与资本、劳动力等基本资源要素的重要性是等同的，由于地方公共服务在区域形成、发展中所发挥的基础性作用，其重要性甚至要高于资本、劳动力等资源要素。因此，在区域的发展过程中，必须从区域经济基础性要素的角度认识地方公共服务供给的作用。

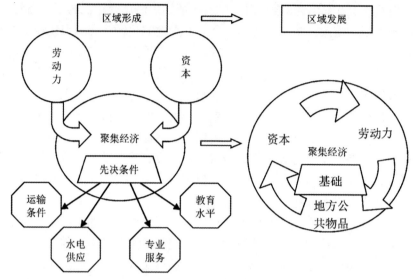

图 4.1　地方公共服务与区域经济形成和发展的关系示意图

资料来源：研究整理。

三、不同区域发展阶段下地方公共服务与聚集机制

地方公共服务的基础性对于地方化经济和城市化经济两种效应的发挥都起着直接或间接的关键作用。但不同的发展阶段，地方公共服务在聚集经济中所发挥的作用有所不同。

（一）从物化成本因素到地方公共服务

无论是地方化经济还是城市化经济，传统理论的界定仍然主要基于可以被物化的成本层面，前者强调行业内部各种企业集中在一个地方产生的成本节约，后者强调不同类型的经济活动所导致的成本节约，在工业经济时代，可物化的成本因素的确成为解释区域形成与发展的关键因素，但随着人类经济社会活动层次的不断提高，社会经济步入以服务经济为主导的发展阶段，单纯基于物化的成本因素来指导区域经济的发展并制定区域政策会导致该区域政策愈发难以奏效。因此，对于进入工业化中后期的地区，资源要素聚集乃至区域的发展演进规律不应仅仅从物化的成本视角去认识，在服务经济时代，人作为能动性最强的要素不再需要从属或依附于机器、设备、生产线等固定设施设备，人的智力、知识、思想和人与人之间的互动逐渐成为经济活动中的核心要素，物化的成本因素对于人的聚集的驱动作用逐渐减弱，而精神层面的满足成为驱动人们聚集的主导力量。安全可靠、舒适便利、健康卫生、个人成就等成为人们在经济层面以外更为重要的诉求，而这更多地依赖于一个区域的地方公共服务。所以，地方公共服务对物化成本因素的取代是区域经济发展的必然趋势。

（二）中国快速城镇化初期阶段的聚集机制

中国自改革开放以来的快速城市化进程体现了地方公共服务要素作用机制的变迁。在过去 30 多年来，城市化进程是中国区域经济发展中最主要的动力和现象，城市已经成为区域经济的主要支点，1980 年中国城市人口仅占全国人口的 13%，1990 年翻了一番到 26%，2000 年增长到 36%，到 2011 年底城市人口首次超过一半，2018 年进一步达到 59.58%，人口向城市的聚集成为区域经济中最主要的趋势之一。改革开放初期人口的移动主要是受资本驱动，即大量的外商投资企业涌入长三角、珠三角和环渤海地区，大量农村剩余劳动力为了获取就业机会从中西部地区转移到沿海地区，进而带动了这些地区交通、物流、通信、供水、供电等基础设施的建设，带来了区域经济的繁荣。因此，这一阶段聚集经济的主要机制是由资本要素产生就业机会、就业机会吸引人口的聚集，人口的聚集带动了城市化的发展，也带动了城市基础设施的提升。快速城镇化初期的聚集机制如图 4.2 所示，在这一阶段，地方公共服务经历了快速发展，但其作用机制居于资本之下的从属地位，作为一种劳动力转移的配套保障系统而获得发展，所以在发展初期，资本对区域经济集聚较为重要，基本处于主导地位，而医疗、交通等公共服务对经济集聚的作用较为不明显。此时的公共服务很大程度上是为了满足已经集聚的人口的需求，对于区域经济集聚的影响是次要的。

图 4.2　快速城镇化初期的聚集机制

（三）中国快速城镇化中后期阶段的聚集机制

随着中国劳动力工资水平逐渐提高，居民可支配收入持续增加，按照世界银行的分类，中国已经属于中等偏上收入国家。与此同时，中国的产业体系也从工业化中期向工业化中后期过渡。在这一发展阶段下，人口从农村转移到城市的趋势仍在持续，中国进入快速城镇化的中后期阶段。但在这一阶段，区域经济的聚集动力逐渐发生了转变，原有的依靠招商引资吸引企业进而带动就业和人口聚集的路径越来越难奏效。这主要是由于在新的发展阶段下，资源要素的聚集机制出现了逆反，原有居于末端从属地位的地方公共服务变成了引发人力资源和资本聚集的原始动力，快速城镇化中后期的聚集机制如图 4.3 所示。伴随着居民收入水平的提高，人们的诉求不再是单一的就业和收入，更重要的是工作和生活环境的需求，便利的城市生活、多元的城市文化、丰富的城市体验、现代化的城市景观、广泛的就业机会、广阔的发展潜力等构成了人口向城市迁移的动因，这些大多是非物化的、无形的，这些需求的满足都有赖于优质高效的地方公共服务。在新的聚集机制下，资本的吸引和就业机会的创造转换到城市要素聚集的从属地位，由于城市聚集了大量高素质的人力资源，更多创新创意型、科技研发型、总部引领型的企业愿意选择向城市聚集，进而为城市创造就业机会，进一步吸引人口的聚集。

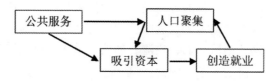

图 4.3   快速城镇化中后期的聚集机制

第二节   地方公共服务聚集效应实证的样本选择与变量选取

本节基于 2003—2015 年全国 268 个地级及以上城市的面板数据，构建计量模型，实证检验公共服务发展水平对集聚经济的影响。

一、样本与数据来源

本章数据样本为我国所有的地级及以上城市，基于搜集数据的缺失程度、行政区划调整等问题，在最终的实证分析中，选取了 268[①] 个地级及以上城市的数据样本，数据采集时间为 2003 年至 2015 年，且均为市辖区相关数据。原始数据来源于《中国城市统计年鉴》。其中，对于个别地区的缺失数据，本章采取了移动平滑法进行补齐，经过指数调整，对于固定资产投资总额和地区生产总值两项数据均以 2003 年为不变基期。

① 在本章的样本选取中，个别地级市存在行政区划调整及数据缺失等问题，为统一口径，剔除了三沙市、中卫市、丽江市、嘉峪关市、云浮市、巴中市、朔州市、松原市、白山市、白银市、贵港市、资阳市、通辽市、鄂尔多斯市、金昌市、铜仁市、防城港市、陇南市、普洱市、毕节市和拉萨市等。

二、变量选取

（一）被解释变量

集聚经济（*lnageco*）。借鉴其他学者（张可等，2014；章元等，2008；张艳等，2007；朱琳，2013）的相关研究，以单位面积的非农产出表示集聚经济，即集聚经济（*lnageco*2）＝（第二产业增加值+第三产业增加值）/土地面积。集聚经济反映了经济活动在空间内的集中度，传统的集聚指标有赫芬达尔指数、泰尔指数、空间基尼系数等，但是有学者认为（刘修岩，2014）这些指标大多没有考虑地理单元的面积差异所产生的空间偏差。而单位土地面积所承载的经济活动总量被认为是衡量地区经济集聚水平的良好指标（Ciccone A，1996）。一般而言，单位面积的非农产出越大，则表示集聚对促进地区生产总值的作用越显著，集聚经济效应越显著。由图4.4可知，整体上来看，东、中、西部城市的经济集聚程度存在一定差距，经济集聚程度在东部地区最强，其次是中部地区，在西部地区这种集聚程度最弱。并且，随着时间的推移，中西部地区呈现出较强的增长态势，但对于东部地区而言，2012年之后这种集聚程度有所下降。

单位面积非农产出

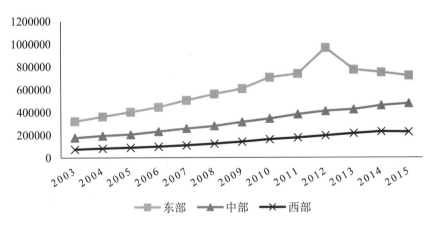

图4.4　2003—2015年东、中、西部经济集聚程度对比

（二）核心解释变量

1. 城市交通基础设施（*lnroad*）。在新经济地理学的研究框架下，运输成本是影响集聚最为重要的因素（Krugman，1991）。在雅各布斯以及马歇尔关于外部性的论述中，城市交通基础设施是降低运输成本的主要因素，

有利于促进生产者之间、消费者之间和生产者与消费者之间的交易，最终提高经济集聚水平。虽然其作为不支付的生产要素，但它可以通过提高其他要素投入的生产率，吸引资本的投入，刺激对交通基础设施和其他服务的需求，提高集聚经济的强度。本章借鉴刘修岩（2010）的做法，用各城市的人均铺装道路面积来测度城市交通基础设施水平。城市基础设施类公共产品供给情况如图 4.5 所示，总体而言，三大地区城市的供给水平从高到低依次为东、中、西，而且东部城市的基础设施供给水平相对中西部城市有明显优势，而西部城市供给水平最低。随着时间推移，中西部城市供给呈现较快上升趋势，东部地区供给逐渐趋缓，中西部地区和东部地区之间的差距逐渐缩小。

人均铺装道路面积

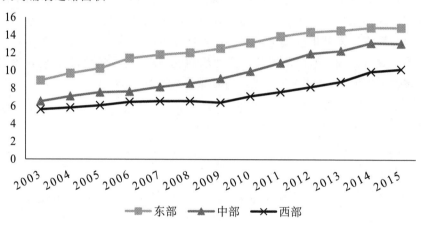

图 4.5　2003—2015 年东、中、西部交通基础设施供给水平对比

2. 医疗（*lnbed*）。如前所述，较高的医疗供给水平有助于提高集聚经济水平，本章借鉴余显财等的研究（2015），选择每万人拥有医院卫生院床位数作为衡量城市医疗供给水平的指标。医疗公共产品供给情况如图 4.6 所示，整体上看，东部和中部城市供给水平相当，东中部的供给水平高于西部城市。从不同时期上看，中、东、西部城市的医疗卫生服务供给水平都稳步提升，西部城市虽然与东中部城市仍有差距，但已经呈现收敛态势，东部城市的医疗供给的增长有趋缓的态势。这可能是由于近几年国家对中西部地区的重视程度有所上升，在医疗卫生供给上的投入有所增加。

每万人床位数

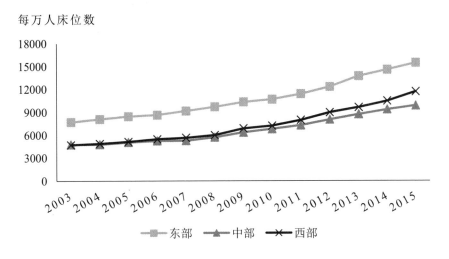

图 4.6　2003—2015 年东、中、西部医疗供给水平对比

3. 教育（*lnst*）。英国经济学家马歇尔发现集聚经济产生的原因主要有三个方面：共享劳动力池、投入产出联系和知识溢出。教育在一定程度上能够促进人力资本的相对集中，而人力资本的集中将有助于知识溢出从而促进经济集聚。一方面，教育水平的提高能够促进思想和知识的传播，从而提高人力资本，最终有助于经济集聚。另一方面，教育水平的高低，也成为影响高素质人才是否流入的关键因素。一般而言，人才迁移时，通常会考虑迁入地的教育水平，特别是高等学校和科研机构等方面的情况。博罗（Borrow）通过对华盛顿特区的研究发现，公立学校教育质量等地区公共物品的供给水平对当地居民的家庭居住选择产生重大影响。联合国教科文组织（UNESCO）使用的教育供给指标主要包括两种：首先是教育经费，最常用的是公共教育支出占国内生产总值的份额和公共教育支出占政府公共总开支的份额。其次是人力资源指标，常用的是师生比。此处未选择经费指标作为教育供给指标的主要原因是，师生比作为教育的产出指标，比投入指标更能真实地反映各地的教育供给水平。因此本章选择普通小学、中学、高等学校的专任教师数与在校生总人数之比作为衡量教育供给水平的指标。教育公共产品供给情况如图 4.7 所示，整体上来看，东、中、西部城市的教育文化类供给水平存在一定差距，但随着时间的推移，这种差距逐渐减小。具体来看，2009 年之前，中部地区教育产品供给情况最好，东部次之，西部最差。随着时间的推移，2009 年之后东部地区教育供给增长较快，逐渐超过中部地区，之后东中部地区教育供给变化态势较为一致，而西部地区教育发展较快，与东中部差距逐渐缩小。总体上可以看出，随着时间的推移，东、中、西部教育供给差距逐渐缩小。

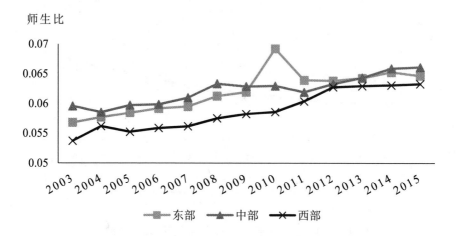

图 4.7　2003—2015 年东、中、西部教育供给水平对比

（三）控制变量

1. 非农就业密度（*lndens*）。非农就业密度表示城市集聚程度的高低，是影响集聚经济的重要变量，罗森塔尔（Rosenthal et al.，2001）通过实证发现共享劳动力池是集聚经济的主要原因。迪朗东等（Duranton et al.，2004）将集聚经济分为学习机制、匹配机制和共享机制，并对劳动力池有两种解释：一是匹配机制，更大的劳动力池将使得工人和相关工作岗位更好地匹配；二是共享机制，当某企业受到特殊的外部冲击时，工人可以通过劳动力池到其他企业就业，从而分担其风险。通常而言，非农就业密度越高，劳动力池的集聚效应就越强，最终将推动集聚经济发展。国内外许多学者都采用非农就业密度作为集聚的度量对集聚经济效应进行了检验（Ciccone，1996；Ottaviano et al.，2006；刘修岩，2009）。本章用单位面积的非农就业人数表示非农就业密度。

2. 人均固定资产投资（*lnpinv*）。固定资产投资增加了城市的资本存量，由于资本和劳动、土地密切相关，资本存量的增加又将会促进资本、劳动力、技术等要素的集聚，最终促进集聚经济发展。本章用平减后的当年人均固定资产投资额表示人均固定资产投资。

3. 城市人口规模（*lntp*）。城市人口的扩张和集中是导致经济集聚的重要因素之一，有研究发现城市人口规模对集聚经济的影响存在拐点。当城市人口规模未达到拐点之前，人口规模越大，经济密度越高，集聚效应越显著，越有利于集聚经济的发展；当城市人口规模达到拐点之后，将会产生拥挤成本，导致集聚经济的负外部效应，抑制集聚经济的发展。总之，城市人口规模也是影响集聚经济的重要因素。本章用市辖区年末人口表示城市人口规模。

4. 财政支出（$lnfis$）。在城市化过程中，政府扮演着提供公共服务和公共设施的重要角色，财政支出的多少在一定程度上能够代表城市公共设施的建设以及公共服务的提供情况。通常政府利用财税政策手段筹集资金，进行各种基础设施建设，以便创造更好的贸易环境，实现对"有效市场"的拓展，从而推动要素和产业集聚水平不断提高。此外，财政支出还会直接影响企业的成本构成，引发区域内经济要素的集聚。本章以财政支出占GDP 的比重表示地方政府财政支出规模。

第三节　地方公共服务的要素聚集效应实证结果

根据上述变量设定，本节首先采用面板回归方法对交通基础设施、医疗和教育三种地方公共服务的要素聚集效应进行实证，然后考察东、中、西三大区域和 2003—2009 年、2010—2015 年两个时期三种地方公共服务聚集效应的差异。

一、全国层面实证结果分析

本部分主要基于以下步骤对回归模型进行估计，先要对各地级及以上城市样本的面板数据进行检验。由于面板数据通常可以规避多重共线性的问题，在这部分的分析中，首先考察对板数据的异常值并予以剔除，其次考察其异方差、截面相关、序列相关等问题，检验结果表明存在异方差、截面相关、序列相关等问题。由于数据存在异方差问题，传统 Hausman 检验失效，本节采用稳健 Hausman 检验，结果表明 P 值显著拒绝原假设，故选取固定效应模型。最后对于上述计量模型，可能存在潜在的内生性问题，即被解释变量对解释变量可能有反向的影响。一方面，教育、医疗、基础设施建设等公共服务的发展可能促进集聚经济的形成；另一方面，集聚经济可能促进当地教育、医疗、基础设施建设等的发展。内生性变量的存在会导致固定效应模型的估计结果产生偏差，所以，需要对内生性变量是否存在进行检验。将解释变量的一阶滞后变量作为工具变量，对上述 3 个核心解释变量进行 Durbin-Wu-Hausman 检验（由于存在异方差问题所以没有用 Hausman 检验和 Davidson-MacKinnon 检验），判断是否存在内生性变量。结果如表 4.1 所示。

表 4.1　内生性检验结果

内生性变量	lnbed	lnroad	lnst
Durbin-Wu-Hausman 检验的 p 值	0.0004	0.0000	0.2445

由上表可知当假设 lnbed 和 lnroad 为内生性解释变量时，p 值在 0.05 的水平下显著拒绝原假设，因此在该模型中上述两个变量为内生性变量。

为解决内生性问题，且由于经检验发现模型存在异方差问题，所以采用 IV 异方差稳健型估计法（选用 lnbed 和 lnroad 的一二阶滞后项作为工具变量）进行检验，并对过度识别、识别不足与工具变量弱相关问题进行检验。检验结果如表 4.2 所示。

表 4.2　工具变量合理性相关检验结果

统计量	Anderson canon. corr. LR statistic	Cragg-Donald F statistic	Hansen J statistic
检验结果	Chi-sq(3) P-val =0.0000	Value=120.06 5% maximal IV relative bias　　11.04 10% maximal IV relative bias　7.56 10% maximal IV size　16.87 15% maximal IV size　9.93	Chi-sq(2)P-val =0.197

结果表明，工具变量的 Andersen 典型相关性似然比检验拒绝了工具变量识别不足的原假设；Cragg-Donald 统计量为 120.06，大于 5% 和 10% 偏误下的临界值，拒绝弱工具变量的原假设；Hansen J 统计量也表明不存在过度识别问题，说明工具变量的设定较为合理。

（一）地方公共服务要素聚集效应的综合影响

表 4.3 为同时考虑三种地方公共服务时不同模型设定所得出的回归结果。模型（1）是固定效应估计结果，模型（2）是同时考虑异方差和序列相关的估计结果，模型（3）是同时考虑异方差和截面相关的估计结果，模型（4）是同时考虑截面相关、异方差、序列相关的估计结果，模型（5）是 IV 异方差稳健估计结果。

表4.3　全国层面三种地方公共服务混合回归结果

变量	(1)	(2)	(3)	(4)	(5)
	FE	FE_gtha	FE_scc	FE_scc_lag1	FE_IV
lnroad	0.072***	0.072***	0.072***	0.072***	0.185***
	(0.012)	(0.015)	(0.019)	(0.020)	(0.034)
lnbed	0.036**	0.036*	0.036	0.036	0.180***
	(0.016)	(0.021)	(0.059)	(0.058)	(0.047)
lnst	0.051**	0.051*	0.051	0.051	0.004
	(0.026)	(0.028)	(0.033)	(0.033)	(0.029)
lndens	0.549***	0.549***	0.549***	0.549***	0.503***
	(0.012)	(0.035)	(0.047)	(0.044)	(0.037)
lnpinv	2.756***	2.756***	2.756***	2.756***	2.283***
	(0.053)	(0.064)	(0.156)	(0.166)	(0.092)
lntp	2.017***	2.017***	2.017***	2.017***	1.604***
	(0.054)	(0.074)	(0.179)	(0.172)	(0.081)
lnfis	0.042***	0.042***	0.042**	0.042**	0.031*
	(0.013)	(0.016)	(0.018)	(0.017)	(0.017)
Intercept	−24.600***	—	−24.600***	−24.600***	—
	—		(2.063)	(2.083)	
N	3484	3484	3484	3484	2948
R^2	0.857	0.857	—	—	0.816
within R^2	0.857	—	0.857	0.857	—

注：括号里的数值代表标准差，且*为 $p<0.1$，**为 $p<0.05$，***为 $p<0.01$（全书同）。

根据上述模型估计结果可以看出，医疗、教育及交通基础设施的供给水平对集聚经济均有正向影响作用，其中交通对集聚经济的促进作用最为明显。交通基础设施供给每增加 1%，经济集聚水平将显著提高 0.072%左右；教育供给每增加 1%，经济集聚水平提高 0.051%左右；医疗供给水平每增加 1%，经济集聚水平提高 0.036%左右。但教育供给与医疗供给结果的显著性较差。在考虑了内生性问题之后，医疗对经济集聚程度的影响变得显著，且作用更加明显，而教育对集聚经济无显著的影响。上述结果表明，总体而言地方公共服务的供给对集聚经济有正向促进作用，但不同类型的公共物品对集聚经济的促进作用存在显著差别。非农就业密度、人均固定资产投资、城市人口规模以及财政支出等控制变量的系数均显著为正，基本符合预期，说明模型控制变量的选择较为合理。上述 5 个模型相关变量系数及显著性差异较小，因此可以判定回归结果较为稳健。

（二）三种地方公共服务的独立回归结果

由于交通基础设施、医疗、教育三种地方公共服务供给之间存在一定的相互影响，同时不同类型公共服务的供给对集聚经济的影响存在差异，对于识别每一种地方公共服务的集聚效应有一定的困难。本研究分别对三种地方公共服务建立面板计量模型来考察不同类型公共服务供给对集聚经济的影响作用，同时也为上述结果的稳健性提供依据。回归结果如表 4.4 所示，模型（1）和模型（2）分别是交通基础设施的固定效应估计和 IV 异方差稳健估计结果，模型（3）和模型（4）分别是医疗供给的固定效应估计和 IV 异方差稳健估计结果，模型（5）和模型（6）分别是教育的固定效应估计和 IV 异方差稳健估计结果。

表 4.4　全国层面三种地方公共服务独立回归结果

变量	（1）	（2）	（3）	（4）	（5）	（6）
	fe	IV	fe	IV	fe	IV
lnroad	0.077***	0.229***	—	—	—	—
	(0.012)	(0.032)				
lnbed	—	—	0.051***	0.268***	—	—
	—	—	(0.016)	(0.037)		
lnst	—	—	—	—	0.061**	0.218**
	—	—	—	—	(0.026)	(0.104)
lndens	0.556***	0.528***	0.553***	0.500***	0.559***	0.533***
	(0.011)	(0.034)	(0.012)	(0.014)	(0.011)	(0.013)
lnpinv	2.810***	2.470***	2.878***	2.492***	2.929***	2.826***
	(0.050)	(0.095)	(0.050)	(0.077)	(0.046)	(0.062)
lntp	2.059***	1.739***	2.113***	1.759***	2.140***	1.967***
	(0.052)	(0.076)	(0.052)	(0.070)	(0.051)	(0.068)
lnfis	0.049***	0.056***	0.046***	0.028*	0.053***	0.067***
	(0.013)	(0.016)	(0.013)	(0.015)	(0.013)	(0.014)
Intercept	−25.093***	—	−25.955***	—	−26.482***	—
	(0.620)	—	(0.612)	—	(0.581)	—
N	3484	2948	3484	2948	3484	2948
R^2	0.856	0.814	0.855	0.817	0.854	0.817
within R^2	0.856	—	0.855	—	0.854	—

表 4.4 的结果表明，在单独回归中交通基础设施对集聚经济有显著的

正向促进作用，经济集聚水平对交通基础设施供给的弹性在固定效应和固定效应工具变量模型中的估计结果分别为 0.077 和 0.23 左右。经济集聚对医疗供给水平的弹性为 0.051 左右，在考虑了内生性问题之后提高到 0.26 左右。尤其值得注意的是，在单独回归中教育对集聚经济的正向促进作用更为明显，经济集聚水平对教育供给的弹性为 0.061 左右，在考虑了内生性问题之后弹性值上升为 0.22 左右，相较于混合回归模型，其弹性值以及显著性水平都有明显提高，表明教育与交通基础设施和医疗的供给水平之间可能存在一定的正向关联，使得混合回归的结果未能充分识别教育供给对于要素集聚的贡献。综合来看，三种公共服务的独立回归的估计结果均高于混合回归。非农就业密度、人均固定资产投资、城市人口规模以及财政支出等控制变量的系数均显著为正，与混合回归的结果较为一致，表明模型控制变量的选择较为合理。上述模型中相关变量系数及显著性差异较小，进一步说明回归结果较为稳健。

二、不同区域的实证结果分析

我国幅员辽阔，地区之间差异较大，为了进一步研究公共服务供给对集聚经济的影响在东西部地区之间是否存在差异，本研究将总样本按照经济分区分为东中西三个分样本，其中东部区域包括北京、天津等 100 个城市，中部区域包括武汉、南昌等 104 个城市，西部区域包括成都、重庆等 64 个城市，分别检验公共服务供给对集聚经济的影响效应。

（一）地方公共服务聚集效应的综合影响

对三个地区分别采用固定效应模型进行估计，结果如表 4.5 所示。结果表明，公共服务供给对集聚经济的影响存在异质性，即这种影响在不同地区之间的表现不同。具体来看，首先，交通基础设施供给对经济集聚的作用在东、西部显著为正，且在东部的弹性高于西部，在中部地区对集聚经济的影响不显著。这可能是由于东部地区完善的交通基础设施显著降低了交易成本，从而促进了要素流动，增强了经济集聚效应；西部地区由于西部大开发等政策的实施，使得西部地区交通基础设施对经济的贡献度较大；而中部地区可能更多地扮演连接东西部、促进东西部要素流动的角色，因此交通基础设施对本地区经济集聚的影响较不显著。其次，医疗供给水平对东部地区集聚经济的作用在 10% 的显著性水平下为负，对中部地区和西部地区的集聚经济有显著的促进作用，且这种促进作用在西部地区更强。这可能是由于东部地区医疗资源供给相对充裕，尤其是相对于中西部地区而言。加大中西部地区的医疗投入是促进中西部地区集聚水平提升的重要途径。最后，教育对集聚经济的作用在三个地区较不显著。这可能是由于当交通、教育、医疗三个地方公共服务供给水平变量纳入同一分析框架之下时，三个变量之间存在一定程度的相互影响，使得结果在一定程度上与预期并不完全一致，有待对三个变量各自的作用进行分别考察。另外，人均固定资产投资这一变量在三个地区都对集聚经济有显著的正向影响，且这种影响在东部地区最为突出。

表4.5 分地区样本回归结果

变量	（1）	（2）	（3）
	east	mid	west
lnroad	0.143***	0.036	0.071***
	(0.041)	(0.036)	(0.026)
lnbed	−0.113*	0.084**	0.108***
	(0.063)	(0.038)	(0.039)
lnst	−0.029	0.098	0.109*
	(0.063)	(0.066)	(0.056)
lndens	0.597***	0.536***	0.457***
	(0.076)	(0.063)	(0.067)
lnpinv	2.843***	2.696***	2.752***
	(0.165)	(0.155)	(0.138)
lntp	2.105***	2.011***	2.161***
	(0.169)	(0.176)	(0.192)
lnfis	−0.024	0.060	0.071**
	(0.031)	(0.045)	(0.033)
Intercept	−26.463***	−23.655***	−24.517***
	(1.928)	(1.880)	(1.658)
N	1300	1352	832
R^2	0.805	0.884	0.917
within R^2	0.805	0.884	0.917

（二）三种地方公共服务的独立回归结果

表4.6呈现了交通基础设施、医疗和教育三种地方公共服务在三个地区的独立回归结果，其中交通基础设施供给对集聚经济的影响在各地区均显著为正，但是这种促进作用的效果存在地区异质性。具体来看，交通基础设施供给对集聚经济的促进作用在东部地区最突出，在西部次之，在中部地区最弱。医疗和教育供给的促进作用在西部地区最突出，在中部次之，

而在东部地区这种作用不显著。独立回归与混合回归的结果比较一致，但有助于更好地识别出医疗和教育的积极作用。结果显示，在我国广大的中西部地区，医疗和教育的供给仍然不足，改善中西部地区的教育和医疗条件将有力地推动这些地区集聚水平的提高。

表4.6　三种地方公共服务各自分地区回归结果

变量	(1) road_east	(2) road_mid	(3) road_west	(4) bed_east	(5) bed_mid	(6) bed_west	(7) st_east	(8) st_mid	(9) st_west
lnroad	0.133***	0.046***	0.086***	—	—	—	—	—	—
	(0.029)	(0.017)	(0.015)	—	—	—	—	—	—
lnbed	—	—	—	-0.095	0.094**	0.127***	—	—	—
	—	—	—	(0.065)	(0.039)	(0.044)	—	—	—
lnst	—	—	—	—	—	—	-0.030	0.109***	0.130***
	—	—	—	—	—	—	(0.053)	(0.040)	(0.036)
lndens	0.585***	0.549***	0.491***	0.598***	0.538***	0.477***	0.588***	0.549***	0.504***
	(0.019)	(0.017)	(0.023)	(0.076)	(0.148)	(0.155)	(0.093)	(0.066)	(0.075)
lnpinv	2.685***	2.812***	2.892***	3.063***	2.761***	2.878***	2.935***	2.870***	2.980***
	(0.104)	(0.072)	(0.076)	(0.159)	(0.148)	(0.155)	(0.093)	(0.066)	(0.075)
lntp	-0.042	0.071***	0.097***	-0.014	0.067	0.067**	-0.030	0.074***	0.093***
	(0.027)	(0.020)	(0.018)	(0.032)	(0.044)	(0.033)	(0.027)	(0.020)	(0.019)
lnfis	1.987***	2.082***	2.259***	2.252***	2.055***	2.291***	2.167***	2.127***	2.332***
	(0.105)	(0.077)	(0.082)	(0.170)	(0.173)	(0.201)	(0.102)	(0.075)	(0.081)
Intercept	-24.803***	-24.572***	-25.757***	-29.011***	-24.225***	-25.975***	-27.658***	-25.382***	-26.933***
	(1.353)	(0.880)	(0.894)	(1.920)	(1.790)	(1.813)	(1.245)	(0.821)	(0.871)
N	1300	1352	832	1300	1352	832	1300	1352	832
R^2	0.803	0.882	0.912	0.801	0.883	0.913	0.800	0.882	0.910
within R^2	0.803	0.882	0.912	0.801	0.883	0.913	0.800	0.882	0.910

三、不同时期的实证结果分析

为了研究公共服务供给对集聚经济的影响是否存在阶段性差异，本研究以2009年为分界点，将样本分为2003—2009年和2010—2015年两个分样本，以检验公共服务供给对集聚经济影响的时间异质性。

（一）地方公共服务聚集效应的综合影响

表4.7的结果表明，公共服务供给对集聚经济的影响存在时间上的异质性，且这种异质性在不同类型的公共服务之间表现不同。具体而言，交通基础设施在两个阶段对集聚经济的作用都非常显著。这在一定程度上说明，相较于其他两个变量，交通基础设施对集聚经济的促进作用更为突出。在2009年之前，医疗对集聚经济的影响作用不显著，但是2009年之后医

疗对集聚经济的促进作用凸显，表现为医疗供给水平每增加 1%，经济集聚水平将提高 0.172%，这可能是由于随着居民收入水平的增长和人口结构的老龄化，人们对健康的关注度相较于以前有了较大的提升，对医疗的需求也进一步提高，因此医疗对经济的集聚效应更加显著。而教育对集聚经济的作用则恰好相反，在 2009 年之前教育对集聚经济的促进作用非常显著，而之后这种促进作用不再显著，这主要是由于人口年龄结构的变化和生育意愿的下降造成需求结构发生变动。结合分地区的回归结果，在经济较发达的东部地区，教育的聚集效应也不显著。同时由于户籍制度的限制，相较于医疗、交通，教育因素对域外人口的吸引作用在传导机制上存在诸多障碍。

表 4.7　分时期样本回归结果

变量	(1)	(2)
	before	after
$lnroad$	0.048***	0.066***
	(0.013)	(0.024)
$lnbed$	−0.000	0.172***
	(0.020)	(0.025)
$lnst$	0.129***	0.021
	(0.032)	(0.040)
$lndens$	0.720***	0.507***
	(0.016)	(0.019)
$lnpinv$	2.473***	1.503***
	(0.061)	(0.175)
$lntp$	2.093***	0.726***
	(0.065)	(0.168)
$lnfis$	0.078***	0.037*
	(0.017)	(0.022)
$Intercept$	−23.315***	−7.765***
	−0.753	−2.252
N	1876	1608
R^2	0.837	0.671
$within\ R^2$	0.837	0.671

值得注意的是，2009 年之后，人均固定资产投资对集聚经济的促进作用有所下降，表现为其系数从 2.47 下降至 1.50，这可能是由于我国经济结

构调整，以及依靠投资促进经济增长的边际收益下降。同时非农就业密度、财政支出及城市人口密度等因素的贡献逐渐减弱，这也在一定程度上说明，随着经济的发展，促进地区经济集聚的动力正在逐渐发生转换，由以投资为主的物质资本驱动转化为以交通基础设施、医疗等为主的公共服务驱动。

（二）三种地方公共服务的独立回归结果

表 4.8 对三种地方公共服务对集聚的作用进行了分别回归，结果显示，交通基础设施的系数在 2009 年前后均为正，在 2009 年后由不显著转为显著且系数变大，与混合回归的结果基本一致。医疗服务的影响由不显著转为显著，反映了医疗服务集聚效用日益增长的趋势。教育的作用从早期的显著为正转变为后期的不显著，进一步证明：人口老龄化趋势以及人口流动壁垒使得教育的聚集效应难以充分发挥。

表 4.8　三种地方公共服务各自分时期回归结果

变量	(1) road_before	(2) road_after	(3) bed_before	(4) bed_after	(5) st_before	(6) st_after
lnroad	0.032**	0.116***	—	—	—	—
	(0.015)	(0.018)	—	—	—	—
lnbed	—	—	0.002	0.189***	—	—
	—	—	(0.020)	(0.024)	—	—
lnst	—	—	—	—	0.132***	0.037
	—	—	—	—	(0.032)	(0.041)
lndens	0.786***	0.522***	0.719***	0.510***	0.721***	0.531***
	(0.018)	(0.016)	(0.016)	(0.019)	(0.016)	(0.019)
lnpinv	2.944***	2.512***	2.563***	1.606***	2.533***	2.042***
	(0.087)	(0.109)	(0.059)	(0.171)	(0.057)	(0.166)
lntp	0.021	0.093***	0.087***	0.040*	0.083***	0.073***
	(0.023)	(0.017)	(0.017)	(0.022)	(0.017)	(0.023)
lnfis	2.625***	1.678***	2.146***	0.805***	2.127***	1.154***
	(0.095)	(0.105)	(0.065)	(0.166)	(0.065)	(0.164)
Intercept	−29.758***	−20.747***	−24.052***	−8.953***	−23.924***	−13.918***
	(1.135)	(1.383)	(0.742)	(2.217)	(0.732)	(2.173)
N	1340	2144	1876	1608	1876	1608
R^2	0.831	0.718	0.833	0.669	0.835	0.654
within R^2	0.831	0.718	0.833	0.669	0.835	0.654

第五章 地方公共服务供给的制度体系架构

在现实中，各种类型的地方公共服务在不同国家、不同阶段形成了千差万别的制度安排，它们随着时间的推移而不断演进，这种演进的过程既是既定社会体制下的客观现象，也是政府管理者和企业经营者的主观创造，从而形成了各自不同的轨迹。但从总体方向来看，都向着更能提高地方公共服务供给水平、更有效率的方向演进。出现这种各具特色的演进轨迹，其背后都有着特定的经济规律，而发现这些规律，必须通过理论上的创新来完成。本章尝试运用制度演化的工具，为地方公共服务供给制度建立制度分析的理论框架，将这种制度安排构建于区域经济系统之上，并分析其基本元素，辨明这些基本元素之间的内生秩序以及外生规则，最后结合交通运输系统的制度变革实践，对其进行具体分析。

第一节 地方公共服务供给元制度界定

通过前一章的阐述可以看出，地方公共服务供给的制度安排在形式上是十分复杂和多样的，在内容上也涉及政府分权、企业产权、市场交易、社会意识等多方面的深层次问题，对这一整套涉及范围广泛、内部结构复杂的制度进行分析必须首先对地方公共服务供给制度本身进行明确的定义，然后将其分解为若干个基本制度单元，即地方公共服务供给的元制度。

一、地方公共服务供给的制度观

1. 地方公共服务供给与制度设计

理论上对于各类公共物品供给的探讨已经有很多较为深入的研究，从萨缪尔森的政府提供论到布坎南的俱乐部理论，再到科斯、史密兹等人的产权及交易理论，为公共物品的供给提供了各种可能。尽管各个学者持有的观点存在很大差异，但他们的理论核心都是试图从制度设计的角度解决公共物品的有效供给问题。因此，与私人物品的最大不同之处在于，私人物品通过自发的市场交易就能达到最优化的供给，但公共物品供给却必须通过制度设计才能得到保障，可以说公共物品供给问题的核心就是制度设计。这种制度设计既有自发演化的成分，也有人为设计的因素。

地方公共服务作为公共物品的一个分类，既具有典型性又具有特殊性：典型性在于地方公共服务能够代表大多数公共物品的共同特征，像交通、教育、医疗、治安、消防、供水等与人们的生产和生活的关系比纯公共物品更为直接，是现实生产生活中不可或缺的。特殊性则体现在其"地方"二字上，即公共物品的外部效应与一定的地理范围是分不开的。因此，这类公共物品与地方的行政组织体系有着比纯公共物品更为密切的关系，地方政府在地方公共服务的供给上具有更多的权力和责任。这两方面特征决定了地方公共服务的供给制度研究，一方面要在既有公共物品理论的基础上更加接近于现实，需要解释理论上探讨的各种可能的最优或次优的制度安排，以及在现实中为何有些领域得到了有效实现，有些领域则未按照理论上的推理来实施；另一方面，地方公共服务的供给制度必须将地方政府作为研究的一个重心，这就必然牵涉关于中央—地方分权关系的讨论，以及地方政府本身的决策机制等问题。

2. 地方公共服务供给的制度内涵

制度是社会科学的一个基本概念，从哈耶克的"秩序（order）"观到科斯的"建制结构（structural arrangement）"以及诺思的"约束规则（rules of game）"，均质欧洲语中所共有的 institution 一词虽然被西方学者广泛使用，但各自所具体指代的对象存在较大差异，在将各国文字翻译为中文时，中国经济学家也对其有不同的理解。本书不会将制度概念的讨论作为分析的重点，但会作为本书制度演化分析的出发点，因此还需要对本书所分析的制度内涵进行必要的界定与解释。本书所探讨的制度演化，主要是从博弈的角度来理解，这也与经济学分析更多地采用博弈论的方法是一致的。进化博弈论和重复博弈论的最新发展也使得制度研究有了可供使用的分析模型。在模型中将制度的演化过程类比为博弈过程，从而将制度重新解释为博弈主体、博弈规则和博弈策略三个要素。人们通常所讨论的制度往往直接指那些重要的组织机构，如"政府""行业协会""委员会""公检法机构"等，诺思、奥斯特罗姆等则主要提倡第二种观点，即将制度分为规范、管理、道德准则等非正式规则和政治规则、经济规则、合同等正式规则。这种制度是先于博弈过程的，而对于制度的起源，则认为是立法者、企业家或经济学家明确设计的结果。而博弈均衡观的倡导者萧特（Schotter，

1981）却持相反的观点，认为制度是一种"纳什均衡"，强调当事人能够自觉遵从。其中，进化博弈论者认为制度是"自发的秩序"或自组织系统，而子博弈精炼均衡假定个体参与人具有完备的演绎推理能力，有在各种可能的博弈状态下选择行动决策的完备计划，并且制度一旦确立将是自我实施和可维持的，但在面临多重均衡时，子博弈精炼均衡的博弈观则无法很好解释。

对于上述各种制度观的选择必须要能够满足本研究的需要，从一个整体性制度安排的视角来看地方公共服务供给制度，一方面现实中地方公共服务供给制度形式的复杂性和多样性显示出多重均衡问题必须要从理论上给予充分的解释；另一方面，不断出现的创新制度形式又要求能够有效解释制度变迁的机制。因此，均衡制度观与制度产生必须能够在同一框架下得到解释。所以本书选取了青木昌彦（2001）的制度定义，即将制度概括为博弈重复进行的主要方式的共有信念的自我维持系统。这种制度观下的共有信念的自我维持系统，其实质是对博弈均衡的概要表征（信息浓缩），协调参与人的信念，这些共同分享的信念由于具备足够的均衡基础而逐渐演化为制度。这一定义的特点在于不将规则视为外生给定的，而是由参与人的策略互动内生的，存在于参与人的意识中，并且是可自我实施的。这同均衡博弈论者的观点是一致的。但同时，这一制度观充分考虑了制度化过程中的认知机制及其对制度演进的意义。从而，这一制度观能够有效地对地方公共服务多种多样的供给制度起源和实施问题进行内生性的分析，本书的分析即以这一制度观为起点，建立地方公共服务供给制度分析的框架。

二、地方公共服务供给的制度特性

制度本身的概念是十分宽泛的，涵盖了社会科学的许多领域，不同领域、不同目的的制度分析所使用的范式也完全不同。本书的分析对象即地方公共服务供给制度仅仅是普遍意义上"社会制度"的一小部分[①]，地方公共服务有其自身的制度特征，建立地方公共服务供给制度的分析框架也需要结合地方公共服务供给制度的特点来进行设计。

1. 制度创新活跃

自 20 世纪 80 年代末开始，全球范围内兴起了一股以私有化为纲的新

---

① 西方社会科学所谓的"社会制度（social institutions）"与现代汉语中意识形态化了"社会制度"（英文中对应的是 social regimes）应区别开来。现代汉语中意识形态化了"社会制度"，一般是指"奴隶制度""封建制度""资本主义制度""社会主义制度""共产主义制度"等；而社会科学中常用的"社会制度"（social institutions）是对制度的泛指。

自由主义经济革命，在这一潮流下，从英美到欧洲大陆发达国家，再到亚洲、拉丁美洲的发展中国家，纷纷开始进行以自由化、私有化为主题的经济结构改革。其主要趋势包括国家实行国有企业私有化、减少政府对经济的干预、进一步开放资本和股票市场、放松对本国和外国投资者的投资限制等。在这场改革浪潮中，其焦点之一就是地方公共事业，大量生产与从事地方公共服务的传统国有企业和政府事业单位在改革过程中进行了制度上的重大调整，大批的国有企业纷纷采取了改制、重组、兼并、分拆、转让等方式进行私有化，给予私营资本或外国资金各种扶持政策以鼓励它们参与地方公共服务的供给，试图通过竞争达到降低成本、提高服务质量的目的。而在地方公共服务领域，展开这种改革的一个特殊性就在于公共物品的外部性，私人投资者的进入和外资开放不必然等于提高地方公共服务的供给能力，尤其是地方公共服务具有经济和社会的二重属性，必须进行制度上的重新设计，在保证地方公共服务社会属性的前提下鼓励私人投资者的加入，打破垄断体制下效率低下、浪费严重的弊端。因此大量的政府决策者、企业家、经济学家提出了许多大胆创新的制度安排，很多新的制度安排被付诸实践，并取得了很好的效果，在资本、知识全球化的背景下，新的实践经验被广泛传播推广，各个国家结合自身的情况模仿和改进，从而引发了大范围地方公共服务供给制度的创新。在许多地方制度创新获得成功的同时，很多地区也出现了大量失败的教训，认为私有化和外资开放是包治百病的良方，却没有意识到放松管制产生的风险，以至于造成公共服务供给的危机。曾经担任智利总统的帕特里西奥·艾尔文一度是新自由主义政策的拥护者和践行者，但这些政策最终宣告失败，他根据智利的经验指出："市场不能解决社会问题，市场推动消费和创造财富，但它不能公平地分配财富。"这也是地方公共服务供给制度改革所必须面对的问题，因此地方公共服务领域的供给制度创新仍将继续活跃下去。

地方公共服务供给制度创新的这种活跃性使得理论上面临着制度究竟从何而来、如何产生和如何实施的问题，这就必须要将制度从内生的角度来分析，使制度成为博弈过程中的内生稳定结果。

2. 多重均衡

现实中地方公共服务的供给制度是十分多样的，这种多样性不仅来自地方公共服务不同领域的特定技术经济特征，更来自制度本身具有的多重均衡性（Greif et al.，1994）。在前面罗列的地方公共服务不同供给制度形式之间并非是全然的纵向替代关系，它们同时大量并存于现代经济社会当中。这种多重均衡的结果来自三个方面：一是各个国家或地方公共服务生产的技术特征各不相同，例如有些国家污水处理、垃圾填埋等按照使用者收费的技术条件已经充分成熟，政府退出就成为一个可行的博弈策略，而在使用者收费技术条件不具备的地区，政府供给也许是唯一的博弈策略；二是地方公共服务供给参与者之间各自的谈判能力的差异也是造成多重均衡的原因之一，如在政府干预经济的权力范围很广、私人投资者相对弱小的地区，私人在参与地方公共服务供给时能够选取的博弈策略范围就很窄，所形成的均衡格局与私有经济十分发达、市场相对自由公平的地方会有很大差别；三是制度环境的异质性是地方公共服务供给制度多样化的重要原因，地方公共服务供给制度不仅体现了效率原则，同时也是制度环境选择的结果，任何一种供给制度模式都不可能具有普适性，只有在相应制度环境下才有意义，与外部制度相契合是地方公共服务供给制度的重要特征。

3. 历史路径依赖显著

地方公共服务供给制度的变迁虽然是人为设计的结果，但绝非是任意设计或随意执行的，每种制度形式都有其深刻的历史背景。一个国家或地区的制度传统——诸如风俗习惯、宗教信仰、法律和政治建制等——既在很大程度上规定着一个地方的公共物品供给制度选择，又可为它提供变革的诸多诱因和动力。私人物品主要是单纯的市场交换制度，但对地方公共服务来说，一个地区或国家的意识形态、文化传统、合作氛围都会影响公共物品的供给模式。在技术上，地方公共服务的供给制度具有显著的规模经济性和网络外部性，规模越大，采用者越多，就越通行，也就越容易被接受，同时供给制度一旦成型，既得利益者会通过隐匿信息、影响政权等方式阻止制度向削弱自身利益的方向转变，这些都造成地方公共服务供给制度的历史路径依赖特征显著。在制度分析中，历史路径依赖其实与均衡多重性是密切相关的。如前所述，在存在多重均衡解的条件下，人们有必要获知历史事件和过去通行的规则，参与人认为可行的特定行动会受到许多历史先例的制约，研究哪些"历史"因素促成了对特定均衡的选择是解释地方公共服务各种制度形式产生的重要途径。

4. 制度间的相互关联和依赖深入

地方公共服务供给制度必然嵌入在特定制度环境之中，不同国家制度文化环境的差异是生成不同地方公共服务供给制度模式的主要根源。一个国家或地方的财政制度、市场交易制度和企业组织制度等都与地方公共服务供给制度相互依存。在文化上从地方公共服务供给参与人的经济行为和不同社会网络（即制度文化环境）的嵌入关系来理解，不同国家的制度文化环境对供给参与人的心智结构会产生明示性或默示性的作用，地方公共服务供给者的经济行为与不同国家的社会网络呈共同演化趋势，从而出现不同国家地方公共服务供给制度历时性转换差异和企业制度演化的多样性路径。由此也可以看出，地方公共服务供给制度应排除"一维性"色彩，众多国家迷惑于西方发达国家经济绩效的炫目光环，而对其制度安排的盲目追随往往会带来惨重的现实教训，地方公共服务供给制度和现存的政治、企业以及社会制度必须相互"耦合"，只有相互一致和相互支持的制度安排才是富有生命力和可维系的。

5. 与政府及政策法令关系密切

地方公共服务供给在传统制度下被视为主要应由地方政府承担的一项公共责任，即使在实现民营化蓬勃发展的今天，地方公共服务供给仍然不能脱离地方政府的作用。一方面，地方政府仍然是地方公共服务最主要的供给主体，它的供给方式、供给行为、供给水平都与地方政府的中央—地方财政体制、民主投票制度、政府官员激励机制以及公共政策机制等直接相关，甚至直接由这些制度所决定。另一方面地方政府也是地方公共服务供给制度改革的最主要推动者，各种供给制度形式的实施细则多数是由地方政府主导制定的，地方公共服务供给制度演化的主体内容之一就是地方政府形成的各种法令、规章的演变。由此可见，政治领域的现存制度与地方公共服务供给制度的嵌入程度是最深的。由于地方公共服务供给制度的这一特征，必须将政府作为内生的参与人，任何政策制定的结果都应理解为由政府、政治家、私人等参与人策略互动决定的。

第二节　地方公共服务供给的元制度体系

在界定地方公共服务供给制度的内涵和分析其制度特征的基础上，需要将地方公共服务供给的复杂制度体系进行解构，以系统地分析地方公共服务供给制度在不同领域中的相互关联，从而为地方公共服务供给演化机制的分析奠定基础。

从博弈论的视角来分析地方公共服务供给制度，这里借鉴青木昌彦（2001）的划分，可以把基本的分析单元设定为一系列参与人及其行动集合的总和，称之为参与人博弈的域，所有参与人在域中选择自己的策略构成行动组合，这种行动组合决定了参与人的报酬分配，当所有参与人给定其自身关于别人策略选择的预期，均会选择一定的行动计划，使其当期报酬或当期和未来报酬现值之和最大，那么这种情形就成为一种博弈。从地方公共服务供给制度的现实特征考虑，本书主要涉及了四种基本类型的域：提供者政治交换域、提供者—生产者交易域、生产者—消费者交易域和消费者自组织域。

一、提供者政治交换域

政府在地方公共服务供给中所扮演的角色包括两个方面：首先，政府——主要是地方政府——是地方公共服务的最主要提供者；其次，政府是地方公共服务供给制度的主要设计者，是推动供给制度变革的第一行动集团。如果把政府的基本状态看作政治交换博弈的一种多重稳定均衡，那么政府也就可以视为一个域，这个域中参与人的集体信念、规则系统都会对地方公共服务供给产生直接或间接影响。因此，把政府作为一种均衡现象将有助于我们理解地方公共服务制度的演化性质及其与政治领域现象特征的关系。

从公共物品的视角来看政府的基本构架，有三方面因素会直接影响地方公共服务供给制度：首先是地方政府的行为代表，如立法、行政、司法部门的官员、决策参与者、咨询者等的目标取向，这主要取决于不同政党的目标诉求和政府官员的选拔考评机制；其次是地方政府的自主权力范围，这主要取决于中央政府与地方政府之间的分权；最后是地方政府实现既定目标的作用手段和机制，这主要取决于政府与私人利益集团、社会公众之间的关系状态。在政府域中目标、范围和手段这三个方面共同决定了地方公共服务供给制度。在这种构架下的政府观既区别于新古典经济学视政府为仁慈的社会福利最大化者或潜在万能的社会工程师的观点，同时又区别于超自由主义者将政府视为在本性上侵犯个人权力的观点，它将政府界定为一个追求自身目标但又受到各方面行为制约的策略性参与人。

从政府域中的博弈结构来看，与青木（2001）所建构的国家元类型类似，本书将不同国家的政府类型划分为福利型、推动型和独裁型三种。西方国家在地方政府层面多属于福利型，这种福利型地方政府以提供公共物品、服务地方居民为最主要职责，对市场的自发秩序侵犯最少。推动型政府是指政府要实现经济发展的目标，就必须依赖企业，与经济集团相互联合的状态。推动型地方政府的目标函数多与经济发展指标有关，有些表现为中央对地方的绩效考核指标，如 GDP、财政收入、利用外资、普遍服务等，也有些表现为官员个人的显性和隐性收益，如薪金收入、公务消费、职务待遇、贿赂收入以及人情网络等。在这二者之间，推动型政府有时会以前者为主导，有时会以后者为主导，后者有时也可称之为勾结型政府。独裁型政府则完全剥夺了市场自发秩序对于地方公共服务的调节作用，政府完全垄断地方公共服务的供给，政府提供地方公共服务的目标主要服从于自己统治地位的巩固。在国际上实行市场经济的国家中，主要的政府以福利型和推动型为主。在这两种基本的政府类型中，我们所关心的是：什么条件下以及怎样才能使地方政府愿意实现地方公共服务的有效供给？如何使其成为能够自我实施的？仅仅依靠硬性的法律条文和规章制度，在被政府和私人更改或忽视的条件下是不可能有效解决地方公共服务供给问题的，因此必须从符合政府参与人的自我利益角度来分析。

在对温加斯特（1993，1997）所建立的政治交换博弈模型改进的基础上，我们通过一个三方博弈结构来讨论政府域的公共物品供给问题。第一主体就是政府，主要指地方政府中的各种决策参与人。我们假设政府所辖区内的区域经济可划分为均等的两个部门：部门甲和部门乙。

假定如果地方政府能够将其作用限制在保护市场经济制度不受侵犯，仅提供地方公共服务，它可支付 $2t$ 实现这一目的，$2t$ 的资金来源于从部门甲和乙征税。通过这些地方公共服务部门甲和乙可获得效用 r，但需要纳税 t。如果地方政府的职能仅止于此，我们可称其为福利型国家，也可称之为"守夜人国家"（Nozick，1977）。现进一步假设地方政府能够超出福利型政府的限制而试图推动经济发展，强化自身的公权力或过度雇佣政府人员等，为了达到这些目标，地方政府需要获取 α 单位的额外收益，就试图向某部门如甲追加征税，从而将一部分甲部门的财富转移到地方政府。甲和乙部门面临地方政府的侵权行为，有两种策略可供选择，即反抗或妥协，图 5.1 的报酬矩阵描述了地方政府实施侵权时的博弈结果，行描述的是被侵犯的部门甲的策略，列描述的是未被侵犯的部门乙的策略，矩阵的每个空格中包括三个值，分别表示地方政府、部门甲和部门乙的收益。两个部门如果选择反抗政府，需要各自付出 c 的成本。当乙和甲采取合作策略时，地方政府的侵权行为以失败告终，需要付出 C 的成本。但当乙选择不与甲共同抵制时，仅凭甲的反抗策略难以发挥作用，使得政府能够成功地获取 α 的收益。由于地方政府的策略对公共产权的安全性造成一定的侵犯，甲和乙各自会损失一部分效率 Δ。而当甲选择妥协时，它无须付出 c，但甲和乙同样需要额外付出相应的效率损失 Δ。

		部门乙	
部门甲	侵权的 ＼ 非侵权	反抗	妥协
反抗		$2t-C,\Gamma-c,\Gamma-c$	$2t+\alpha,\Gamma-\alpha-c-\Delta,\Gamma-\Delta$
妥协		$2t+\alpha,\Gamma-\alpha-\Delta,\Gamma-c-\Delta$	$2t+\alpha,\Gamma-\alpha-\Delta,\Gamma-\Delta$

图 5.1 地方政府政治交换博弈的报酬结构矩阵图

资料来源：在青木（2001：159）基础上加工整理而成。

如果 $\Delta\leqslant c$，即乙和甲合作共同抵制政府侵权的成本大于侵权本身导致的效率损失，这时乙的最优策略是妥协。此时，在一次性博弈的情况下，因甲和乙两部分难以共同实施反抗策略，策略组合{侵权，妥协，妥协}在一次性博弈下成为纳什均衡结果。当模型为重复博弈条件下时，该策略组合同样构成重复博弈的解，因此当这种独裁型政府通过政治打压威慑民间部门的反抗行为时，政府对民间的掠夺行为也能够自我实施。

如果 $\Delta\geqslant c$，这时地方政府侵权所带来的效率损失超过了乙和甲共同抵制的成本，则与甲合作就是乙在理性条件下应选择的策略，地方政府在按照自身利益最大化行动时必然遭到甲和乙部门的反对。然而当 $\Delta-c<a$ 时，地方政府可以采取为乙部门制定优惠政策而转让部分收益 s，满足 $\Delta-c\leqslant s<a$，则乙部门的收益水平有所提高。从而导致乙选择妥协，此时甲的最优策略也是妥协。在这种状态下策略组合{侵权和贿赂，妥协，接受贿赂并妥协}成为一次性博弈下的纳什均衡，最终的收益矩阵为 $\{2t+\alpha-s,\Gamma-\alpha-\Delta,\Gamma-\alpha+s\}$。在重复博弈条件下，该均衡如果持续进行，则地方政府被视为推动型或勾结型政府，地方政府和乙部门互相勾结，通过在一定程度上剥夺甲的利益，将该收益一方面用于补贴经济建设，另一方面用于满足政府的自身利益。

在这里，我们假设甲是公共服务部门，主要行为主体是一般公众及志愿性团体等；部门乙是经济建设部门，主要行为主体是与经济建设相关的各种利益集团，如企业经营者、银行、行业协会等。在推动型政府，地方政府往往和经济建设部门的利益集团相互合作，压低对公共部门的投入，一部分补贴给经济建设部门，另一部分则用于满足勾结型政府自身需要。青木的模型证明，所有人同等面临政府侵犯的高度不确定性假设是共同抵制成为可信威胁的必要条件。如果政府总是将侵权目标对准某些特定个人，其他人就会袖手旁观，或与政府勾结。在一些实施全民投票的国家中，部门甲所代表的经济利益集团和部门乙所代表的社会公众的政治力量是旗鼓相当的。因此，在参与人身份对称的条件下，重复博弈下的双方合作、共同"抵制"仍然是可自我实施的，政府通过挤压公共领域的投入加快经济建设的策略往往是不可行的。

在西方资产阶级革命早期，这种对称性条件是不存在的，因此，政府更多的是为利益团体服务而不是社会公众，正如亚当·斯密（1776）指出："就保护产权的功能而言，市民政府的设置在现实中就是为了保护富人防范穷人，或者说保护有产者防范无产者。"在英国，公众权力的提升是在19世纪中叶随着中产阶级兴起并确立其政治支配地位才实现的，成为与贵族阶级相"对称"的政治域参与者。在现代市场经济社会，西方发达国家为了限制地方政府偏向于某些特定利益集团，通过工业关系法、公司执照发放、农产品补贴、社会福利保障等各种规制手段来勾结利益集团危害公众福利，以蒂伯特、奥茨为代表的"第一代联邦主义理论"（Qian & Weingast, 1997）主张，由于居民在区域间的流动性而采用"用脚投票"机制，所有地方政府采取同样的歧视政策的可能性较低，这种机制能够出现一个合意的稳定结果。

中央政府的作用主要是在"第二代联邦主义理论"（Qian & Weingast, 1997）的模型中引入的，强调在"用脚投票"机制的基础上，地方政府必须受硬预算约束，也就是说虽然地方政府应被赋予财政自主权，但一方面其不具有货币的发行权，另一方面也需要控制借贷的规模，所以当地方政府面临财政困难时联邦政府不应出面救助。而使这种承诺成为可信的条件就是联邦政府无力通过税收或货币发行控制足够数量的财政收入。构建福利型的政府制度形态，一方面中央政府必须要失去对税收的有效控制，大幅度下放征税权限给地方政府；另一方面还进一步要求中央政府不能随意增发货币，避免公众权力受到损害。美国联邦的历史以及欧盟联邦主义的发展都不约而同地付诸实施了货币控制的集中化、财政自主化和管制政策分权化，这种演化方向越来越趋于一种稳定结果。结合我国政府域的发展历程，中央权力的自发削弱成为中国政府域改革的一个重要特征，中央政府直到1994年的分税制改革才有了独立的征税机构，省市县等地方政府虽然一定程度上受到中央政府的控制，但在财政上长期掌握着较强自主支配的权力。1995年颁布的《中华人民共和国中国人民银行法》又进一步禁止中央银行直接贷款给地方政府，从而使地方政府的预算约束硬化，降低了地方政府对财政援助的预期，因此地方政府与中央政府的关系和西方联邦主义路径相似。但在中国地方政府域中一个鲜明的特点在于，省际的资源流动性尤其是人力资源的流动性条件在中国仍不具备，经济建设利益集团

的产权结构也与西方有较大差异，这就决定了我国地方政府域中所形成的
均衡格局与福利型政府存在差异。

二、提供者—生产者交易域

地方公共服务的生产活动主要是由企业来完成的，随着地方公共服务
供给市场化制度的扩展，企业生产公共物品的范围越来越广。如前面所述，
美国的许多市政服务，包括街道清扫、扫雪、固体废物收集和处理、消防
和警察保护、工程服务、规划服务、公共工程建设等公共服务，都已经转
由私人承包商来完成。

在传统的经济学中，企业是逐利的行为主体，那么在地方公共服务供
给中，我们对于企业的参与最关心的主要问题是什么样的制度设计能够保
证企业既能发挥效率，又能满足公共福利的目标。理解这一问题，首先必
须分辨公共物品的生产与公共物品提供之间的区别。早在 1959 年，马斯格
雷夫就对供应和生产进行了基本的区分，他指出：“公共需要的供应……并
不要求它必须由公共生产的管理，正如公共生产的管理并不要求它必须由
公共需要的供应。在决定各自的适当范围时，应根据各自非常不同的标准。”
1961 年，奥斯特罗姆、蒂伯特和瓦伦（Ostrom et al.，1961）进一步提出二
者的区分在公共物品中的重要性：“公共物品和服务的供应与生产的区分，
开辟了重新界定公共服务经济中经济职能的最大可能性，公众保持着对于
服务供应绩效标准相关的方面的控制，而在服务的生产方面，则允许在生
产那些服务的机构之间开展最大限度的竞争。”服务的提供者主要是政府，
被称为“集体性消费单位”，由它们来决定：（1）公共产品和服务供给的种
类；（2）由私人部门供给公共产品和服务的种类；（3）私人供给政策规制
的范围、强度和手段；（4）公共产品和服务供给资金的筹集；（5）公共产
品和服务的数量和质量标准；（6）公共产品和服务供给与生产的衔接以及
生产方式等。而生产者则主要决定如何在基础层面将资源投入转化为产品
和服务的产出。

由此可见，地方公共服务供给制度企业域的核心是讨论政府与企业之
间的合约设计问题。二者之间的关系可类比企业治理结构中所有者与经营
者之间的委托—代理问题，地方政府将提供地方公共服务职责委托给生产
企业，生产企业根据地方信息和技术条件决定公共物品的生产数量、水平
等。这种划分使得很多地方公共服务被划入竞争领域，可以通过完全竞争
市场由企业来提供，降低了成本，实现效率和公共福利的统一。最为困难
的是自然垄断性较强的领域，为了防止私人企业滥用垄断权力，政府规制

就成为必要，但政府的规制往往造成企业的低效。这里我们考虑一个最简单的政企博弈模型，政府面对企业有两种策略：第一种代表政府管制，包括价格管制、进入管制、所有权管制等；第二种代表管制完全放开，企业发挥完全的自主性。企业在面对两种策略时可以选择偷懒或者努力。假设在最优状态下，政府采取必要管制措施，同时企业努力提高效率，双方的收益分别为 α 和 β。对于政府来说，如果政府放任市场，企业滥用垄断地位造成的公共福利的损失为 c；而如果企业偷懒，效率低下造成的社会损失则为 d。对于企业来说，如果政府放开管制，企业会获得的超额利润为 t，而企业采取偷懒的策略时，由于垄断企业的特殊地位，其收益往往并不与努力程度成正比，相反还会因偷懒而获得正的效用 e，因此形成如图 5.2 所示的收益格局。

政府 \ 企业	努力	偷懒
管制	α, β	$\alpha - d$, $\beta + e$
放开	$\alpha - c$, $\beta + t$	$\alpha - d - c$, $\beta + t + e$

图 5.2 地方公共服务供给与生产的政企博弈矩阵图

资料来源：本书研究整理。

由此得到{管制，偷懒}成为这一博弈格局的唯一支配策略，表现为政府对企业施加严格的经济管制，而企业则选择低效率运转，为了打破这种格局，各种连接供应者和生产者的合约机制被设计出来。从目前来看，主要的治理机制包括如下 8 个方面。

1. 产权机制。产权改革是地方公共服务供给企业制度变革的一个重要措施，产权改革是地方公共服务供给者与生产者相剥离的基本方式，通过政企分离、建立现代企业制度，使企业能够成为自主决策、自负盈亏的独立经营实体，从而改变企业对偷懒行为的预期。西方国家地方公共服务供给企业股权的多元化、私有化与我国进行的政企分开和合资合作等都符合这一趋势，通过产权结构的调整来消除企业的软预算约束。

2. 信号传递机制。信号传递机制的建立是政府对地方公共服务供给企业的经营活动进行有效监督的前提条件，当生产企业采取偷懒行为时，由于其特殊的垄断地位，其行为往往难以直接反映出来，因此在供给者与生产企业谈判的过程中往往涉及一些企业必须披露的经营指标，如雇佣人员数量、工资水平、大额采购项目、服务覆盖面、发配股息等重要的经营决策，同时信号传递机制也有助于抑制谈判过程中的腐败和索价过高等行为。

3. 拍卖和投标权竞争。由德姆塞茨（1968）首先提出的拍卖和投标权竞争是事前竞争的一种重要手段，在公共事业经营中被广泛运用，特别是在自然垄断条件下市场内竞争不可能情况下，如果利用投标权对市场本身进行拍卖，这种竞争则成为可能。大多数特许经营权的授予实际上为拍卖和投标权竞争提供了标的物，通过事前竞争机制有效地抑制了生产企业偷懒的动机。这种机制能否有效发挥也取决于在避免共谋、合约不完全、政府特许收入的事后不合理分配等方面能否建立健全。

4. 接管和所有权竞争。接管和所有权竞争是企业改变内部竞争的重要方式，企业治理理论认为，如果存在一个完善的资本市场、经理市场与产品市场，企业内部的生产效率就会得到提高与改善。竞争型的经理市场可以使经理人员能够根据自身条件在企业之间或企业内部不同岗位上自由流动，并由市场决定价格，使经理尽心尽力进行经营和管理，从而树立良好声誉，有利于抑制经理的偷懒动机。同时 20 世纪 80 年代以来收购与兼并浪潮的兴起也促使着公司控制权市场的逐渐形成。并购市场保证了公司经理之间的有效竞争，由于存在被并购的风险，公司经理人员就会尽力经营自己的公司。

5. 标尺竞争。标尺竞争也是许多产业解决竞争问题的重要方式，标尺竞争是指地方公共服务生产企业的绩效主要以相同条件下竞争对手的绩效为基础来衡量，它为政府设定回报率基准提供基本尺度。标尺竞争强调的条件是：其一，存在许多分散的区域性市场，每个地区市场通常由单个企业控制；其二，外部条件相同或类似，如需求条件和经济环境。标尺竞争如今已广泛应用在地方公共服务领域，英国供水产业就对英格兰和威尔士的 10 个地区的自来水公司，在考虑环境差异因素的条件下，以经营成本较低的企业为基础，对不同的企业进行效率比较，从而决定管制价格（周耀东，2005）。

6. 资本回报率管制。资本回报率管制是指管制者通过制定"公平、公正"的资本收益率来限制企业被管制产品和服务的利润水平。伯格等（1988）将资本回报率管制的实施过程概括为三个阶段：①审核企业成本的构成，提出部分非必要成本；②与企业沟通谈判，确定符合公平和公正原则的合理资本报酬率；③基于资本报酬率，指导企业确定合理的价格和费率结构，保证企业的利润水平维持在合理范围。这种管制方式的实质是对被管制企业的产品或服务的提供成本与价格之间的差额进行限定，使得价格能够反映成本的变化，但这种方式也有其固有的缺点，往往会导致被管制企业的过度投资和弱激励等问题。

7. 价格管制。由于资本回报率管制无法为企业提供生产效率激励的内在缺陷，最高限价管制已逐渐成为放松管制过程的主要方式。在最高限价管制中，企业被管制产品和服务的价格指数直接受限制，不得超过政府规定的零售物价指数，美国、加拿大、荷兰、德国和中国香港在电信、电力等产业都分别采取了最高限价形式，意大利已经将最高限价方式作为企业生产公共部门产品和服务的标准化方案，通过法律形式实施。

8. 独立监督。西方国家在地方公共服务放松管制的过程中，越来越多地采取了独立监督机构的方式。大量地方公共产业的独立监督机构开始出现，一方面监督政府在招投标过程中是否公开、公正，另一方面约束企业的垄断行为。美国的独立监督机构通常由5—7名委员组成，通常是该领域的专家，熟悉相应行政领域的专业知识，由总统提名经参议院同意后任命，非以法定事由，总统无权免除任一委员职务，委员任期超过总统任期，一般为5—7年。而行政部门则直属总统领导，由总统任免，通常与总统共进退，而独立监督机构的委员受总统的影响则小很多。独立监督机构的职权范围和管制程序通过法律得到了充分的授权和限定，并且随着市场化程度的提高而不断加强。由于这种独立性和权威性，保证了监督机构在依法实施和执行中的公平和公正。

上述这些企业域的治理机制在政策实践中往往交织在一起，例如在推进政企分开时采取投标权竞争的方式进行股权转让，同时对转制后的企业定价和收益进行管制，多种治理机制相互嵌入，从而保证企业域的博弈均衡向最优的方向改进。

三、生产者—消费者交易域

随着地方公共服务供给市场化的范围越来越广，市场交易域的机制设计在地方公共服务供给中发挥的作用越来越重要。地方公共服务的市场化供给不同于政府供给，政府供给往往不考虑回报，而市场交易却建立在使用者付费的前提下，无论是合同承包还是特许经营引入的多元化投资者，都是在市场上将地方公共服务出售给买方，从而使卖方收到回报，买方获得效用，实现双方的交易。但地方公共服务的外部性决定了市场交易域的机制设计难度要远远高于一般的私人物品，为了使市场机制能够有效运行，很多问题必须解决，比如交易者如何能够彼此信任、买者使用后付款的承诺是否可靠、卖者会不会滥用垄断地位榨取消费者剩余、能否信守承诺提供规定的公共物品或服务、买者如何能保证购买的物品不是次品，等等。

地方公共服务的市场交易可以概括为囚徒困境问题：市场能否发挥作用取决于双方是否都能从诚信交易中获益，如果任何一方欺骗对方，则可能带来更大的利益。所以如果不存在限制这种不诚实行为的机制，潜在地对双方有利的交易就无法发生。如图5.3，矩阵代表交易双方从一次交易中可得到的收益，收益大小取决于他们采取的策略。

买方＼卖方	诚实	欺骗
诚实	$\Gamma/2$，$\Gamma/2$	$-\hat{\beta}$，$\hat{\alpha}$
欺骗	α，$-\beta$	$-\gamma$，$-\gamma$

图5.3　地方公共服务交易博弈的支付矩阵图

资料来源：在青木（2001：63）基础上加工整理而成。

当α或$\hat{\alpha}>\Gamma/2$时，卖方或买方都有动机选择欺骗对方，如买方拒绝付费或卖方未提供相应服务或提供劣质服务，可以获得比诚实交易更高的收益，会给对方造成伤害$-\beta$或$-\hat{\beta}<0$，同时也造成社会损失。在一次性博弈情况下，双方选择欺骗构成唯一的纳什均衡。因此，必须建立一种机制来约束交易双方选择诚实交易，这些机制可称之为市场交易的治理机制。近年来，市场交易治理机制的设计在产业组织理论、微观经济学和制度经济学中得到了广泛的关注，许多学者通过各种条件的设立，使交易者产生维持诚信交易的预期，并将其制度化，使之成为治理每个人行动的准则。青木（2001）概括了作为交易博弈稳定结果的各种市场治理机制，如表5.1所示，第一列总结了博弈过程中的相关机制；第二列概括了参与人，即商人或附加第三方参与人或组织作为相应机制的实施者；第三列是对相应机制下约束交易者行动决策的均衡策略组合的重要方面，包括交易者所持的在违约情况下，对第三方实施者提供的信息和惩罚的预期，或自我约束不选择欺骗行为的道德情感；第四列表示那些能够保障市场治理机制有效运行并且保持合理的社会成本的必需条件，例如参与主体的范围与特征、信息沟通渠道、他们再次相遇的可能性、交易的性质及后果等，这些交易博弈域的性质能够使得上述机制成为博弈的稳定结果并形成制度固定下来。

表 5.1　各种市场交易治理机制

治理机制	实施者	预期行动决策规则（内生性博弈规则）	域特征
个人信任	交易伙伴（第二方）	对欺骗行为的报复	重复性双边交易机会
交易者社会规范	社区内共享沟通网络的交易者	社区对欺骗行为的驱逐	由（综合性）沟通交流网络连接的交易者
惠顾关系	已经付出拉关系费用的交易伙伴	以终止关系惩罚不诚实的交易者	事前匿名但事后可重复的交易机会
俱乐部规范	由初始交纳会员费组成的内生性"俱乐部"的交易者	将不诚实的交易者从"俱乐部"中驱除	事前匿名但事后可重复的交易机会
第三方的信息传播	第三方组织（如商法仲裁者、信用局、网上拍卖组织、电子商务的认证机构）	对欺骗行为的信息传播，以欺骗而失去交易机会	匿名交易者
第三方的强制实施	第三方组织（如政治统治者、黑社会）	对欺骗行为的暴力惩罚	强制性暴力的不对称分配，不诚实交易的巨大收益
道德准则	自我（第一方）	因欺骗行为引起的消极的道德情感	享有相同习俗的相对均质的参与人
法制系统	法庭	对欺骗行为的依法惩治	匿名交易者，行动或结果可证实，政府对强制性暴力的垄断
数字化实施	由交易伙伴设计的计算机程序	只根据程序化的条件实施的方式交货	通过网络可提供的数字化内容和服务的交易

资料来源：在青木（2001：82）基础上加工整理而成。

　　表 5.1 列举了一般商品交易域的各种治理机制，它们多数对于地方公共服务来说也是适用的，但在现代市场经济中，地方公共服务交易博弈的域往往涉及很广泛的社会公众，交易者相互接触的机会不多，交易者社会规范、俱乐部等所依赖的信息网络难以形成，因此约束交易者的声誉机制往往通过增加新的专门从事收集和传播机会主义行为信息的参与人来实现，如在西方国家大量的商法仲裁者、信用局、网上拍卖组织等都在行使类似的职能。在声誉机制中，交易者对机会主义行为的惩罚机制就是不交易，但是当一次性欺骗的收益相对于诚实交易的收益大很多，即 $\alpha - \Gamma / 2$ 很大，或潜在行骗者的时间贴现因子很小时，这种自发的惩罚可能就会失效，

所以必须使人们预期到行骗就要立即受到严厉的惩罚。这时，人身报复服务的需求随之出现，拥有国家机器的统治者往往成为这种服务的垄断供应者，而当政府的实施能力不足时，私人组织的服务将取而代之，如黑社会。而当统治者或政府的力量强大到能够有效运用暴力保护私人产权时，它同时也可以通过滥用权力来侵犯私有产权，特别是在地方公共服务领域，缺乏外部约束，政府就很难保持一个中立的地位。这时由独立的司法部门处理交易纠纷就成为一个重要的衍生机制，由于法院的相对独立性，这种方式在现代地方公共服务交易机制中扮演的角色越来越重要，地方公共服务供给者的不正当竞争行为、使用者的违反信用的行为都将受到法律的监督。另外，道德准则的作用在现代社会也不能被忽视，在一个广泛尊重市场、诚实守信的道德环境中，交易监督和实施的成本将大大降低。此外，电子商务和数字系统的发展使得地方公共服务供给者的诚信情况和使用者的消费情况等都能够得到监督并迅速传播，以数字化实施为基础的声誉机制在更广的范围内发挥作用，数字化时代正在对地方公共服务供给形成越来越深的影响。近年来使用者收费制度的推广也正是依赖于数字化、信息化技术的飞速发展。

上述这些交易机制并不是相互排他的，它们往往互补而发挥作用，即某种交易治理机制的有效性直接或间接地被同一个域或相嵌的域另一种机制的存在所强化，如完善的法律制度能够增加机会主义行为的风险，将强化道德的约束作用；而不公正的法制将破坏人们的道德情感，从而削弱他们对不诚实行为的自治。这些机制之间的互补关系被称为制度互补性，在后面几章中还将深入讨论。

四、消费者自组织域

地方公共服务的社会公众域是指由共同使用地方公共服务的个人组成的参与人集合所构成的博弈域。这一概念接近于青木昌彦所使用的"共有资源域"（青木昌彦，2001），但不同的是青木昌彦的"共有资源"侧重于使用者联合生产的概念，不包括政府机构单方面提供的资源，所以共用资源域的参与者更侧重于联合生产者，而"社会公众"则不仅要联合生产，更强调他们的联合使用，使用对象包括各种地方公共服务。对于地方公共服务的使用，每个人都是策略性参与人，只感兴趣如何在预期别人行动的条件下使自己的报酬最大化。由于参与人集合相对固定，个人的行动决策将通过域导致外部经济和不经济，此时一种内生于该域的制度安排就会形成。

自从 1968 年加勒特·哈丁（Garrett Hardin）《公地悲剧》一文在《科学》杂志上发表以来，公地悲剧已经成为一种共识，只要许多个人共同使用一种稀缺资源，便会发生环境的退化。哈丁的模式常常被形式化为囚犯困境的博弈（Dawes，1973，1975），博弈双方都把"背叛"作为自己的支配策略，从而产生帕累托较差的结局。这一逻辑也是大多数国家将政府作为公共物品供给者的主要原因。伴随着公共物品理论和实践的发展，人们开始逐渐关注于使用者之间如何通过自发的制度安排，在稀缺的公共资源竞争中自组织一种互惠互利均衡结果。博尔滕·杨（Young，1998）设计了一个讨价还价模型，假定博弈在两个人之间一代又一代地重复进行，每个人依据过去的不完全信息来决定捕获量，最终的随机过程都几乎确定地收敛于一种互惠互利的演化均衡，使二者的总效用最大。一旦某种惯例建立起来，除非遇到随机扰动或者有人犯了错误，否则它将恒久不变，并将自我实施，即成为一种门格尔所命名的不依赖外部权力的自发秩序（Spontaneous Order）（Menger，1883）。

青木（2001）以日本德川时期的灌溉系统为例，论证了"社区规范"在克服公共物品"搭便车"作用中的机制，建立了公共物品使用和社会交往的关联博弈模型。在农村，灌溉系统属于典型的地方公共性服务，灌溉系统的建设和维护通常需要当地农户集体行动，例如定期的清淤除草、设施的维修养护、洪季来临时的部署防范，甚至枯水期上下游村庄由于水源争夺而进行的"抢水械斗"，同时限定个人对于水资源的过度使用。由于国家层面的权力机器与乡村社会相分离，因此公共服务供给治理的外部实施机制缺失，大型公共工程的建设、维护和使用权主要靠村级社区自治来实现。从灌溉系统自身的技术经济特性来看，虽然难以杜绝村民间的搭便车和自私自利行为，从技术上排除集体劳动中的偷懒者从中获益也存在较大困难，然而通过剥夺"搭便车者"参与村庄其他日常社会、政治和经济生活的机会，仍是一种可信的惩罚措施。在重复博弈中偷懒者在面临一些特殊事件如修建房屋、照顾病人时往往难以获得其他村民的帮助，在一些重要节日、宗教仪式等社会活动中剥夺其参与权。因此尽管外部的法律约束缺失，但这种惩罚措施有效地帮助居民在灌溉系统修建、维护和使用的过程中具有较高的合作意愿。在单纯灌溉系统的建设博弈中，由于个体的偷懒所带来的收益大于偷懒对自己造成的损失，再加上使用上的排他性，使得每家农户都有偷懒的动机。而当把社区的社会交往博弈与灌溉博弈相关联时，假定非合作的社会行为要受到永久驱逐的惩罚，则当被驱逐而牺牲的未来收益值之和的贴现值大于偷懒收益时，个体就具有认真合作的激励动机，而未来收益值之和的贴现值即所谓的社会资本收益。由此可见，当社会资本加入博弈模型后，所形成的均衡结果会强化居民的合作行为。社会交往的负面选择激励在封闭和均一的团体内对于制裁"搭便车"者是一种可信威胁，这与格拉诺维特（1985）所提出的"社会嵌入性"（Social embeddedness）概念是一致的。因此，社区规范作为联结博弈的一种内生结果，有效克服了"搭便车"行为，而无须依赖外部规则的约束。

社会公众自发形成的社区规范对于地方公共服务供给的作用机制表明，地方公共服务的技术经济属性固然重要，但政治、社会文化因素也对地方公共服务供给制度发生作用。正如奥斯特罗姆（2000）强调"极少有制度不是私有的就是公共的——或者不是'市场的'就是'国家的'"。在奥斯特罗姆的理论中，单一的最优的制度安排是不存在的，还举例论述了公共资源领域用户自治的各种制度安排形式。她认为市场与政府并非公共物品供给仅有的解决办法，认为人们通过自筹资金与自主合约可以达至问题的有效处理，在社会实际运行中的治理安排从来不是完全政府供给或完全市场化的二选一，人们探索出的各种解决途径往往比理论上完全抽象化的博弈结构更加复杂多样。

社会公众在地方公共服务使用和参与供给的活动当中，所形成的这种自发秩序对于理解地方公共服务供给制度演化是非常重要的。即便在现代市场经济社会，城市居民的成分分化和流动性打破了乡村社会的均一性和封闭性条件，社区自发供给机制发生作用的条件有了很大的变化，越来越多的公共职能转由政府尤其是地方政府承担。但同时也应该看到，在发达地区，越来越多的非政府组织和自愿组织在提供公共物品方面发挥着重大作用，他们所倡导的市民规范、道德伦理正在成为一种新兴社会资本，政府供给与市场化并不是唯一的解决地方公共服务供给的途径，社会公众的自组织机制正在成为政府与市场之外的第三种机制。

第三节　中国交通基础设施供给的制度体系及其演变

交通基础设施是一个地区生产和生活必不可少的基本条件，与区域经济的发展密切相关，并具有显著的非排他性和非竞争性特征，是一种十分典型的地方公共服务。交通基础设施的技术经济特点十分明显，其外部性、自然垄断性和网络性导致交通基础设施在供给制度设计上存在较高的难度，在现实中政府、市场、第三部门都是交通基础设施的重要供给者，由于各方式、各等级的交通基础设施技术经济特点各不相同，同时不同国家、不同地方的政府域、市场域、企业域以及社会公众域的博弈特征各不相同，各国形成了多样化的交通基础设施供给制度安排。因此，将交通基础设施作为地方公共服务的典型进行具体分析对于理论的检验和实践的创新是非常有意义的，本节将对中国交通基础设施的供给制度这一典型案例进行具体剖析。

一、区域经济系统下的交通基础设施

交通运输与区域经济的关系一直是经济学研究的重要内容。发达的交通运输是实现合理的资源配置、促进分工和专业化协作的必要条件，同时也是实现区域经济活动空间组织有序、协调和可持续发展的保证。

交通基础设施在区域经济系统中的作用可以归结为四个方面：

1. 交通基础设施是资源要素空间聚集的基本物质条件。

在空间经济学中，运输成本是影响资源要素聚集的重要变量，克鲁格曼等人的中心—外围模型已经证明，当运输成本很高时，资源的聚集不会发生，随着运输成本的下降，资源会在规模报酬递增和不完全竞争的作用下趋向集中。现实的经验也证明，交通基础设施越是发达的地方，资源要素的流动就越顺畅，经济活动聚集的程度就越高。资源的空间聚集是区域经济形成、发展和运行的基本机制，交通基础设施则是这种机制的最主要物质承担者。

2. 交通基础设施贯穿于区域各产业部门的经济活动当中。

交通基础设施的物质属性和产业属性决定了交通基础设施必须与它所服务的产业活动相互结合，才能有效地为区域实现公共服务的供给。交通运输服务具有派生性特征，贯穿于各产业部门的供应链流程，各个产业的发展都需要在一定程度上依托于交通运输的基础设施，交通基础设施与其他产业的前后向关联程度非常高。从这个角度来看，交通运输服务是其他产业部门各项经济活动的延续，交通运输与其他产业的发展联系紧密。由此可见，区域经济活动的所有内容及其生命周期中的每个环节都与交通基础设施紧密融为一体。

3. 交通基础设施建设是区域经济增长的直接组成部分。

交通基础设施的物质属性和产业属性决定了交通基础设施是区域经济中的一个重要生产和价值创造部门。它直接参与社会经济的生产过程，通过提供运输产品和服务创造价值，直接促进区域经济增长。交通基础设施的投资按照支出法直接计入当地的地方生产总值，对地方经济增长具有直接贡献。

4. 交通基础设施是维系区域内部协调统一的重要手段。

交通基础设施对区域经济系统的影响不局限于经济活动本身，对区域经济系统的维系同样发挥着重要的族群团结、社会凝聚的作用。交通基础设施为不同收入、不同阶层、不同信仰的居民提供了交往合作的平台，通过交通基础设施这一公共物品的社会职能维系着区域经济系统的完整统一，防止了区域分化，使区域经济保持着完整的整体。

二、中国交通基础设施供给的基本特点

在中国市场化的转型过程中，交通基础设施作为公共领域的典型，其制度转型呈现出与一般制造业不同的特点。自 1978 年改革开放后，在农业部门和制造部门，生产方式和交易方式都发生了翻天覆地的变化，但在交通基础设施领域私营主体的参与十分有限，国家一元化供给的局面一直延续到 20 世纪 90 年代才被打破。尽管制度改革起步较晚，但进展速度很快，各种多样化的制度形式应运而生。因此，可以说中国交通基础设施供给制度的转型过程，深入体现了公共物品供给制度改革的复杂性、渐进性和多重均衡性。

交通运输系统涉及建设、运营和管理三个方面，20 世纪 80 年代以来，中国的经济高速增长，对物资、人员运输的需求也急剧扩张，尤其在公路运输领域中，因车辆的购置和经营都比较简单，整个行业的进入门槛相对较低，使得公路运输也成为中国竞争程度较高、民营化起步较早的领域之一。目前，许多国有汽车运输公司大多实行了现代企业制度改革，转变为股份制公司，而非国有制的运输企业更是数不胜数。运输企业的基本制度与一般制造业企业没有根本不同，这类企业的产权和制度问题也没有多少特殊之处。因而本书不讨论运输业的供给问题，而是集中考察交通基础设施在建设、运营和管理上的制度演变。其中，交通运输所包括的五种运输方式当中又以公路的地方公共特性最为显著，因此本书的讨论也将以公路为重点，但也会涉及港口、机场、铁路等交通基础设施。

在相当长的一段时间里，人们一直认为，交通基础设施是应该由国家投资兴建的公共物品，交通基础设施建设和管理不宜由私人资本掌控。但是，国内外的实践表明，公路、港口等基础设施建设和运营具有一些重要的特点，因而在一些基础设施领域特别是公路系统很容易展开竞争，也更易于接纳民间资本的进入。首先，公路、港口的经济收益前景良好，对地方经济的促进作用十分明显；其次，与铁路交通基础设施相比，公路、港

口运营对路网统一性的要求较低，可以分段建设、分段运营，因而筹措建设资金的难度没有其他运输系统那么大；最后，虽然公路、港口建设所需投资数额巨大，但建成之后，收益稳定，且具有一定的垄断性，经营风险相对较小。这些交通基础设施的特点使得公路、港口建设和经营成为较易吸收民间资本的基础设施领域，也是中国民营化起步最早、发展最快的地方公共事业部门。迄今为止，在中国的各个地方公共事业的改革中，公路和港口两个领域率先开展了供给制度多元化的探索，制度创新最为活跃，资金的交易金额规模也相对较大。十八大以来交通基础设施供给制度的多元化改革不断向纵深推进，这与理论上人们对基础设施和公共物品供给的传统认识有着较大差异，这些制度的演进也成为其他地方公共事业的供给制度创新的典型范例。

三、中国交通基础设施供给制度架构与演变

与其他地方公共服务供给制度的整体架构相似，交通基础设施供给制度中的参与人也可以划分为提供者、生产者和消费者三部分。其中，提供者主要为地方政府，但这里并不排除中央政府的作用；生产者主要是指具体承担交通基础设施建设、维护和运营的各类国有或私营企业；而消费者则作为交通基础设施使用者的社会公众。同样，交通基础设施的供给制度也可以划分为提供者政治交换域、提供者—生产者交易域、生产者—消费者交易域和消费者自组织域四部分，但在中国交通基础设施供给制度演变的不同时期，它们所扮演的角色和重要程度有着根本的不同。

（一）计划经济时期的供给制度架构

在改革开放以前，我国的投资体制都由政府高度主导，中央政府与地方政府在投资对象上有比较明确的分工。在计划经济时期，铁路、民航和港口的投资都由中央政府直接提供，而公路基础设施的主要供给者则是地方政府。在公路供给的分工上，国道和重要国防公路的建设与养护由中央政府负责，地方政府负责其他公路的建设和养护工作。中央政府每年的公路投资额仅为一两亿，以国防、边防公路投资为主，地方政府则筹集资金进行其他公路的修建。计划经济时期的交通设施建设体制特征可以概括为如下四个方面：

1. 政府高度掌握投资决策权。交通运输系统的规划、建设都通过政府的指令性计划和行政审批程序来确定，投资的规模和结构都由政府来决定。项目的立项、设计、开工等各个环节都需要经过政府部门的行政性审查批准方可进行。

2. 投资主体和资金来源依赖于政府。改革开放前，政府是公共服务的唯一投资主体，私人投资几乎被完全排斥。市场机制的资源配置作用未能有效发挥，交通运输建设被视为事业性投资，供社会无偿使用，没有考虑投资成本与回报。

3. 要素投入由政府计划统一安排。交通基础设施建设中的各项资源要素，包括人力、资金、设备、原材料都由政府计划分配使用，项目安排、资金拨付、物资调配、施工队伍等全部通过政府的指令计划和行政命令来调配。基础设施建设所需要素的使用权高度集中在政府，投入要素的流动性不足。

4. 投资决策缺乏责任追究机制。我国传统的交通建设投资体制缺少对于投资决策的约束和监督，在"大锅饭"的体制机制下，投资项目在决策、设计、施工环节出现的失误，都很难找到具体的直接责任人，责任的追究机制严重缺失。

在这一阶段，由于特殊的体制环境，交通基础设施供给制度中发挥作用的机制几乎完全被政府域所主导，社会公众域作为辅助制度对政府域的制度供给也发挥了一定的补充作用。由于传统的计划经济体制否定市场交易机制的作用，市场交易域在中国公共设施领域完全没有发挥作用，而计划经济下的企业由于完全没有决策权和剩余控制权，企业域的影响十分有限。但是社会公众域在这一时期发挥的作用却不可忽视。由于各省、市政府的财力有限，各地所需的公路建设资金严重不足，主要通过有限的公路养路费筹集。在农村公路领域，大量农村基础设施是通过体制外供给的，利用"民工建勤，以工代赈"的方法，由乡镇政府乃至村委会和村民共同承担，这种动员社会参与地方公共设施建设的模式一度为中国公路设施的建设做出巨大的贡献。

但总体而言，当时中央政府用于交通基础设施建设的投资总量水平较低，除了计划内资金外，也有一些计划外的各地自筹资金，但这大都属于摊派性质，金额普遍较低。这一时期地方政府并没有将基础设施建设作为工作重点，并且由于财政资金不足，导致公路、铁路、水运、民航都没有得到应有的发展。到1979年，中国的交通基础设施由于长期滞后于国民经济发展，运能严重不足，已经成为国民经济发展的一个制约瓶颈。

（二）　事业性投资体制的供给制度架构

改革开放以后，中国交通基础设施投资体制开始步入转轨阶段，从20世纪80年代初到90年代初，尽管基础设施的改革与其他制造业领域相比十分缓慢，但这一阶段所形成的事业性收费制度却成为后来市场化迅速推进的重要制度基础。

　　进入 20 世纪 80 年代后，在改革开放的新形势下，中国经济加速发展，交通基础设施与经济发展之间的矛盾趋于激化，主要表现为：（1）在农村，各种生产资料如农机、化肥以及日用品等无法及时运到，生产出来的大量农副产品也无法运送出去。（2）在进出口方面，20 世纪 70 年代末起港口建设加快，但伴随着改革开放的展开，对外进出口量也逐年增加，对港口货物吞吐量的需求迅速扩大。各港口的压港、压船现象相当严重，造成这种现象的一个重要原因是各大港口的腹地交通发展滞后，货物进出港口的陆地通道严重梗阻。（3）在大中城市，城市公路的出入口基本都只有两车道，很少有城市能拥有四车道。因此，当时的汽车运输企业普遍面临"窝在两头，跑在中间"的问题，即城市里的货物运不出去，城市外面的货物运不进来，城市进出口的堵塞问题十分严重。（4）在工业生产上，全国许多地方的能源供应紧张，主要原因是能源生产基地的交通设施严重不足，大批能源产品被积存在产地，无法外运，进而导致许多工业企业"以运定产"。正是在这样的形势下，交通运输在整个国民经济中的重要地位开始受到各方面的关注。

　　从"六五"时期开始，国家将交通产业列为国民经济建设的一个战略重点。但在实际落实中，中央政府却未能为交通发展提供必要的资金投入。在对"一个中心，两个基本点"的贯彻下，中央政府将发展经济目标放在首位，在财政资金紧缺而各行业都亟须大发展的形势下，政府无法过多兼顾地方公共事业。因此，尽管交通部提出国家应参照国外的经验，将 3% 左右的 GDP 用于交通基础设施建设，但由于当时其他工业部门都需要资金而未能采纳，交通部门只有依靠体制创新和政策创新寻找出路。

　　从政府域来看，1980 年到 1983 年这四年开启了中国交通投资体制转型的起步和试点。由于地方政府在"分级包干"的政策下有了一定的自主权，同时"拨改贷"的实施也使得交通建设投资的来源从无偿拨款变为有偿贷款，地方政府的软预算约束变成了硬约束，促成了地方政府的决策导向的转变。

　　交通滞后造成的矛盾激化使政府认识到公共设施部门的重要性，中央政府率先决定改变经济建设部门和公共服务部门之间的倾斜状况，通过征收能源交通重点建设基金来弥补交通、能源部门的投入不足，其来源除财政、银行外，征收的对象主要是国有企业。1982 年 12 月 1 日发出《关于征集国家能源交通重点建设基金的通知》后，1983—1985 年分别征集了 93 亿元、122 亿元和 146 亿元，远超过了中央计划共征收 120 亿元的指标。

到 1995 年，已经征集到的资金达到 1807 亿元，平均每年占财政收入的 7%
左右，扩大了交通基础设施的投入比例。

此外，各地区所出台的各类事业性收费为后来市场交易域的形成奠定
了重要的制度基础：

（1）公路方面。在这一时期，各省提高了公路养路费的征收标准，扩
大了征收范围。同时相继出台了征收客运和货运方面的附加费、公路建设
基金等政策，进一步扩大了公路建设资金的来源。养路费、车辆购置附加
费和公路建设基金的征收使得公路建设有了稳定的资金来源。这时公路建
设投资体制的主要特征是以行政事业性收费作为主要的资金来源。这一体
制与计划经济时期以及很多发达国家的资金无偿拨付方式有了很大的区
别。它遵循"谁受益，谁付费"的基本原则，和"以路养路"的公路建设
融资理念。

（2）港口方面。1985 年发布了《港口建设费征收办法》，决定对进出
沿海 26 个港口的货物征收港口建设费，作为国家港口建设资金的一项来
源，以此来调动多方投资港口建设的积极性。1993 年，国务院又批准扩大
了港口建设费的征收范围并提高收费标准，同时新设立了水路客货运输附
加费。这些措施为加快港口码头设施的建设提供了必要的资金渠道，为后
来港口、码头、泊位的迅速增加提供了资金条件。

（3）机场方面。国务院批准从 1992 年 3 月开始征收机场管理建设费，
以解决民航机场建设资金紧张的问题。同时，地方政府也相应出台了各种
名目的地方机场建设费，最高甚至达到 125 元/人次。1995 年底国务院发
布文件统一了机场管理建设费的标准，金额为 50 元/人次，其中 50%归国
家统筹安排，50%通过财政部返还给地方政府，然后再拨给机场以支持民
航基础设施的发展。1992—1995 年，所征收的机场建设费总额将近 4 亿元，
为机场建设提供了重要的资金来源。机场管理建设费的征收，以及自 1965
年开征的源于客票收入 5%的民航发展基金，共同为该时期机场建设与发
展做出了重要贡献。

从社会公众域来看，这一阶段的"以工代赈"政策愈加成熟，即组织
地方农民出劳力参加修路，然后由政府给他们发放实物以代替工钱，这在
很多农村和边远地区的公路建设上予以实施。当时，国家库存积压的粮食、
棉花、布匹较多，这项政策既帮助商业部门消化了库存物资，又为地方公
路建设筹集了资金。后来粮、棉、布等产品的库存不多了，但还有轻工业
品，如胶鞋、闹钟、自行车、收音机等。交通部就发放代用券，让参加修
路的农民到指定地点去买东西。所以，在这一时期的农村公路建设发展很

快。当时，四川省政府就明确地把发展交通作为"富民升位"、全面开创四川经济发展新局面的战略决策，采取了依靠地方、依靠群众的办法，多方集资，"以工代赈"，大力发展县乡公路。1984 年 12 月，交通部还在四川省眉山县（今眉山市）召开"全国公路交通发展问题座谈会"，学习和推广四川省发展公路交通的经验。但是随着公路等级的不断提高和施工技术的日趋专业化，以工代赈的办法适用范围仅限于农村和边远地区的小型公路建设项目，不能满足大型公路建设项目的融资需要。

（三）多元化供给制度的尝试

从 20 世纪 90 年代初开始，交通基础设施的市场化改革逐渐展开，多元化投资制度开始在公路建设领域率先展开，这一时期市场交易域和企业域的制度安排成为交通运输加快发展的重要制度保障。

由于公路基础设施的严重滞后，政府事业经费收入以及"以工代赈"仍然无法满足公路发展的需要，必须在"两费一金"之外再开辟新的融资渠道，公路基础设施供给开始由政府一元投资格局向多元化转变。由于"拨改贷"政策逐渐使"谁受益，谁付费"的规则被社会所接受，建立道路使用收费制度就成为中国公路发展所面临的一个不可回避的制度创新问题。事实证明，道路收费制度在中国的诞生是一项重要的制度创新，这种机制保证了非财政资金回收和回报问题。1983 年交通部提出"有河大家行船，有路大家走车"的口号，推出"谁建，谁用，谁受益"的政策，为民间资本和外资进入公路建设和运营以及公路建设和运营上的"收费还贷""收费获益"等制度进行了铺垫。随着一系列允许民间资本和外资进入交通基础设施的法律法规的颁布实施，与"使用者"收费制度共同保障了投资者的利润回报，私人投资、外商投资纷纷进入交通基础设施供给领域，多元化投资格局开始形成。1992 年邓小平同志的"南方谈话"后，很多制约交通运输产业发展的制度得以打破，外资开始进入收费公路、港口、机场和其他运输服务等领域。此后，除了主要的铁路和公路干线，基本上都有国外投资参与到交通基础设施的建设上，相关情况如表 5.2 所示。

从企业域制度的演进上，要"政企分开"，建立现代企业制度，建立公开、公平、有序的"市场准入"机制，是这一时期交通基础设施改革的主旋律。各省（自治区、直辖市）和地市的交通行政管理部门纷纷成立"交通投资公司"或"高速公路开发公司"一类的法人实体，作为负责当地公路投融资筹划和管理的专门机构，而许多公路建设项目也随之转变为以各地的"交通投资公司"（也有以信托投资公司）为借款人的项目。后来这些交通投资公司成为收费公路公司的股东，收费公路的运营管理机构由隶属于政府行政系统的事业单位转变为企业法人（起初大多是国有独资公司）。从 20 世纪 90 年代末开始，大部分机场、港口也开始实施政企分开和属地化改革，到"十五"期间基本完成。从 20 世纪 80 年代后期到"十五"初期，我国交通基础设施企业域的制度演变的典型形式包括如下几个方面：（1）股份合作，包括合资修建铁路、公路、码头、机场等设施，合资创办交通运输企业；（2）发行债券，一些城市如北京、广东、深圳、上海（浦东）等在国外发行市政基建债券，用于城市交通建设投资；（3）对外借款，主要包括世界银行、亚洲银行等国际组织和企业为中央政府、地方政府、行业部门、企业提供的各类贷款与援助；（4）股票上市，将一些有发展潜力的交通运输企业到国内外股票市场上市，进行直接融资，如 1994 年广深高速铁路公司、东方航空公司、西北航空公司等一批企业赴海外上市；（5）BOT 和准 BOT 模式，在一些高等级收费公路项目中常采用的融资模式，主要是利用土地等条件进行价外补偿，如深圳地铁、重庆地铁、北京京通快速公路等项目都采用了这种方式。

表 5.2　1992 年中国交通运输业对外开放状况

交通方式	对外开放程度	外资收费方式
铁路	政府垄断跨省的中国铁路网主干线，外商可参与地方政府所管辖地区的辅助线路；这类工程需报国家计委立项批准方可动工，允许外商以合资和合作方式建设和经营铁路	在合资铁路段内，允许合资双方自行定价，并可用外汇结算，或采用其他的价外优惠政策
公路	鼓励中外双方合资合作或外商独资建设公路、独立大桥和隧道，也可用 BOT 方式开发	独资或合资公路、大桥和隧道可自订价格，以外汇结算，也可以用价外补偿赠予土地等
江海航运	鼓励中外合资建设并经营公用码头泊位；允许中外合资租赁码头；允许外商独资建厂时独资建设费用码头和专用航道；允许中外合资经营码头装卸业务；允许外商投资开发经营成片土地时，在地块范围内建专用港区和码头	专用航道和成片开发区内航道航运价可自订和收外汇，公共码头收费受到管辖，水路运输价格放开
民用航空	允许外资参与除航空管制系统以外的民航设施，包括合资建机场，但中方必须占 51%以上的股权，外商投资航空运可参与 30%的股权，但在企业董事会中的表决权不得超过 25%	主要采用允许外资从事相近区域的土地开发或其他形式的多种经营方式

资料来源：张平. 中国交通运输业放松管制与引进外资[J]. 管理世界，1995 年（4）：96-100.

（四）多元化供给制度的全面深化

"十五"和"十一五"时期的市场化改革拓宽了公路基础设施的融资渠道，带动了中国公路基础设施的大发展，但同时也引发收费公路过多以及"重建设，轻养护"等一系列问题。2009年1月1日起，我国开始实施成品油价格和税费改革，与此同时宣布取消了养路费和逐步取消二级公路收费。"费改税"改变了原有交通部门公路建设的经费来源，燃油税转移收入成为政府资金的主要来源，"收费还贷"制度在非高速公路领域逐渐退出。进入"十二五"以后，以普通公路为主的免费公路网络和以高速公路为主的收费公路网络格局基本形成，很多省份高速公路采取了"政府主导，统贷统还"的模式。公路基础设施在公共服务市场化方向上率先探索为其他交通方式多元化供给提供了宝贵的经验。

在城市轨道交通领域，北京地铁4号线开创了公私合作模式的先例，京投公司、香港地铁公司、首创集团共同出资，将项目投资建设分为土建工程和信号设备两部分由京投公司和京港地铁分别负责，并由京港地铁以租赁形式负责运营管理和设施维护。

铁道部于2005年7月和2006年8月分别出台了《关于鼓励支持和引导非公有制经济参与铁路建设经营的实施意见》和《"十一五"投融资体制改革推进方案》，积极鼓励、支持和引导非公有制经济参与铁路建设经营，明确了铁路向非公资本开放铁路建设、铁路运输、铁路运输装备制造、多元经营等领域。铁道部与地方政府合资共建高速铁路成为中国高铁建设融资的主要方式。中国经济进入新常态后，PPP模式得到进一步的重视，2015年国务院先后通过《基础设施和公用事业特许经营管理办法》以及《关于在公共服务领域推广政府和社会资本合作模式的指导意见》。铁路领域开展了一系列PPP融资的尝试，如2015年济青高铁（潍坊段）征收和拆迁项目纳入发改委PPP项目库，2016年正式签约，是中国第一个采用PPP方式的地方高铁项目，预计总投资43亿元。邮储银行作为社会资本的提供方主要负责土地征收和房屋拆迁工作资金的筹集与项目的运营管理，地方政府负责铁路沿线的征地、拆迁以及资金使用监管工作。双方合资成立项目公司（SPV）取得济青高铁的对应股权进而获得济青高铁的运营收益。该项目一方面缓解了政府的即期投入压力，另一方面开辟了社会资本参与地方高铁建设的新型模式，为社会资本参与高铁建设提供了范例。2016年首条民营资本控股的高铁PPP项目——杭绍台城际铁路开工建设。2017年，京津冀城际铁路发展基金由京津冀城际铁路投资有限公司联合中国工商银行、中国农业银行和中国银行等12家机构共同发起设立，用于支持京津冀地区城际铁路的建设和沿线土地开发，总规模为 1000 亿元，在初期 600 亿元资金里，540 亿来自社会资金，为京唐、京滨、石衡沧港、津承等多条线路的投资建设和运营提供了资金保障。

在港口领域，早在 2007 年广东省云浮市就率先与中交第二航务工程局有限公司合作，采用了 BOO 模式建设广东省云浮新港，这是我国水运建设领域首个现代意义的 PPP 项目。此后黄骅港综合港区、南京七坝港区、盐城响水港区、四川宜宾港等都采取了 PPP 模式（刘金鑫等，2018）。在邮轮码头领域，2015 年广州南沙国际邮轮码头综合体项目一期工程项目开工建设，该项目由中交城投负责规划设计，并成立广州中交邮轮母港投资发展有限公司，并由该公司负责项目的投资、建设和运营。此外，还有温州港扩建项目、三亚凤凰岛国际邮轮港项目、深圳太子湾邮轮母港项目等。

根据财政部全国 PPP 综合信息平台项目管理库的统计，截至 2019 年 5 月，交通运输 PPP 项目数为 1278 个，累计落地 827 个，累计投资额为 4.1 万亿，落地 2.3 万亿元。从早期公路领域的 BOT，到城市轨道交通、铁路、港口，交通基础设施的多元化供给合作不断深化，"提供者—生产者"交易域的合作形式更为多样，博弈规则不断细化，在资金筹措上除了银行或银团贷款以外，抵押项目产权、收益权等方式也被采用。在很多合作机制中，提供者通过政府付费或补助等方式降低项目的经营风险，一些地方政府通过将补助资金纳入财政规划、纳入政府 PPP 项目库以及土地变相担保等方式提供增信措施，此外还约定通过协议股权转让等方式为运营主体提供退出机制的保障。但在 PPP 合作的核心条款中，对于运营或维护的绩效评价内容往往涉及较少，如何充分发挥社会资本在项目运营方面的丰富经验，以及如何提升交通基础设施的管理水平和运行绩效，仍需要进一步完善。

第六章　地方公共服务供给制度的演化机制

在上一章中，本书讨论了作为参与人策略互动均衡结果的各种地方公共服务供给的元制度类型。通过对每一种元制度的讨论可知，元制度不只存在一种理想类型，而是拥有着多种变种形式。这些变种形式反映了供给制度的多重均衡性，需要将其置于制度的演化过程中，考察它们是如何随着时间而演进的。同时各个域是如何组织在一起，形成内在一致的系统方式，也将在这一章中进行讨论。

第一节　供给制度演化的动态博弈路径

如前所述，制度是参与人内生的、自我实施的行动决策规则的基本特征，治理着参与人在重复性博弈中的策略互动。作为各个域中的地方公共服务供给制度，其自身就是参与人面对着环境信息在重复性的博弈下形成的一种稳定均衡，并且能够伴随着时间的演进自我实施。而供给制度一旦确定下来，都将成为进一步制度化的基础，这种反馈机制的存在构成供给制度长期螺旋式发展的基础。

一、供给制度演化的动态博弈结构

前面对于地方公共服务各个基本域制度类型的讨论主要是以静态一次博弈为假定进行的，在这里我们将博弈的时期假定为无限次重复博弈，用 t 表示时期来考虑地方公共服务供给参与人的策略选择。每一期所有参与人所面临的行为域特征在保持不变的情况下会形成一套行动组合，构成域的内在状态。我们将环境定义为技术可行集，它们会作用于参与人行动组合导致的福利状态，环境是参与人行动时不可控的外生变量，影响着参与人的行动后果。不同的环境状态构成了每个技术上可行的行动规则与其特定后果之间的技术联系。

制度的博弈域可以用下述符号来表示（Aoki et al.，2001）：

$N=\{1,2,\cdots,n\}=$ 参与人集合；

$A=\{a_i\}=$ 参与人$i(i\in N)$行动的技术可行集；

$A=\times_i A_i=\{a\}=\{a_i,\cdots a_i,\cdots,a_n\}=$ 行动组合的技术可行集；

$\Omega=\{\omega\}=$ 物质上可行的，可观察的后果集合；

$\phi:A\rightarrow\Omega=$ 赋予每一个属于A 的a 以属于Ω的$\omega=\phi(a)$的后果函数。

这里参与人集合N、参与人行动的技术可行集A和后果函数$\phi:A\rightarrow\Omega$被称为博弈形式，它们定义了博弈的外生性规则。这些外生性规则被视为由技术决定，在博弈的全过程中，这些参数是恒定不变的。

假设参与人每期根据私人的行动决策规则$s_i:\Omega\rightarrow A_i(i\in N)$选择一项行动，使得对于所有的$i$，$a_i(t+1)=s_i(\omega(t))$也就意味着，前一期的行动组合会产生可观察到的结果，下一期参与人会根据上一期的结果采取行动。其中规则s隐含地表示参与人会对其他参与人的策略进行适应性学习，以及其策略的路径依赖特征。从演化博弈视角来看，意味着参与人会对数据的先验性进行归纳推理。

行动规则和后果函数定义了域内在状态从一个时期到另一个时期的转型，即对于所有的t，

$$a(t+1)=s\big(\phi\big(a(t)\big)\big)=F\big(a(t)\big)\qquad（6.1）$$

当状态趋于稳定，

$$a(t)=a(t+1)=a(t+2)=\cdots=a^*\qquad（6.2）$$

其中$a^*=F\big(a^*\big)$，这时，我们称该域的内在状态处于稳态均衡。而博弈域均衡的达到要取决于参与人行动决策规则的性质。

假定参与人虽然能力有限，但总是试图从行动决策中实现跨期收益最大化。设参与人的贴现因子固定为δ，其收益流量函数为u_i。当贴现因子为0时，意味着参与人仅考虑当期收益。作为理性人，每个参与主体在进行最佳策略或者决策规则的选择时需要对其他参与人的行动有所预期，从而预测自己在当期和未来时期的决策后果。

我们将任何参与人在一个博弈域内的博弈结构用 2×2 的表格形式来表示，如图 6.1 所示。纵向来看，左侧为每个参与人决策的外生参数，右侧为该参与人可选择的内生变量。横向来看，上方为内生于参与人的微观维度，下方为参与人的外在性宏观维度。具体来看，左下方的（CO）格表

示后果函数，意味着在某一环境下参与人所面临的行动后果，（A）格为参与人可以选择的行动决策集合，（S）格为参与人的策略选择，（E）格为参与人对他人决策的预期。

	参数性数据 （博弈的外生规则）	内生性变量
内生于参与人（微观）	（A）行动集合	（S）策略性行动决策
外生性约束（宏观）	（CO）后果函数	（E）对他人策略决策的预期

图 6.1　一般性博弈结构示意图

资料来源：在青木（2001：191）基础上加工整理而成。

地方公共服务供给制度的各个域都可以被归纳为上述的博弈结构，如图 6.2 所示。

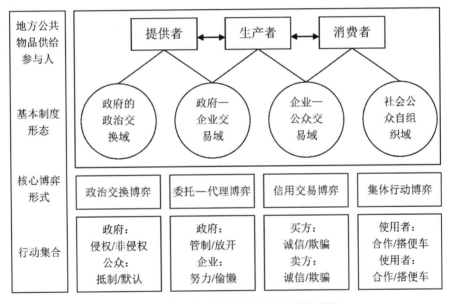

图 6.2　地方公共服务供给制度域的博弈结构

供资料来源：本书研究整理。

通过一般性博弈结构也可以看出，之所以将供给制度划分为不同的域，是由于给制度中隐含了多重基本的制度单元，这些制度单元的核心博弈形式特征有着本质的区别，政府、企业以及社会公众相互之间形成了不同的参与人集合，它们在面对不同的博弈对手时，行动的技术可行集以及当采取某一行动后的后果函数也不同，这些参数定义了各个域特有的博弈形式：政府在两部门之间的政治交换博弈构成了地方公共服务提供者的政治交换域，政府与企业之间的委托—代理博弈构成地方公共服务的提供者与生产者交易域，企业与社会公众之间的信用博弈构成地方公共服务生产者与消费者交易域，最后社会公众内部的集体行动博弈构成了地方公共服务的消费者自组织域。

二、供给制度演化博弈的均衡机制

地方公共服务的供给制度是一种均衡现象，但这种均衡现象并不是一次性博弈中的完备演绎推理的结果或者是非理性的静态平衡，而应理解为重复博弈下地方公共服务供给参与人之间形成的共同预期，正如克雷普斯所说，"制度是由有限理性和具有反思能力的个体构成的社会的长期经验的产物"（Kreps，1990），地方公共服务供给制度也不例外。地方公共服务供给参与人基于共有信念而做出的策略决策共同决定了均衡的再生，均衡的再生反过来又强化了参与人的共同预期，这种供给博弈均衡状态的变化构成制度演化的动态路径。理论上制度演化的动态博弈结构中，实现和维持域的均衡状态，在不同的假定和机制下，主要有两种不同的路径和结果，即子博弈精炼纳什均衡和演化均衡。

子博弈精炼纳什均衡是动态博弈中最为典型的一种均衡机制，它建立在参与人的信息收集、预期形成、后果推断和决策制定是超理性的假定基础之上。子博弈精炼纳什均衡中所有参与人关于其他人策略的预期均与他们实际的策略相一致，并且每个参与人的策略都是针对本人预期的最佳反应。这种情况下，任何参与人单方面偏离既定策略都是不合算的，这时所得到的均衡解就是可自我实施的，它们构成了制度演化的一种均衡路径，如图 6.3 所示。

	参数性数据（博弈的外生规则）	内生性变量
内生于参与人（微观）	（A）关于未来可能行动的完备知识	（S）关于未来可能行动的全部策略计划
外生性约束（宏观）	（CO）关于后果函数的完备知识	（E）对他人非实际路径行动的预期

图 6.3　子博弈精炼纳什均衡的博弈结构

资料来源：在青木（2001：193）基础上加工整理而成。

这种均衡机制对于理解现实中各种地方公共服务供给制度为何存在提供了重要的理论支撑，通过子博弈精炼纳什均衡机制可以理解地方公共服务供给参与人之间的这种社会规范是如何相互支撑而稳定的。但这种均衡机制也有理论上的缺陷，即面临多重均衡路径时，哪一种均衡路径会在现实中被实际观察到，参与人的共同预期是如何形成的，子博弈精炼均衡无法解释，这时就需要引入演化均衡的思想。

与子博弈精炼纳什均衡相对照，演化均衡观点将参与人的有限理性因素纳入模型，强调参与人以经验为基础的归纳推理过程。在模型中假设每一期参与人的行动都以过去无限远的重复博弈为前提，根据以往行动组合的后果来判断如何行动可以获得最高的平均报酬。同时参与人的决策过程也以有限信息和有限理性为前提，参与人基于后果函数的有限信息，且每个人的行动都以前一期行动决策的静态预期为基础，并通过模仿来选择最适合自身的行动决策，并且允许存在超出有限理性规则的决策行为并将其视为变异、错误或试验的随机事件。演化均衡路径的博弈结构特征如图 6.4 所示。

	参数性数据 （博弈的外生规则）	内生性变量
内生于参与人（微观）	（A）行动的固定集合	（S）惰性模仿和变异
外生性约束（宏观）	（CO）从观察中获得的关于策略适合性的知识	（E）来自有限记忆的推断（静态预期）

图 6.4　演化均衡的博弈结构

资料来源：在青木（2001：194）基础上加工整理而成。

演化均衡是对纳什均衡的进一步精炼，并且一旦确立就很难摧毁，只要参与人的初始分布邻近该均衡，当扰动比率很小时，长期内参与人的行动就会向其收敛，从而形成若干随机稳定均衡。演化均衡中也会存在多重均衡路径，但是演化均衡并不否认多重结果的存在，而是认为正是随机因素——如错误或无法解释的变异，在某时间点积累到临界值，才会产生各种均衡路径。虽然各种非有效结果会随着竞争而趋于淘汰，但由于有限理性和变异，非有效结果是必然存在的，并且它们为有效结果提供了一种参照点，从而确保了有效结果在长期中的稳定性，而制度的多样性也正是历史和现实世界的一个重要特征。

现实中各国地方公共服务供给制度的变迁需要通过这两种演化机制来认识和理解。从政府直接生产到合同承包、特许经营，再到自由市场以及自主治理，所存在的每一种制度形式都是在一定范围内可自我实施的，这些制度形式的形成过程都在一定程度上符合了子博弈精炼纳什均衡的演化路径。以提供者和生产者之间的交易域为例，为了防止自利的生产企业偷懒，各国均制定了明确的制度实施机制，包括合同、规范和公司治理结构等惩罚和规范机制，以确定参与人对违规行为后果函数的共同预期，如在我国城市供水、燃气、垃圾处理等特许经营协议中，2004 年建设部制定了《城市供水特许经营协议示范文本》《城市管道燃气特许经营协议示范文本》和《城市生活垃圾处理特许经营协议示范文本》等文本，从新建、运营到维护，以及服务、收费、赔偿、保险、争议解决等内容，对当事人的权利义务进行了详细的规定。这些规定都是为地方公共服务提供者和生产者之间形成有效制度安排而设计的博弈机制，并将在未来进一步完善。

而从政府直接生产到自由市场的这种长期演化趋势，就需要从演化博弈的视角来分析，在政府逐渐将地方公共服务生产交由市场来提供的过程中，各种新的制度安排的出现是对模仿以往策略的变异，企业家或政府内的改革者依据对以往经验的判断、对其他人经验的学习以及自己的远见卓识，进行精心设计的试验，从而在原有制度的基础上不断衍生出新的制度形式与治理机制，构成了对地方公共服务供给制度的新的探索。有一些失败而回归到原来的制度形式或形成比传统制度形式更加无效的制度，有一些则取得成功，从而改变了参与者的共同预期实现了制度的变迁。从 BOT 在地方公共服务中的实践就可以看出供给制度的渐进性演化特点，从 18 世纪出现 BOT 这种制度雏形到 1987 年当代最具代表性的 BOT 项目——英法海底隧道工程的签署，历经了漫长的过程。政府与承包公司在价格制定、投资估算、利益分配等方面形成的共同预期可以视为一种相互学习的过程，学习、观察、推断在这个过程中发挥了重要作用。BOT 的产生、发展和普及只是供给制度演化中的一个缩影，而从整个地方公共服务供给制度变迁来看，演化博弈机制的特征更为明显，尽管变异种类繁多，但却在多重演化路径下体现了同一趋势，即市场与自组织的作用得到越来越充分的发挥。合同承包、特许经营、租赁、出售等多重性制度安排既是供给制度演化中间形式的均衡结果，也是制度演化更为有效的原因。

三、供给制度演化的反馈机制

按照前面的分析，供给制度是地方公共服务参与人对各个域状态的共同认知，它产生于参与人的互动均衡，并由此得以强化。在制度的这一形成过程中，预期趋同发挥了重要作用，是制度化的关键，它来自域内部和不同域之间的反馈机制。制度的反馈机制有两种：一种是内生性制度化，另一种是外生性制度化。

　　内生性制度化是指在既定外生规则下参与人的行动策略和对其他人行为预期的自我调整，主要体现为参与人习俗、惯例、文化信念、道德规范等方面的适应。而外生性制度化主要指外生规则的变化，通过人为的精心设计改变了域参与人集合和行动的后果函数，主要表现为制定或修改法律的惩罚手段、改变博弈参与人的组织结构来影响博弈结构。内生性和外生性制度化所确立的博弈规则在博弈的均衡过程中相互强化并趋于同步稳定，又成为进一步制度化的基础，这个过程可以螺旋式无限进行下去。在内生性制度化中，参与人的策略决策（S）趋于程序化，这使得决策所需的信息成本得到节约，从而大大降低了其他参与人对他人决策预期（E）的不确定性，而对其他人决策预期（E）不确定性的降低又进一步将参与人的决策（S）引向某种特定方向，放弃了理论上可能的其他方向，强化了参与人决策的程序化，从而形成了从微观到宏观，再从宏观到微观的自发性反馈机制。同样在外生性制度化中，也存在类似的反馈线路，通过增加新的行动组合（A）如惩罚措施，会改变个体参与人的后果函数，新的行动必然造成环境（CO）的变化；反之当环境（CO）发生变化时，会对个体参与人形成新的行为激励，从而开发出新的行动组合（A）。而在内生性制度化与外生性制度化之间，反馈机制也同样存在，参与人决策的程序化会强化既定的利益分配格局，并同时强化参与人的这种行为能力，形成从内生到外生的反馈机制。另外，外部制度环境的变化对于参与人的行为决策和共同预期所产成的反馈则可能是不稳定的，并且往往会诱发域内部博弈结构的变动，从而成为制度变迁的重要原因。供给制度的反馈机制如图6.5所示。

	外生性制度化		内生性制度化
内生于参与人（微观）	（A）开发参与人新的行动组合	巩固博弈分配结果	（S）参与人行为决策程序化
	微观→宏观　　微观↑宏观	外生←内生　　外生/→内生	微观→宏观　　微观↑宏观
外生性约束（宏观）	（CO）对技术和制度环境的影响	催化制度变迁	（E）对他人决策预期不确定性的降低

图6.5　供给制度的反馈机制

资料来源：本书研究整理。

在地方公共服务供给的四个主要的元制度域中，这种制度的反馈机制是非常显著的，在西方国家地方公共服务供给制度演化的过程中，内生性制度化与外生性制度化两种反馈机制都在发挥着重要作用。一方面在内生性制度化上，如新自由主义革命所引发的对于地方公共服务供给者、生产者和消费者思维模式的影响，在宏观层面由市场主导地方公共资源的配置成为参与人的共同信念，在这一信念的指导下，微观层面的参与人按照市场规则行事，宏观信念赋予了微观市场行为内在价值，作为反应，微观层面市场行为能力的积累又支持了宏观信念的扩大再生产，这两者相互强化，形成内生性制度化的反馈线路；另一方面在外生性制度化上，如地方公共服务方面的法律、规章、规范等在宏观层面为私人经营者的引入提供了各种优惠措施，改变了私人供给的收益函数，使得在微观层面上私人参与人具有了更多维持现状的资源和能力，私人参与者行动集合的扩大也强化了有利于私人投资者法律规范的形成，二者形成了外生性制度化的反馈线路。而在内生机制与外生规则之间，市场化供给带来的地方公共服务供给效率的提高使地方公共服务的供给水平、多样性大大提高，这也进一步巩固了地方公共服务供给的制度化，构成了从内生到外生的反馈线路；新的制度环境对于内生制度环境所带来的影响是不稳定的，供给水平的提高尽管巩固了参与人对既有市场化供给模式的信念，但同时也成为进一步市场化的动因，可能导致供给制度的变迁。

第二节 地方公共服务供给制度的互补与关联

上一节探讨了地方公共服务供给制度演化的动态博弈路径，但这一探讨仅限于单个域内部的均衡机制。对于地方公共服务供给制度来说，各个域构成的是一个系统整体，相互依赖的各个域形成一个稳固而连贯的整体性制度安排，它们之间的耦合作用会对各个域的演化产生影响。因此，参与人在不同域之间博弈的相互关联也是地方公共服务供给制度演化的一种重要作用机制。博弈关联有两种形式：第一种是指由于参与人在决策空间或认知程度上的有限性，难以跨越不同域进行策略决策的协调，但同时其他域实行的决策规则又通过决策参数对本域的行为施加影响，从而构建出制度之间跨域的相互依存关系；第二种是指当供给博弈的参与人同时处在不同的域时，参与人会协调其策略，这时所产生的均衡结果是参与人单独在某一域中决策所不能实现的。在本书中，前者为供给制度的互补机制，后者为供给制度的关联机制。

一、地方公共服务供给制度的互补机制

地方公共服务供给制度的互补机制是指参与人所在域的均衡决策组合及后果函数会受到其他域流行的制度的影响，这时参与人在某一域做个人决策时，会把其他域的流行制度视为外生参数，从而形成制度之间的一种反馈。特别是当其他域存在某种制度外生给定时，在本域会有一种最适应的制度，制度的互补性则表现为这些制度之间的相互依赖性。很多富有活力的制度安排会相互结合形成一种连贯的制度体系，使得其中的每种制度都难以轻易被破坏或者重塑。同时，这也意味着制度的改善不一定必然是帕累托改进，因为尽管整个供给制度的效率得到提升，但某个域的高效率可能建立在另一个域低效率的基础之上。

制度的互补型模型可以利用托皮克斯（Topkis，1978），米尔格罗姆和罗伯茨（1990）的超模博弈论来阐述。假定存在两个域 D 和 G（如提供者政治交换域和生产者—消费者交易域），两个域各自的参与人集合用 M 和 N 表示，D 和 G 的域互相没有连接，但其中一个域正在运行的制度会影响另一个域的制度参数从而改变另外一个域中参与人的策略选择。例如，将域 D 中的参与人的决策规则用 $\sum^{*}$ 或 $\sum^{**}$ 表示，将另外一个域 G 的参与人所面临的决策规则用 Λ^{*} 或 Λ^{**} 表示。同时假设所有的参与人在两个域的报酬函数相同，为 $u_i = u(i \in M)$ 和 $v_i = v(j \in N)$，进一步设定参与人的二元决策集合在 $\left\{\sum^{*};\ \sum^{**}\right\}$ 或 $\left\{\Lambda^{*};\ \Lambda^{**}\right\}$ 上，参与人在某一个域中的决策集合会成为另一个域的参数。从而当某一个域中"制度"或"规则"达到均衡时，这个"制度"或"规则"就构成另外一个域的既定制度。我们对 i 和 j 的报酬函数进行如下设定：

$$u\left(\sum\nolimits^{*};\Lambda^{*}\right)-u\left(\sum\nolimits^{**};\Lambda^{*}\right)\geqslant u\left(\sum\nolimits^{*};\Lambda^{**}\right)-u\left(\sum\nolimits^{**};\Lambda^{**}\right) \qquad (6.3)$$

$$v\left(\Lambda^{**};\sum\nolimits^{**}\right)-v\left(\Lambda^{*};\sum\nolimits^{**}\right)\geqslant v\left(\Lambda^{**};\sum\nolimits^{*}\right)-v\left(\Lambda^{*};\sum\nolimits^{*}\right) \qquad (6.4)$$

这就是所谓的互补性条件，第一个不等式意味着，当域 D 的参与人面临的制度环境是 Λ^{*} 而非 Λ^{**} 时，他们选择 $\sum^{*}$ 而非 $\sum^{**}$ 的收益会增加；同样下面的不等式中表示，如果域 G 的参与人所面临的制度环境为 $\sum^{**}$ 而非

$\sum^{*}$ 时，这些参与人选择 Λ^{**} 会比选择 Λ^{*} 具有更高的收益。根据纳什均衡可知，D 和 G 所构成的域之间有两种均衡结果，即（$\sum^{*}$；Λ^{*}）和（$\sum^{**}$；Λ^{**}）。当存在多重均衡时，我们就称域 D 和 G 具有制度互补性，$\sum^{*}$ 和 Λ^{*} 以及 $\sum^{**}$ 和 Λ^{**} 在制度上相互补充。

在地方公共服务供给中这种制度互补性是显著存在的，例如在提供者政治交换域中的中央高度集权的计划经济体制与提供者—生产者交易域中的国有体制是相互依赖的；在西方早期资本主义阶段下，政治交换域中的政府与财团勾结和提供者—生产者中企业滥用垄断权力也是一种均衡状态；而在现代市场经济的制度背景下，提供者政治交换域的"福利型"民主地方政府与生产者—消费者交易域广泛的社会监督以及消费者自组织域中大量消费者权益机构以及非营利组织等第三部门的兴起也是一种互补的制度安排。

由此可以看出，当存在制度互补的条件下，跨域的均衡制度安排可能是次优的，这表明整体性制度安排的共时性结构可以是纷繁复杂的，为了改变一项帕累托低劣的制度安排，需要同时改变互补性制度，这种制度变迁的方式即为"大爆炸"观点。另一种方式是改变某一域的制度，然后通过互补性关系引发其他制度的连锁反应，这种制度变迁的方式即为"渐进式改革"的观点。这两种方式以苏联的休克疗法和我国的社会主义市场经济体制改革为代表，我国地方公共服务供给制度的演化正是在这种互补式的均衡中逐步演进的。

二、地方公共服务供给制度的关联机制

地方公共服务供给的整体制度安排可以按照博弈结构的不同划分为若干个不同的域，但作为地方公共服务供给活动中的参与人，却很难将它们归结到不同的域中，同一参与人往往可能同时在两个不同的地方公共服务供给域或供给制度以外的其他社会经济活动域中进行博弈。作为一个理性的参与人，它必然会综合权衡两个域中博弈策略的后果函数，当参与人按照这一决策规则行事时，博弈域中就会出现新的策略组合，这就是制度的关联机制。对于地方公共服务供给制度来说，关联机制主要包括四种：社会嵌入关联、竞争嵌入关联、金融嵌入关联和信息嵌入关联。

1. 社会嵌入关联

社会嵌入关联是指地方公共服务供给活动的参与人同时属于社会交换域和另一个被联结的域。严格来说，任何一个参与人都涉及社会交换域

与经济域中的协调行为。社会交换域的关键在于社会资本的存在，它在参与人之间的分配是与参与人对集体贡献的程度大小成正比的，对集体收入贡献较大的参与者会在合作性群体中享有较高的社会地位和社会尊重。而地方公共服务最根本的特征在于其外部性，公共物品的提供者难以通过市场交易获得应有的收益，当社会交换域与经济域相互深入嵌入时，公共物品的提供者会通过分配给他们的超量社会资本得到补偿，从而解决地方公共服务供给的外部性问题。

　　社会交换域与前面所阐述的地方公共服务供给制度的四个主要交易域之间的关联作用都是十分显著的。提供者政治交换域与社会交换域的相互嵌入会约束政府的勾结行为，越是标榜"自由民主"的国家，社会交换域与政治交换域嵌入程度越深。单独在政治交换域中，地方政府官员由于租金或政绩的驱使，会诱发勾结行为的产生；而当与社会交换域深入嵌入时，地方政府官员勾结经济建设部门危害公众福利必然会降低政府官员的社会资本，在社会结构相对平均和居民投票权利平等的条件下，社会资本的降低必然导致政府选举获得的投票数量的减少，此时社会资本就扮演了抑制地方政府勾结动机的重要激励因素，从而促进地方政府公共决策的公平公正。当提供者—生产者交易域与社会交换域相互嵌入时，诚实守信、信息透明的企业会由于其良好的企业形象和公众信誉积累了更多社会资本，从而为企业在市场竞争中扩大市场规模、赢得特许经营权积累更多优势，也会降低企业偷懒的动机，但这种机制的发挥需要有成熟的市场竞争环境作为条件。在生产者—消费者交易域中，社会交换域的嵌入作用也是减少参与人投机行为的重要机制，如表 5.1 中的个人信任、交易者社会规范、惠顾关系、俱乐部规范等都利用了社会交换域的嵌入作用。最后，在消费者自组织域中，如日本德川时期的灌溉系统，消费者内部所形成的社区规范建立在社会交换与地方公共服务使用双重博弈的叠加上。由此可见，由于地方公共服务的地方性特征，参与人群体的相对稳定使得社会交换的嵌入作用十分明显，充分发挥社会资本对于参与人合作的激励作用是优化地方公共服务供给制度的有效途径。

　　2. 竞争嵌入关联

　　竞争嵌入关联是指将两个平行的同类博弈域整合，使同类的博弈域形成相互竞争的格局，从而强化对博弈参与人的激励，促进制度效率的提高。整合的实现有两种方式：一种是由第三方将同一类型的域捆绑起来，借助第三方参与人的实施手段实现联结；另一种是由域内部的某参与人将同一类型的域捆绑在一起，跨域协调策略，从而使单个域无法实施的结果在竞争条件下成为可实施的。在地方公共服务供给制度中，竞争嵌入关联主要在提供者政治交换域和提供者—生产者交易域中发挥影响。在提供者政治交换域中，地方政府官员出于个人利益或政治目的，有与经济建设部门勾结、降低公共服务水平的动机，特别是当地方有大量国有企业时，政府对企业的补贴救助等构成了国有企业的软预算约束，在降低公共服务水平的同时，也造成企业效率的低下。假定中央政府作为博弈的第三方介入政治交换博弈，为使所有域社会收益最大化，使生产要素能够在各个地区自由流动。这时，各个地方原本相互平行的政治交换域就得到整合，地方政府为吸引投资、人才的引入，就必须改善本地区的公共设施水平，如建设公路、机场等，以改进投资者的边际生产率和消费者的效用水平，增加了政府补贴救助国有企业的边际成本，使政府有动机减少对企业的补贴，硬化国有企业的预算约束的承诺变得可信，从而降低了企业的偷懒动机，提高了整个社会的福利水平。在提供者—生产者交易域中，更多是由域内部的提供者与两个或两个以上生产者之间的博弈联结起来，选择最有效率的生产者合作，这种策略可以有效地抑制生产者在管制条件下的偷懒动机。这种多头卖主制克服了单一生产者时的偷懒行为，前面所述的标尺竞争机制就是竞争嵌入关联机制的具体应用。

3. 金融嵌入关联

金融嵌入关联是一种将资本市场嵌入地方公共服务供给博弈的关联机制。金融机构如投资银行、商业银行、创业资本基金、市场咨询、会计企业、基金经济、破产法庭、企业重组专家、企业兼并以及金融媒体等，在产品市场的竞争缺乏条件时会在地方公共服务供给中发挥重要的市场监督作用。地方公共服务领域中大量的资金投入多会发生在公共基础设施领域，在这些领域，政府或企业自有资金往往难以满足投资需求，从而银行借贷、股票融资等金融工具多会参与到地方公共服务的供给活动中，此时金融机构就以一种信用关系介入到地方公共服务供给博弈中。特别是在提供者—生产者的交易域中，金融机构的专业化监督作用有效地弥补了政府监督能力的不足，也降低了地方公共服务供给者对生产者提出的投资项目的不确定性。在一个资本市场发育完善的环境下，企业之间的融资竞争能充分激励地方公共服务生产者努力提高效率，从而改善地方公共服务的供给效率。

4. 信息嵌入关联

信息嵌入关联也是一种由第三方中介连接多个博弈域的关联机制，所不同的是这种博弈关联的激励来自信息嵌入所带来的租金。车嘉华（Che，

1998）的模型证明了当直接交易博弈中存在一个作为信息中介的商人时，由于他们能够识别产品的质量，商人的介入能够大大提高消费者购买高质量产品的概率，使监督能力有限的消费者因此更加具有判断力。在地方公共服务供给的现实中，信息中介的扮演者可以是独立的市场监管机构、新闻媒体、金融机构和数字媒介等。在具有自然垄断、外部性特征显著的地方公共服务领域，对地方公共服务的提供者、生产者和消费者进行信息监督，对于防止公共福利转变为私人租金，具有重要的实际意义。作为提供者的地方政府如果在公共资源的分配上缺乏公开和透明，个人利益的驱使会诱发政治交换域中政府的勾结寻租行为。如果地方公共服务生产企业的经营信息不能得到有效披露，在提供者与生产者交易域中，就容易增强生产者的偷懒动机，降低生产效率。而在生产者与消费者之间的交易如果不能通过信息反映消费者的真实消费状况，地方公共服务的交易同样会发生市场失灵。信息嵌入关联机制在发达国家的应用已经十分广泛，行业监督委员会、媒体、新闻、金融中介等机构具有更多的独立性，确保它们发挥作为信息监督者的重要作用。

第三节　地方公共服务供给制度的演化动因

前面两节分别分析了地方公共服务供给制度动态博弈的均衡机制及制度的关联互补所造成的制度均衡的耐久性，但对于地方公共服务供给制度动态演化来说，还面临着一个重要问题：制度为什么会从一种均衡走向另一种均衡？对于这一问题，经济学和其他社会科学对该问题尚未形成令人满意的答案。在青木（2001）的制度分析框架中，制度变迁被视为"参与人行动决策规则的策略选择，连同相关的共有信念，同时发生一种基本的变化"。借鉴这一制度分析框架，地方公共服务供给制度演化的动因就是指引发图 6.3 中策略性行动决策（S）和对其他人策略决策的预期（E）发生基本性变化的原因。

在博弈论中，无论是古典博弈论还是演化博弈论，都把参与人的决策集假定为事先固定的，由于存在多重均衡，制度演进被视为从一种博弈均衡向另一种博弈均衡的移动，但这种移动与参与人所有可能的行动集合为客观共知而且固定不变的前提存在理论上的冲突，因而古典博弈论和演化博弈论都很难有效解释制度演化的动因。因此，为了理解参与人寻求新的博弈方式的机制，必须抛弃关于参与人拥有博弈客观结构的完备知识的假设，而是将其视为一种主观认识，参与人通过自觉或不自觉地重新评价和大幅度修改行动决策的"主观"集合与决策规则的方式，并以相互协调的方式进行，最终导致新的共有信念系统，即新制度的产生。与前面的分析相一致，地方公共服务供给制度的演化动因同样可以划分为外部动因和内部动因。外部动因是指由于外生环境变化而诱发博弈结构的变化，内部动因则是指域内部分散化重复博弈的积累自发导致的博弈结构变化。

内因和外因的共同作用驱使了地方公共服务供给博弈的参与人原有的共有信念发生了严重失衡，原来的共同信念需要重新构建。以往不具有收益优势的决策组合在新的内外部环境下成为更优的决策选择，一部分参与人率先反思以往决策启用集合的适用性，并进行新的策略的探索。随着越来越多的参与人修正以往的策略，陆续选择新的策略，已有的制度就会由于新决策组合的出现而发生变革，无法对个人的决策提供有益的指导和约束，导致"制度危机"的发生。在旧制度中，一些"视为当然"的显性或隐性假定逐渐被人们所质疑。一部分参与人在新策略上的成功会形成示范效应，越来越多的参与人陆续跟进，模仿和经验通过解决问题所形成的激励得到自我强化和正反馈，从而形成了新的制度化过程。

一、地方公共服务供给制度演化的外部动因

（一）技术创新

在影响社会经济制度演化的各种因素中，技术的变革是其中最主要的外部影响因素，由于新技术创新的发生，使得新的行动策略成为可能，即博弈参与人的策略集未启用维度转换成可以启用的状态。在地方公共服务供给制度演化中，最主要的外部影响因素就是地方公共服务生产和消费领域的技术创新。地方公共服务最主要的技术经济特征在于其使用中的非排他性和非竞争性，非排他性造成了地方公共服务生产者—消费者交易域中市场机制的失灵，也使得在提供者政治交换域中政府成为公共物品的唯一有效供给者，在提供者—生产者交易域中形成了大量国有企业和事业组织的制度架构。近年来很多领域地方公共服务得以市场化的主要原因就是技术创新使得对使用者收费成为可能，地方公共服务的排他性问题得以通过收费技术得到解决，从而市场化的经营成为参与人策略集中的可启用部分。技术创新对地方公共服务供给制度影响的方面不仅限于使用者收费上，在公共物品的生产组织、网络条件以及信息监管等方面技术的长足进步都为地方公共服务供给的市场化演进提供了重要的外部诱因。

（二）区域间效率竞争

地方公共服务的提供、生产和消费是以区域为单位来组织的，与国家的行政体系相一致，每一个地区都会根据自己所处的行政级别形成一套相对完整的地方公共服务供给体系，这些相对完整的供给体系就为各区域之间地方公共服务供给效率的横向比较提供了条件。由于上一级地方政府或中央政府对各地方政府主要是基于效率的角度来评判的，当有的地区采取了更有效率的供给制度安排时，上一级政府的评判标准会发生改变，这时其他地区的公共物品提供者采取原有策略的后果函数也就相应改变了，因而区域横向之间的效率竞争是推动地方公共服务提供者不断挖掘新的更有效率的行动策略的重要推动力，同时作为其他参与人的生产者、消费者的行为集合也会随着地方政府对制度变革的推动而相应改变。

（三）区域间思想交流

地方公共服务供给制度的演化是参与人关于地方公共服务供给共同信念的演化，这种共有信念既来自内生的关于历史的积累，也来自外生的区域间的横向比较。由于供给制度的多重均衡性和制度本身的路径依赖，每个区域的供给制度都会有不同的特征，每个区域形成了自己的参与人行为决策集，而通过地区间的思想交流，会起到将两种参与人的行为集合相互合并的作用，从而使各个区域参与人的行为决策集都得到扩大。因此，区域间的思想交流是制度演化的重要外生动因，尤其随着现代知识经济和通信技术的发展，人们思想交流的范围不断扩展，深度也不断加大，在这种趋势下，被传统的行政区划所区隔的迥异的制度特征在全球的范围内得到广泛的交流，而这种愈演愈烈的交流正在成为地方公共服务供给制度演化的另一重要外生动因。

（四）宏观环境中的制度变迁

地方公共服务是整个社会经济体系的一部分，相应地，地方公共服务供给制度也是整个社会制度中的一个方面。前面已经分析了制度之间的关联与互补性的存在对供给制度演化的重要影响，在地方公共服务制度与宏观环境之间，也存在着紧密的关联与互补关系。这里所谓宏观环境的制度安排主要是指一个国家或地方的政治、经济基础制度架构，社会转型、政党更替、经济改革、对外开放等大的制度变革都直接影响着地方公共服务的供给制度安排。在国际社会中，对地方公共服务供给制度影响最深刻的是在西方发达国家和拉丁美洲国家等，代表着新自由主义的党派在这些国家掌握政权，他们所掀起的全球范围的自由化、私有化和放松管制浪潮通过嵌入互补机制深刻地改变了地方公共服务的供给模式。而在中国所进行的市场经济体制改革中，政企分离、大量国有企业的改制重组以及收费制度也建立了一个相互嵌入的制度架构，而地方公共服务供给制度演化也正是随着这一总体架构而演进的。

（五）市场法律法规环境的完善

市场化是地方公共服务供给制度演化的一个总体趋势，而市场机制的充分发挥是地方公共服务市场化供给制度得以建立的基础。当市场的法律法规体系不完善时，利用公共物品的外部性来获取租金是许多博弈参与人的一种共同信念，而随着市场法律法规体系的完善，参与人投机行为的收益会趋于减小，从而改变了参与人行为决策的后果函数，使交易参与人向着诚信合作的方向发展。

（六）居民跨区域流动性的增强

在蒂伯特的经典模型中，"用脚投票"机制是实现地方公共服务供给制度帕累托最优的基本条件，然而在现实中，这种居民无障碍流动性的条件是很难达到的。尤其在一些发展中国家，由于土地、户籍、就业等原因，大量居民几乎要一直生活在自己所在的地方，因此，居民的这种跨区域流动性现实条件制约了地方公共服务制度的进一步完善和优化。如今随着经济的发展和社会的变迁，居民作为一种资源要素按照市场规律进行空间配置的趋势日益明显，"用脚投票"机制的作用正在趋于增强，由此所引发的地方财政收支制度、中央—地方分权制度以及消费者自组织制度也都将随之发生深层次的变革。

（七）新参与人的出现

前面所讨论的地方公共服务供给制度的四个基本博弈域都是以双方参与人为基本假设的，这种双边机制由于博弈结构的自身均衡特点，容易造成投机等不合作行为的发生。在地方公共服务供给制度改革的实践中，第三方、第四方或更多参与人加入博弈结构中构成了现实中较好解决囚徒困境的机制。地方公共服务供给制度中的新参与人主要包括独立监督部门以及投资银行、商业银行、创业资本基金、市场咨询、会计企业、基金公司等金融机构，还包括社会媒体、信息中介等。这些第三方部门的大量出现主要发挥的是一种外部监督者的作用，通过它们的介入使地方公共服务供给制度进一步优化和完善。

二、地方公共服务供给制度演化的内部动因

（一）地方公共服务供需矛盾的积累

地方公共服务供给制度是围绕着地方公共服务的供需关系设计和运

行的，在一定的外生和内生规则下，地方公共服务供给制度域中重复博弈不断累积的结果导致了地方公共服务的供需格局。当供给的制度效率低下时，经过一段时间必然导致地方公共服务的供给不足或过度供给，这时由于前面所述的地方公共服务在区域经济系统中的基础性作用，必然会打乱区域经济系统的正常运转，原有的参与人共同信念也会受到普遍质疑。当这种质疑超过临界点时，原有的共有信念就会被打破，转而尝试新的、更有效率的制度安排。地方公共服务的供需矛盾是推动供给制度演化最重要和最基础的内部诱因，无论是对于提供者——地方政府还是对于生产者或消费者来说，所有参与人的行为决策都必然围绕着地方公共服务供需矛盾的发展而进行。

（二）私人资本规模的积累

在地方公共服务供给制度的各种演化趋势中最主要的就是市场化趋势，传统的政府垄断供给模式正转向更为多样化的市场供给模式，在这种模式下，以追求利润最大化为目标的大量私人投资者取代了政府机构以及国有企业。其中，大量私人投资者的存在，是地方公共服务供给得以市场化的必要条件。尤其在许多领域中，地方公共服务生产存在巨大的规模经济效应，私人资本必须积累到足够的规模才能介入。当一个区域的市场经济尚不发达时，私人投资者的规模和数量都尚未积累到一定程度，供给制度的市场化变迁便不会实现，但随着经济增长、市场化程度的提高，具有足够能力的私人投资者就会作为现存制度安排的变异者在域中出现，造成地方公共服务供给制度的市场化变迁。

（三）民间自发组织的成长

当地方公共服务供给制度发展到一定阶段时，除了私人投资者之外，在地方公共服务的使用者之间会出现一些新的自发协调的组织机构。奥斯特罗姆（2000）研究了大量有关公共物品自主治理制度安排的现实案例，民间协会是其中最主要的一种组织形式，通过民间协会可与消费者面对面地讨论共同问题和未来可能采取的共同策略。这些协会的出现及其作用的日益增强推动着地方公共服务供给博弈结构的演变。这些自发组织不同于外部的新参与人，而是在地方公共服务供给域内部产生的一种自发性协调组织。

（四）地方公共服务市场规则的建立

地方公共服务由于外部性的存在往往被认为是无法通过市场来进行交易的，外部动因中市场法律法规环境的健全仅仅为地方公共服务本身的市场规则建立提供了条件，而形成地方公共服务市场化供给制度更重要的是要建立地方公共服务本身的市场规则。这种规则是在不断的试错性积累当中所逐渐形成的，在英美法系中，任何一种交易法律法规的建立都来自以往案例的积累，因此，地方公共服务本身的市场规则是供给制度自发演进的结果。

第四节　中国交通基础设施供给制度的
多元化演化动因实证

前文中，图 6.2 阐述了一般地方公共服务供给制度演化的博弈框架，对于交通基础设施来说，在其供给制度演化的过程中，基础设施的提供者、生产者和消费者的博弈结构与图 6.2 中的框架是基本一致的，他们都根据环境信息不断进行着重复博弈并形成了一种稳定的均衡，并伴随着时间的演进自我实施。所不同之处仅仅在于交通基础设施与区域经济的联系更加密切，因此，交通基础设施供给制度演化的博弈结构对于一般地方公共服务来说具有较为广泛的代表性。

中国交通基础设施的供给制度是从计划经济体制下演变而来的，这是中国交通基础设施供给制度演化区别于西方国家的最大特点，从计划经济时期中央高度集权的供给制度到市场经济逐步完善时期的多元化供给制度，参与人的行动集合、后果函数以及共同信念都经历了深刻的变化。尤其在社会主义市场经济体制改革的制度背景下，交通基础设施供给制度与市场经济制度的共时性互补机制为交通基础设施供给制度的市场化变迁提供了重要的制度支撑，各种嵌入关联机制也随之建立起来，成为地方公共服务供给制度多元化演进的重要保障。本节将具体分析交通基础设施供给制度所发生的这种多元化演进的外部动因和内部动因及其发挥的作用。

一、中国交通基础设施供给制度多元化演化的外部动因

（一）市场经济体制改革的宏观背景

自 1979 年开始的中国市场经济体制改革是中华人民共和国成立以来最深刻、最广泛的制度变革，它以渐进性的形式将市场观念深入到社会经济的每一个领域，交通运输也不例外。市场机制的有效发挥来自每个经济人对自身利益的追求，每个参与人在改革的促动下大幅度地修改或重设自

己决策的规则系统，并要求建立开放的市场环境。这时，宏观市场经济制度与交通基础设施供给制度之间的互补关系发挥了作用，尽管在改革开放初期，由于交通基础设施的公共物品属性，交通基础设施供给制度的改革滞后于其他领域。随着时间推移，传统的政府直接控制和投资的格局已经难以与新的宏观制度环境相协调，在这个背景下，交通基础设施供给制度改革才开始展开。

从地区来看，交通基础设施供给制度的变迁最初就是从中国率先实施改革开放的地区开始的。20 世纪 80 年代，处于中国改革开放最前沿的广东省交通厅为了探索集资建桥的途径，于 1981 年提出，向外商借款 1.5 亿元建设广州—珠海公路上的四座大桥（共长 3200 米），并集资 1 亿元改造广州—深圳公路，并计划用向过往车辆收取通行费的方式回收建设投资以偿还借款。经省政府及相关部门批准，1985 年 4 月，广东省政府做出决定，贷款或集资建桥修路，并收取过路（桥）费。这是我国交通基础设施多元化供给的开端，同时也是中国交通基础设施收费制度的开始。这种制度创新可以说是伴随着市场经济体制改革的深入应运而生的。当社会经济很多资源已经转由市场来配置时，原有的政府垄断控制交通基础设施供给的制度安排与宏观的市场经济制度就不再互相兼容，由此产生了交通基础设施的多元化制度变革。

（二）交通基础设施排他技术的出现

将交通基础设施由原来典型的准公共物品转变成可以经营销售的"准商品"，最基本的条件就是具有一种可行的技术能够将不付费者排除在使用者范围之外。最典型的排他技术就是公路领域中传统的收取通行费的方式，事实上美国的私有机构在 19 世纪早期就修建了长达 8000 多英里（约等于12875 公里）的收费公路，但这些收费公路存在的时间都不长，因为很多收费公路都面临着使用者逃费的问题。在当时的交通运输技术条件下，公路行驶的主要运输工具是四轮马车和马匹，他们可以在没有公路的地方行驶而绕开收费站。因此，到 19 世纪末主要的私人收费公路全部消失了，它们大多并入了州或县的公路系统。今天中国交通基础设施使用者付费制度安排的出现也基于高技术等级基础设施的技术条件，高速公路和桥梁多为封闭式，这种道路的技术条件将逃费的可能性降到最低，对道路使用者收费的行动才成为参与人的一种可行策略，由此可见交通基础设施排他技术条件对于交通基础设施供给制度变迁的重要作用。

如今交通基础设施收费的技术方式也随着科技的迅速发展而不断进步，传统的收费方式由于通行限制只对那些距离足够长和交通量足够大的公路才是适合的。越来越多的地区开始采取"影子费用"或电子收费的形式，所谓影子费用即要求机动车辆的使用者通过缴纳燃油税、油料税、轮胎税以及其他税的方式来支付道路使用费。这些税收收入一部分交给政府，另一部分用作公路发展的专门基金，然后将公路对私人企业招标，根据交通量给中标者分配费用。近年来，电子收费以及交通管理仪器（ETTM）的发展已经能够做到在每天的特定时间和地点对道路使用者差别收费。使用者安装同信用卡一样的电子部件，通过路边的电子扫描以鉴定使用者，然后按月发出账单，形成与电话费相似的收费方式。这种无须停车的收费系统可以大大节省运营成本，并且意味着私人经营的道路基础设施范围将不限于高速公路，市区的街道也同样可以进行市场化。在其他的运输方式中，如水路运输和航空运输，排他性收费技术对于供给制度的变革也同样重要，港航分离、机场和航空公司分离都是在建立收费制度的基础上才实现的。

（三）交通基础设施私有化的国际趋势

交通基础设施的市场化制度演变是全球性的经济现象，20 世纪 80 年代的民营化革命引起了全球范围私人投资者对兴建基础设施的兴趣。如表 6.1 所示，全球确认的收费公路价值已超过 1900 亿美元，到 1995 年 10 月，124 个项目所获得的私人融资合计大约有 1700 亿美元（Adrian，1996）。同时，一批具有重大影响力的采用 BOT 形式的交通基础设施项目的建成，也发挥了这种新的运作模式的示范作用。例如，举世著名的长达 50 公里的英法海底隧道项目，尽管在建设过程中曾遇到财务上的困境，但该项目对于 BOT 项目在世界范围内的普及所发挥的作用却是十分巨大的。其他的还有悉尼港湾隧道和马来西亚南北高速公路等工程项目，都已经成为 BOT 成功运作的"样板工程"。这些项目代表了全球交通基础设施私有化的国际趋势，受这些外来趋势的影响，中国交通基础设施供给的参与人原有的交通基础设施必须由政府直接投资和控制的信念被打破，从而开启了新的行动策略集合，为新的市场化的供给制度建立提供了条件。

表 6.1　国际收费道路项目

地区		数量（个）	成本（百万美元）	地区		数量（个）	成本（百万美元）
北美洲	加拿大	7	3995	亚洲	缅甸	1	817
	墨西哥	52	10687		中国	26	15739
	波多黎各	3	673		中国香港	5	3647
	美国	49	18742		印度	10	21321
	合计	111	34097		日本	1	14400
	1995 年 10 月融资	56	14865		老挝	3	388
拉丁美洲及加勒比地区	阿根廷	23	3702		巴基斯坦	4	1730
	玻利维亚	2	407		韩国	1	22300
	巴西	10	4143		泰国	4	2336
	智利	14	906		越南	3	627
	哥伦比亚	6	436		合计	58	83305
	厄瓜多尔	13	240		1995 年 10 月融资	13	22055
	萨尔瓦多	1	—	欧洲	俄罗斯	2	—
	危地马拉	1	69		白俄罗斯	1	—
	洪都拉斯	1	50		保加利亚	2	90
	巴拿马	2	652		克罗地亚	2	1900
	委内瑞拉	1	92		法国	4	1761
	合计	74	10697		德国	4	5710
	1995 年 10 月融资	21	2773		希腊	6	6590
太平洋边缘	澳大利亚	14	5165		荷兰	2	610
	印度尼西亚	25	4996		匈牙利	5	1823
	马来西亚	12	7873		冰岛	1	60
	菲律宾	9	2392		爱尔兰	2	52
	合计	60	20426		波兰	9	2560
	1995 年 10 月融资	16	6400		葡萄牙	1	1400
非洲及中东	伊朗	1	100		罗马尼亚	1	3000
	以色列	2	2120		西班牙	8	6046
	黎巴嫩	1	1075		英国	16	21170
	南非	1	952		南斯拉夫	1	330
	土耳其	3	4400		合计	67	53102
	合计	8	8647		1995 年 10 月融资	15	22225
	1995 年 10 月融资	1	952	全球	合计	378	210274
					1995 年 10 月融资	122	69270

资料来源：Privatization. Tenth Annual Report on Privatization. Los Angeles CA: Reason Foundation, 1996.

（四）外商投资的进入

在计划经济时期，交通基础设施被视为国民经济命脉而必须由政府控制，传统体制下交通基础设施供给的参与者都是各级政府机构或国有企业，参与人集合十分有限，因此其行动的策略空间也十分有限，这也是导致交通基础设施供给制度僵化、效率低下的原因。中国交通基础设施供给制度的市场化演进与外商投资者进入中国市场关系密切，如前所述，中国第一条收费公路产生的契机就是外国资本的介入，外国资本不同于国有企业，外商的借款或投资都要求交通基础设施的投资有财务上的回报来作保障，因此收费制度建立成为当时所需。由于新的参与人的出现，原有的博弈规则被打破，新的制度安排得以出现。如今在中国交通基础设施领域，外商投资者已经渗透到许多领域，除了高速公路、桥梁外，港口码头、机场以及一些专用铁路都已经有外商投资者的参与。这些外商投资者对于中国交通基础设施发展所发挥的作用不仅仅是补充了资金，更重要的是它们推动了交通基础设施市场化运行规则的建立，这些制度变迁对于中国交通基础设施发展有着更为深远的意义。

（五）金融机构的参与

交通基础设施对资本规模的要求很高，每个基础设施建设项目都涉及巨额的资金投入。当民营经济尚不发达时，私人自有资本往往难以满足交通基础设施所需的资金规模，这时就需要通过金融机构进行融资。金融机构是当今市场经济运行中必不可少的一个组成部分，它将储蓄转化为投资，为企业融资提供专业化的服务。如今中国资本市场已经初具规模，不仅发展了包括资金拆借、票据贴现、国债回购等货币市场、保险市场和外汇市场，而且还发展了以股票、债券、金融期货为主的资本市场。在企业的融资过程中，不仅吸收了银行贷款，还吸引了大量的公众投资者，同时证券公司、基金公司、保险公司等机构投资者也大量参与交易。这些机构的参与扩大了交通基础设施供给参与人的规模，也相应改变了参与人决策的可行集合。当交通基础设施投资的一部分来源于银行贷款时，交通基础设施就必须具备一定的现金流以保证银行贷款的回收，从而引发了交通基础设施的收费经营制度，同时证券公司、基金公司以及保险公司的参与也会提高交通基础设施市场交易的专业化水平，对于防范提供者—生产者交易域的委托—代理问题、保障市场化制度的运行发挥了重要作用。

二、中国交通基础设施供给制度多元化演化的内部动因

（一）交通基础设施供需矛盾的积累

交通基础设施自身的供需矛盾是推动着交通基础设施供给制度演化的最根本动力。如图 6.6 所示，20 世纪 80 年代以前，交通固定资产投资占全国固定资产投资的比例尚不足 15%，远不及世界银行建议发展中国家20%—28%的最低限度，更不及发达国家经济快速发展时期 30%以上的比重，同一时期的其他发展中国家一般也在 20%以上。在传统的政府垄断交通基础设施供给的条件下，由于政府资金投入的不足以及资金使用上的低效率，交通基础设施的供给无法满足国民经济日益增长的需要。交通基础设施成为国民经济发展的瓶颈，这种瓶颈的状况是原有博弈规则累积造成的，只有当这种瓶颈作用已经引起了社会的普遍关注时，人们才会对传统的制度安排提出质疑，并进行新的制度试验。通过多渠道、多元化投资体制的改革，交通基础设施的供需矛盾得到很大改善，以"八五"时期的交通基建为例，其投资额为 4006 亿元，是前 40 年总和的 2.2 倍，占全国基建投资比重达 17.0%，到"九五"时期这一比例更达到 22%左右，"十五"时期则基本稳定在 22%左右的高水平上，交通基础设施进入大发展时期。交通供需矛盾的缓解很大程度上是多元化供给制度变迁的结果，而这种效果又反过来进一步强化了参与人的共同预期，形成多元化供给制度的良性反馈机制，促进这种制度的进一步普及。随着交通基础设施网络的逐渐形成，2005 年以后交通基础设施投入的占比回到 10%左右，但每年交通基础设施投资的总量依然维持在较高水平。

图 6.6　交通运输业固定资产投资占全国固定资产投资的比重变动趋势图

资料来源：根据《新中国交通（1949—1999）五十年统计资料汇编》，以及 1990—2015 年《中国统计年鉴》汇总整理而成。

（二）私人资本规模的扩大

交通基础设施市场化的前提是要有一定数量的实力雄厚的民营资本。由于交通基础设施需要巨额的投资，当私营经济尚不发达时，私人投资者不会有投资于交通基础设施的动机；只有当私营经济发展到一定程度，出现一批规模较大的私人投资者时，参与交通基础设施供给才能够成为私人投资者可行的行动策略。在改革初期，中国其实尚不具备这样的条件，但是对外开放政策的实施却使这种制度变革有了借用外力的可能。中国最早的几个私人参与的交通基础设施项目多有外国投资者的参与，外国投资者取代中国民营资本发挥了推动交通基础设施民营化的作用。即使在当前来看，在交通基础设施投资的组成上，外商投资的比例也仍然高于国内私营个体，但是国内私人投资者数量的增长速度很快。私人资本规模的扩大已经使原有制度安排中变异者的数目及能力在提供者—生产者交易域内部积累到显著程度，从而促进了交通基础设施供给制度的演化。

（三）使用者付费信念的形成

交通基础设施在过去被视为典型的公共物品，被认为应该由政府免费提供给使用者。同时，由于交通运输技术比较落后，将不付费的使用者排除在外在技术上是不可行的，长此以往形成了相关参与人免费使用的观念。在这种观念下，资金来源的唯一途径是政府向使用者收取各种税费，如购车税、燃料税、油料费、执照费、养路费和轮胎费用等。这些款项都是直接作为财政方面的收入上缴地方或中央政府，再由政府部分划拨给基础设施的生产者。交通基础设施的生产者与使用者之间并不是直接的供应商与消费者的关系，生产者—消费者交易域没有建立起来。这种机制的弊病在于交通基础设施使用者所支付的费用与基础设施建设和维护费用之间没有什么关系，并且建设和维护所花费用并不是由使用者意愿决定的（世界银行，1999），这也是导致交通基础设施供需矛盾的原因之一。一个基于市场化的有效的交通基础设施供给制度要求基础设施的使用者支付他们自己通过基础设施时引起的直接费用，包括三部分：（1）因车辆通过造成基础设施损坏的费用；（2）拥挤费用，即造成其他车辆不能自由通行的费用；（3）对基础设施或基础设施外的其他人员造成的污染费用。这些都需要通过收费来进行，我国基础设施使用者收费观念的形成得益于 1980 年国家实行"拨改贷"，在部分交通运输建设项目中试行的基本建设投资有偿占用制度，使交通基本建设投资由原来的无偿拨款改为有偿贷款。此后各地方政府建立了养路费、车辆购置附加费和公路建设基金"两费一金"制度，形成了以"谁受益，谁付费"为原则、以行政事业性收费为主要资金来源的交通建设投融资体制，它扭转了过去交通基础设施免费使用的传统观念。到 20 世纪 80 年代后半期，这种"谁受益，谁付费"的原则又进一步演变为"以路养路"的使用者收费制度。

（四）交通运输法律法规体系的自我完善

交通基础设施供给制度的市场化演化是在相关制度域的博弈参与人不断进行随机性试验的基础上建立起来的，每个参与人在变异和模仿中适应市场化的制度安排。在这一过程中由于交通基础设施本身容易发生市场失灵，错误和失败是不可避免的，比如个别政府官员的腐败问题、生产企业的贿赂行为、生产者滥用垄断权力问题以及消费者权益侵害问题等。当这些问题出现时，相关参与人会在重复博弈中逐渐建立相应的救济机制来防范可能的侵害，通过供给制度演化的反馈机制将内生规则制度化为外生规则，从而不断健全和完善交通运输的法律法规体系，近年来交通运输的法律法规不断完善和修订，进一步巩固了交通基础设施市场化供给的制度安排，即形成"从内生到外生，再由外生到内生"的反馈循环线路，推动着供给制度的不断演化。

（五）全球物流条件下的交通运输运作模式革新

随着经济全球化和企业管理与运营方式的转换，现代物流在全球范围内迅速发展，而交通运输是物流最重要的组成部分。现代物流的发展要求交通基础设施在设计和建设上必须突破传统模式以符合现代物流无缝化快速衔接的要求，然而由于物资流通一直以来受政府计划的影响巨大，传统体制下各运输环节长期处于政府垄断供给条件下所形成的官僚制度阻碍了这种运作模式的建立（刘维林等，2005）。此外，跨国公司全球供应链也延伸到中国的各个领域，并要求迅速实现交通基础设施的国际对接，交通基础设施与国际的对接不仅是物理上的对接，更重要的是运作方式与规则的对接（刘维林，2005）。全球物流条件下的这种运作模式革新要求交通基础设施供给制度应进一步通过引入民间资本与外资来提高运作效率，实现全球物流的快速衔接。

第七章 供给制度演化的历时关联与演化序列

在前面的分析中，运用演化博弈论的方法，阐述了地方公共服务供给制度演化的博弈结构以及这种博弈的均衡和反馈机制，并通过互补与关联机制分析了这种制度演化过程的自我稳定性。本书认为在供给制度转型时期，制度演化是在外部动因和内部动因的冲击下参与人认知失衡，从而竞相进行决策试验，以寻求一种有活力的策略安排来代替原制度的结果。但是将制度演化放在更长的时段来考察，新制度并不完全以随机的方式进行选择，而是受到不同于参与人策略的动态互动影响，既与制度的共时性互补关联相平行，还存在着制度的历时互补关联。因此本章将转向长期的制度演进方面，分析制度演化的历时互补与关联机制，在此基础上进一步分析地方公共服务供给制度的长期演化趋势，并以交通基础设施供给制度为对象，分析其制度转型的未来走向。

第一节 供给制度演化的历时互补与关联

制度演化的历时关联与互补机制对于策略创新、引致新制度产生，或者反过来防止系统危机或绩效停滞的制度变迁都将发挥显著的作用。第一种历时演进机制是指新启用的决策、形成的决策或某种变异型决策，单独看来不合算，但如果另外的域已经有了一种互补型制度，或者参数发生了变化，两种域的相互支持会使得新决策获得强大的推动力。通过这种互补性机制，发生在域内的博弈形式参数的变化，其效果会被放大和强化，有时会导致一种全新的整体制度安排。另一种历时演进机制是指对博弈关联方式的重新组合或重新捆绑，如随着经济活动的展开，过去相互分隔的交易域可能会由于新的中介性组织以新的捆绑方式出现，相应的旧的捆绑方式必须拆散，形成新的制度安排。

一、地方公共服务供给制度演化的历时互补

（一）制度历时互补的动能定理

地方公共服务供给供给制度演化的历时互补仍可以通过上一章的超模博弈模型来进一步延伸，假定有两个域 D 和 G，其中参与人的效用函数分别为 u 和 v，参与人面临两项制度选择，分别为 $\left(\sum{}^*；\sum{}^{**}\right)$ 和（Λ^*；Λ^{**}）所代表。假设超模条件成立，即 $\sum{}^*$ 和 Λ^*、$\sum{}^{**}$ 和 Λ^{**} 是制度互补的。这里进一步假定参数 θ 和 η 刻画了在域 D 和 G 的参与人主观博弈形式的特征，对参与人的报酬预测产生影响。比如它们代表参与人对技术环境、人力资产的类型和水平、法律、政府管制等一系列影响博弈结果的因素的认知。这些参数沿实数轴 R 是可排序的，或者假定只取两项值，比如说 0 或 1，每个报酬预测规则对自身变量和相关参数是距离递增的，即距离 $u\left(\sum{}^*:\Lambda,\theta\right)-u\left(\sum{}^{**}:\Lambda,\theta\right)$ 给定任意固定值 Λ，对 θ 是递增的；距离 $v\left(\Lambda^*:\sum{},\eta\right)-v\left(\Lambda^{**}:\sum{},\eta\right)$ 给定任意固定值 $\sum{}$，对 η 是递增的。该设定意味着较高的 θ 值代表它们对 $\sum{}^*$ 的适合性相对 $\sum{}^{**}$ 更高。因此我们把 θ 值和 η 值的增加（下降）称之为互补于 $\sum{}^*$ 或 Λ^*（$\sum{}^{**}$ 或 Λ^{**}）的参数变化。最后我们假定，在每期属于 D 和 G 的 $\sum{}$ 或 Λ 将被选择适当的数值使得各自的报酬 u 或 v 最大化。下面我们将时间 t 的变量和参数值用下标（t）表示，参数值从初始点开始不断移动的动态过程为：

$$\theta(t+1) = F\left(\theta(t),\eta(t),\sum{}(t),\Lambda(t)\right) \tag{7.1}$$

$$\eta(t+1) = G\left(\theta(t),\eta(t),\sum{}(t),\Lambda(t)\right) \tag{7.2}$$

其中，F 和 G 为非递减函数，该假定说明参数值不会得到来自内生变量的负反馈，但可以得到正反馈（比如不会采取不利于现行有偿使用制度的政策，适合于有偿供给制度的法律法规会不断自我完善）。

由上述假定便可以考虑制度互补性对供给制度演进机制的影响。首先，在 t=0 时，制度 Λ^* 存在于域 G，而在域 D，$u\left(\sum{}^*:\Lambda^*,\theta(0)\right)<u$

$\left(\sum^{**}:\Lambda^{*},\theta(0)\right)$。也就是说，尽管制度 Λ^{*} 存在于域 G，但因为 θ 值太低，互补性制度 $\sum^{*}$ 未能确立（比如，支持收费制度的会计核算机制尚不充分或管制政策不允许）。与此同时，我们还假定 $\theta(1)>\theta(0)$ 和 $\eta(1)>\eta(0)$，即互补于制度 $\sum^{*}$ 和 Λ^{*} 的制度相关参数随时间而不断改进。不断运用 G 和 F 的递增性，可以推出，对于所有的 $t>1$，$\theta(t+1)>\theta(t)$，$\eta(t+1)>\eta(t)$，这样 $\sum^{*}$ 相对于 $\sum^{**}$ 的比较劣势随着报酬函数 u 对于 θ 的距离的不断增加而持续下降。如果更强的互补性条件成立，使得不仅距离 $u\left(\sum^{*}:\Lambda^{*},\theta(t)\right)-u\left(\sum^{**}:\Lambda^{*},\theta(t)\right)$ 随着时间而递增，而且对于充分大的 $\theta(t)$ 值，它严格为正数，那么 $\sum^{*}$ 将取代 $\sum^{**}$ 最终在 D 出现。因此得到动能定理的一种变异解释，虽然由于制度相关参数的初始值偏低，可能存在制度 $\sum^{*}$ 未能够在单一域形成的情况，然而如果存在互补性制度 Λ^{*}，互补于制度 $\sum^{*}$ 的相关参数变化的影响会由于互补制度的改进得到放大。随着这种互补效果的逐渐累积，制度 $\sum^{*}$ 最终还是会形成（青木昌彦，2001）。由此我们可以看到，在制度存在互补性的情况下，互补性制度的初始存在或制度相关参数的联合变化会引发新制度在新域的出现，甚至引发跨域的整体性制度安排的变化。这个过程说明，一种制度的出现，或者将整体性制度安排的变化作为对制度相关参数的反应，在开始阶段只是隐蔽的，然后当相互强化的累计性结果足够大时才最终发生。

（二）地方公共服务供给制度的历时互补演化

从动能定理可以看出地方公共服务供给的相关制度安排之间互补演化的理论传导机制，从中可以为分析地方公共服务供给制度演化提供许多有益的结论。结合区域经济学的相关理论，与地方公共服务密切相关的制度域可以划分为四个主要方面：整体经济域、社会思想域、人力资产域和居民流动域。除此以外，还有地方公共服务供给制度本身四个主要制度域之间的互补演化。

1. 经济发展的整体阶段与地方公共服务供给制度的互补演化

与地方公共服务供给制度互补演化最密切的是整体国民经济所处的阶段，按照马克思的生产力理论，生产力水平决定生产关系，地方公共服务制度也是在与社会生产关系的互动下演化的。从第三章中关于西方地方经济制度变化的论述不难看出，从工业革命前期到 21 世纪初的历史时期内，地方公共财政所扮演的角色是逐步转变的，从早期关注于促进工业化和经济发展到逐渐关注地方基础设施再到关注于教育、医疗卫生、社会保障等民生问题经历了三百多年的时间。每一个阶段都与当时经济社会发展的总体目标相一致：从工业革命到 20 世纪市场经济全面确立，财政主要用于投资工业部门、鼓励贸易、建设基础设施等与经济发展直接相关的层面，放任自由的特征明显，对于社会分配等问题很少关注，保障地方公共服务供给居于制度安排的次要地位。这种与整体经济发展战略相一致的互补性供给制度安排直到 20 世纪 30 年代在屡次经济危机的促动下才被打破，在罗斯福新政下的影响，公共财政成为一种重要的再分配手段，并形成中央与地方的分工，地方政府成为医疗、教育和交通等地方公共服务供给的主体，提供公共物品成为财政政策设计的核心内容。到 20 世纪 80 年代以后，西方发达国家已进入缓慢增长阶段，改善社会福利成为这一阶段的主要目标，在互补演化机制下又通过私有化、公私合作等方式来使地方公共服务的供给更加高质量和多样化。

2. 社会思潮与地方公共服务供给制度的互补演化

地方公共服务供给制度是一种人们对于地方公共服务供给方式的共有信念，这种共有信念除了由地方公共领域的经济规律决定外，还受到社会流行观念的影响。西方的经济思潮主要可以分为三个阶段：一是传统的自由主义阶段，这一阶段以斯密、密尔和马歇尔的自由主义思想为代表，他们相信市场机制的效率会解决一切问题，对于地方公共服务只给予很少的关注，如在 18 世纪及 19 世纪视穷人为违法者，强调用饥饿的刺激来推动懒汉去工作；二是凯恩斯主义阶段，西方地方公共服务供给制度的初步建立是在这一阶段，凯恩斯主义的核心观点是市场经济不能保障充分就业和公平分配收入，必须通过财政政策和货币政策来干预经济，地方公共服务供给问题被视为地方政府的重要工作职责，地方公共服务财政供给制度也是在这一时期建立起来的；三是以哈耶克、弗里德曼、吉尔德等学者为代表的新自由主义思潮，吉尔德 1981 年发表的《财富与贫穷》一书"几乎成为美国总统里根的床头读物"，根据该书观点，政府应该废除转移支付，而大卫·弗里德曼在《走向无国家的社会》（1973）中甚至提出从国家手中拿回军队、警察和司法等权力，创建私人保安队并委托市场去寻找最理想的刑罚。在这些学者所主导的社会思想域的变迁下，原有的地方财政主导的供给制度不得不更多地依靠市场，私有化、政府撤资、公私合作成为这一阶段地方公共服务演化的主要趋势。

3. 相关人力资产与地方公共服务供给制度的互补演化

人力资源域也是地方公共服务供给制度的重要互补域，地方公共服务新制度安排的产生来自参与人个体的随机试验，从单个随机试验的构思、设计、运行到试验的推广普及都需要有专业化的人才来推动和参与。地方公共服务在由政府垄断控制转向合同承包、特许经营、政府撤资、自由市场等制度安排过程中，必须要有具有创新思维的政府官员、企业家和技术人员共同参与。特别是地方公共服务的经营收益与政府的价格政策、管制政策以及员工工作效率密切相关，必须要有具备一定经营经验的人才来将新的供给组织方式高效率运转起来。另外也需要专业的注册会计师、工程造价师、精算师等金融人才的参与，才能保障巨额的资金投入能够获得稳定的回报。

4. 居民迁移制度与供给制度的互补演化

在蒂伯特的经典模型中，居民的自由流动是保证地方公共服务有效供给的最基本假设，这种假设在西方社会是比较符合实际的，因为在大多数西方国家中，人口在城乡之间、区域之间的流动是人们一种自由的、自发的和微观性的经济行为。尽管存在迁移成本，但是这种流动不存在制度上的壁垒。居民的这种无障碍流动性能够构成区域之间的集聚竞争，即通过更好居住环境的塑造来吸引居民聚集，各地区也在此基础上建立相应的财政税收体制。这种竞争机制的存在为更有效率的地方公共服务供给制度创造了一种互补的制度环境。由于中国特殊的经济体制与国情，居民流动更多的是一种计划性、限制性、非微观性的政府行为，而随着市场化的改革和城市补贴制度的改革，人口迁移成本正在不断降低，迁移的收益正在大大提高，个人或家庭利益驱动的迁移正在成为人口流动的主要部分。在这一背景下，地方之间的集聚竞争作用也开始显现，尽管相应的财政税收机制尚未建立起来，但是地方垄断公共物品供给造成的低效率制度安排开始向着更有效率的竞争方向转型。

5. 地方公共服务四个主要制度域之间的互补演化

在地方公共服务供给制度本身的四个主要博弈域中，这种互补演化机制更为显著。首先，在提供者政治交换域与提供者—生产者交易域之间，提供者垄断供给与大量国有企业担任生产者的角色是一种互补性的制度安排。当因政府供给的低效率和投资不足导致必须由更多的主体来参与供给时，国有企业与政府的天然联系就必须被打破，为新进入者创造一个公平的竞争环境，于是国有企业的重组改制甚至出售就成为一个新的互补的制度选择。这时在生产者—消费者交易域中原来的免费使用制度也必须转向公共物品有偿使用制度，以此来保障多元化供给主体的投资收益。其次，消费者的自组织域原来的主要任务是对供给不足的公共物品进行内部使用的调配，而在新的制度安排下可能会更多地转向如何更好维系作为购买者的消费者利益，防止私人供给者利用垄断地位榨取消费者剩余。

二、地方公共服务供给制度演化的历时关联

供给制度演化的历时关联机制是指在地方公共服务供给制度演化的过程中，各个域的制度安排跨域协调的一种关联机制，它包括两种方式：一种是两个不同域相互重叠，这种重叠嵌入的模式会随着新技术、新政策和法律参数的变化而随时间演化；另一种是在中介性组织的协助下原有的关联方式被重新组合，从而新的捆绑方式出现，旧的捆绑方式被拆散。在供给制度的演化过程中，各种历时关联以及前面的历时互补这些历时性机制可能同时在一起，也可能以先后顺序发生作用，其性质和效果有时难于区分，但为了理解制度演进的复杂过程，值得对它们分别进行研究。

（一）地方政府社会资本的重建

如上一章所述，提供者政治交换域与社会交换域的相互嵌入会约束地方政府勾结经济建设部门损害地方公共利益的行为。在过去相对封闭的社会制度下，社会资本对地方政府官员决策的约束作用是很强的，尤其在地方的区域范围比较小、地方居民的同质性较强的条件下，这种作用尤为明显。但随着社会经济的发展，地方管辖的范围扩大，居民数量增加时，这种社会资本的作用会受到削弱。特别是当地方政府官员的绩效考核指标更多地与地方经济发展水平相联系时，地方政府官员会倾向于把自己的效用更多地与 GDP 联结在一起，而不再与社会资本相联结，原有的政治交换域与社会交换域的相互嵌入就会被隔断，地方政府减少公共投入、背离公共福利的行为就容易发生。在西方国家，避免这种政治交换域与社会交换域相隔离的机制在于其自下而上的政治体制，居民的"用手投票"机制使得地方政府的领导人必须面向本地居民，他们通过在竞选中强调服务本地居民的政策来赢得更多的胜利机会，其实质是通过为自己积累较多的社会资本来保障自己的政治地位。这种"用手投票"机制重建了政治交换域与社会交换域的相互嵌入机制，使政治交换域的非合作行为动机受到社会交换域中合作机制的约束。

（二）交易机制转型过程中的过渡嵌入

提供者政治交换域与市场交易域也存在一种嵌入结构，在一定条件下，由于环境的变化，这种嵌入结构最终可能导致市场交易域从政治交换

域的嵌入状态下摆脱出来，从而形成一种适应新环境的新制度安排。例如，令 D_p^0 代表提供者政治交换域，D_e^0 和 D_e^1 分别代表两种具有不同博弈形式特征的市场交易域，它们与 D_p^0 在时间上部分重叠。假定在开始的时候，D_e^0 嵌入在 D_p^0 中，随后 D_e^0 不断扩展，成长为 D_e^1，或者 D_e^1 完全是新出现的。于是 D_e^1 可能以同构的方式嵌入 D_p^0 中，或者说 D_p^0 与 D_e^1 部分相联结。但是，D_e^1 会逐步从 D_p^0 中解放出来，产生一种新制度，治理本域的交易（参见图7.1）。

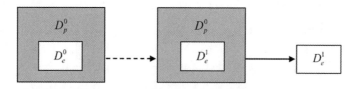

图 7.1　制度的过渡性嵌入示意图

资料来源：本书研究整理。

在地方公共服务供给制度的演化过程中，D_p^0 可以表示为具有有限投资能力的政府作为地方公共服务主要供给者的制度安排，D_e^0 表示由于政府投资能力有限而建立的事业性收费制度，这种事业性收费制度实际上是政府作为提供者与实际使用者之间的交易制度雏形。随着时间的推演，生产者逐渐从供给者中独立出来，提供者与使用者的交易制度 D_e^0 为生产者—消费者间交易制度 D_e^1 的建立奠定了基础，使用者付费交易制度的出现最初主要发生于国有企业或事业单位与使用者之间，但很快使用者付费制度为其他投资者参与地方公共服务供给提供了制度条件，生产者—消费者交易域正式从提供者政治交换域中独立出来，于是使用者付费制度不局限在原来的 D_p^0 中，成为一种独立的新制度，治理生产者—消费者交易域。在这个过程中，事业性收费制度 D_e^0 是一种重要的过渡性制度安排。

（三）制度转型环境下的竞争嵌入

竞争嵌入也是在地方公共服务供给中，保证垄断权力不会被滥用以损害公共利益的重要机制。如前所述，在提供者—生产者交易域中，通过提供者将两个或两个以上生产者之间的博弈联结起来，选择最有效率的生产者合作，可以有效抑制生产者的偷懒动机。而在传统的供给制度下，政府是公共物品供给的主要主体，而生产者多由政府下属的事业部门或国有企业来负责。当外来的竞争性制度与本地传统的旧制度开始一体化时，一种可能的结果是，在参与人新策略的支持下，联结后的域 $D_1 \cup D_2$ 产生了一种新制度 Λ^*，新制度 Λ^* 的性质并非唯一地由联结域的技术结构决定，有可能是旧制度存在或与新制度共同导致 Λ^*。如在许多地方公共服务市场化实践的过程中，由于旧制度下地方政府与国有企业之间存续的密切联系，使得新进入的竞争者无法与本地国有企业公平竞争，竞争嵌入机制没有发挥对生产者效率的激励作用。这种转型阶段的博弈特征是制度关联的历史路径在后续制度中留下的印记，即使新制度下的博弈结构已经改变。

（四）金融机构的嵌入错配

金融机构是将地方公共服务供给制度与资本市场相互捆绑的外部中介机构。地方公共服务的提供需要有巨额的资金投入，在政府垄断供给的制度安排下，金融机构的介入相对较少。而在市场化的供给制度下，由于企业自有资金的不足，金融机构的融资成为新的制度安排下地方公共服务生产企业投资的重要来源。因此，在金融机构的参与下，资本市场成为地方公共服务供给企业之间竞争的另一个市场，由于金融机构的专业化监督作用，企业有动力去寻找更具投资收益的市场机会和改进企业生产效率，以此来提高自己的信用评级。然而，在政府推动型国家中，大多数金融机构是缺乏独立性的，资本市场往往与政府捆绑在一起，即使某些投资项目缺乏足够的市场回报，金融机构在政府政策或政治压力下仍需为之提供融资，从而打破了资本市场中竞争机制的正常运行。因此，在地方公共服务供给制度向着市场化方向演化的过程中，一个独立的、完善的资本市场对于地方公共服务供给形成高效率的制度安排具有重要的外部激励作用，应尽量打破原有金融机构与政府之间的捆绑，使金融机构成为地方公共服务供给中独立的专业化监督机构。

（五）信息机构的重新捆绑

信息机构也是一种连接多个博弈域的第三方中介，信息机构的介入是一种改善地方公共服务供给效率的重要捆绑机制。但是地方公共服务历来是自然垄断性很强的领域，同时也是政府高度控制的范围，在这种旧制度下供给者的官僚作风已经构成一种思维习惯，即使新的市场化供给制度已经建立，但旧制度的印记在一定时期内仍往往难以消除。这种供给者的传统思维定式使他们难以从一个官僚转化为一个服务者，对经营信息的披露同样存在着抵制的心理，因此仅凭在供给者内部进行信息监督是很难实现的。这时就需要强有力的独立的外部信息监督机构来发挥信息披露的功能，通过信息公开来实现博弈域的捆绑。因此，加快建立政府体制内部和外部的监督体系对于保障地方公共服务供给制度的高效运行具有充分的必要性。

第二节　供给制度的长期演化序列分析

本书在前面几章中分析了地方公共服务供给制度演化四个基本博弈域的均衡机制及其相互关联互补的机制和动因，并提出了在历时条件下制度的互补和嵌入演化机制。本节将在这些内容的基础上进一步研究在长期的时间范围内，地方公共服务供给制度演化的具体形态和趋势。地方公共服务供给制度是由四个主要基本制度域以及与之相关联的相邻制度域所构成的一个制度系统。从长期来看，四个基本制度域在内部和外部动因的驱使下以互补和关联的形式共同演化，但四个博弈域的制度建构和完善并非是齐头并进的，不同的阶段下演化的侧重点存在着先后次序。尽管现实中地方公共服务供给制度十分多样化，但这种演化的有序性却存在共同之处。本节尝试从中寻找出长期背景下供给制度演化的这种有序性，以分析地方公共服务供给制度演化的长期趋势。

本书将地方公共服务供给制度演化视为供给相关参与人重复博弈的结果，在这一视角下，每一个博弈阶段所逐渐确立的博弈结构都是对前一阶段博弈形式的模仿和变异，因此我们将地方公共服务供给制度的演化过程视为一种有序的时间序列。在每一阶段，制度演化的主要内容和特征是不同的，相关参与人会在上一阶段制度安排的基础上进行新的博弈形式的构建和完善的工作，我们把每一阶段下所主导的制度建构提炼出来，分析地方公共服务供给制度的长期演化过程。

地方公共服务供给制度的有序演化发生在由提供者、生产者和消费者三组主要参与人构成的整个制度系统中，但在每一阶段，制度变迁会以某一制度域的制度建构和调整为主，我们称之为供给制度演化的主导域，主导域通过制度的历时关联与互补机制来带动其他域，推动整个供给制度的演化。因此，地方公共服务供给制度的演化过程表现为主导域的有序更替，从而形成如下的供给制度长期演化序列。需要说明的是，从每一阶段具体的时间来看，由于制度演化本身存在过渡期，界限相对模糊，而且各国多存在差异，因此这里并不从时间上进行明确划分，但从结合实际考虑，也会基于西方国家和我国的现实演化过程给予一定的参考。

一、初始阶段：提供者直接供给阶段

这种提供者与消费者直接相联结的制度安排是地方公共服务供给最基本的一种供给形式。无论是资本主义国家还是社会主义国家，在国家经

济制度形成的初期，地方公共服务都是由政府免费提供给公共物品的使用者的，尽管不排除在一些领域中公共物品由私人生产，但作为主导的制度安排，仍然是由政府所提供的。政府直接提供地方公共服务的形式也有许多种，比如在水务、电力、警察、道路工程等领域许多是通过政府机构内设的局、所、办公室和委员会提供，在学校、医院、科研院所等领域大多采用政府公办的事业机构的方式；在公交公司、自来水厂、燃气公司等领域大多采用国有企业的形式。

从理念和认知层面来分析，上述制度安排主要是由于人们对地方公共服务经济规律的普遍信念，将地方公共服务视为非排他性和非竞争性的公共产品，受制于当时的技术条件，实现使用者付费的成本很高，因而被视为市场失灵的领域，政府免费供给成为当时的唯一解决方案。

在初始阶段，这种供给制度的特征是高度垄断，上面所述的这些单位和组织垄断了大多数地方公共服务的供给，由于这种制度缺乏对参与人努力的激励机制，造成生产效率低下。同时在政府缺乏强有力的监督条件下，政府对公共福利的忽视也造成投入的严重不足，再加上融资渠道狭窄，地方公共服务的供需矛盾日渐突出，推动地方公共服务供给制度演化的最主要动因逐渐形成。

在西方国家，从 20 世纪 30 年代公共财政制度基本确立到 60、70 年代财政制度发育成熟，关于地方公共服务供给制度的安排与这一阶段的特征是基本相符的。对于我国来说则大致是从 20 世纪 50 年代建立社会主义财政体制到 80 年代财政体制改革之前的发展阶段。[①]

二、阶段 I：中央与地方政府间的分权演化

在地方公共服务供给制度演化的阶段 I，以中央政府与地方政府之间的制度建构为主导。早期政府一直被视为公共物品唯一的供给主体，但在公共物品供给的分工上，西方国家直到 20 世纪 70 年代以前还都未形成明确的认识，如马斯格雷夫（1939）和萨缪尔森（1954）都认为集中的政治管理对于公共物品供给是必要的。1972 年，奥茨的分权定理正式提出，并基于地方公共服务供给责任的划分提出地方政府存在的必要性。此后特里西（1981）和马斯格雷夫（1980）都进一步根据公共物品的分权理论发展了财

---

① 本书将提供者直接供给作为供给制度演化的初始阶段主要是因为在政府的公共财政制度正式建立起来以后，现代意义上的地方公共物品才正式被人们所认知，所以尽管政府提供地方公共物品的公共财政制度的建立本身实际上也存在一个演化的过程，但在本书中不将其作为演化序列的一部分专门讨论。

政理论。地方公共服务是针对那些居住在某一地理区域内，只占全国人口一部分的人来说具有非竞争收益的公共物品。在政府直接供给的制度背景下，地方政府理所当然地应成为地方公共服务的最主要供给者。

地方公共服务供需矛盾的积累所引发的制度调整首先在政府内部发生，20世纪80年代一系列理论的提出改变了西方国家原来对于公共物品供给分工和中央地方财政关系的普遍认识，法国等西方国家自20世纪80年代开始调整中央与地方关系，其最主要特征是地方自主权的扩大。地方政府对地方公共服务供给所享有的权利和责任通过分权制确定下来，使地方政府能够更好地根据本地区的实际需要，因地制宜地提供相应数量和种类的地方公共服务。

这种制度变迁带来的效果表现在地方公共支出的大幅增加上，地方公共支出的范围越来越多地以地方公共设施和服务为主，对于地方公共服务供需矛盾的缓解发挥了一定的积极作用。但是在这种分权制度下，处于提供者政治交换域的地方政府仍然会有只注重经济建设而忽视公共服务的动机，尤其是当地方政府官员的绩效考核指标不健全、社会资本的嵌入机制难以发挥作用时，地方政府的公共物品投入导向机制在一定程度上仍然是缺失的。

三、阶段Ⅱ：提供者—生产者交易域的初步形成

阶段Ⅱ的供给制度演化主要以提供者与生产者之间的博弈结构变迁为主导。当中央与地方分权将地方政府确定为地方公共服务最主要供给者时，地方政府同时也确定为地方公共服务供给制度变迁的第一推动人。在1979年和1980年撒切尔和里根分别当选英国首相和美国总统，给业已形成的民营化运动以巨大的推动力，国有资产部分出售、全部出售和关闭成为当时西方国家公共服务改革的流行趋势。国有企业的私有化首先是从全国性的垄断企业开始的，如英国燃油公司（1979）、国家货运公司（1982）和英国天然气公司（1986）等。国家层面的制度变迁很快影响到地方公共服务供给领域，原来承担地方公共服务生产职能的大量国有企业通过股权出售、重组、兼并、破产等方式转由私人或与私人合资经营。这时地方公共服务的提供者与生产者相分离，提供者—生产者交易域初步建立。

这一阶段供给制度演化主要发生在提供者—生产者交易域中，以政企分开、产权改制为主要特征，通过产权的转让建立有效的激励和约束机制，使地方公共服务的生产者成为自主经营、自负盈亏、自担风险、自我约束的独立的法人实体和市场竞争主体，从而降低企业的偷懒动机。在这一阶

段与产权改革相伴随的往往是市场进入管制的放松,如英国在 1989 年废除了曾经严格限制引进私人资本投资公共资产的规定,并紧接着在 1992 年提出了鼓励私人投资行动(PFI)方案,为私人资本进入公共物品领域创造了条件,从而在一定程度上弥补了政府财政投资的不足。

这一阶段制度变迁的效果是大量传统的国有地方公共服务生产企业在新的激励机制下焕发了活力,生产效率得到提高。政府通过出售国有资产缓解了政府财政紧缺的状况,为扩大地方公共服务财政投入提供了一定的资金来源。同时,地方公共服务供给市场的放松管制为更多私人投资者进入创造了条件,从而扩大了地方公共服务供给,并为供给市场引入了竞争机制。其存在的不足之处在于,当生产者与消费者之间的支付机制未能有效建立时,许多改制后的企业仍然在很大程度上还要依赖政府的补贴,企业的经营效率并没有得到根本性改善,因而生产者—消费者博弈机制的建构就成为下一阶段的重点。

四、阶段Ⅲ：提供者—生产者—消费者交易域的建构与完善

阶段Ⅲ供给制度演化以提供者、生产者与消费者三者之间的制度建构和完善为主导。这一阶段也是地方公共服务供给制度市场化演化的关键阶段,同时涉及提供者—生产者交易域与生产者—消费者交易域,这两个域在这一阶段是相互嵌入共同演化的,其中生产者—消费者交易域的建构是整个市场化制度变迁的基础。在生产者—消费者交易域中,原有的消费者向政府纳税获得免费公共服务的模式转化为消费者向生产者购买公共服务的新模式,这种模式要求一系列交易机制的建立,即如前面表 5.1 所示的自发交易机制如惠顾关系、俱乐部、道德准则等,以及外生交易机制如法律法规、第三方的强制和数字化实施等。生产者—消费者交易域制度的形成使地方公共服务成为一个特殊市场,生产者能够作为独立的经营法人通过出售公共服务获取利润。

由于地方公共服务市场存在自然垄断性和外部性,作为提供者的政府在市场建立的同时必须建立相应的制度安排来确保市场的有效性,这时提供者—生产者交易域的建构就成为重点,但与上一阶段不同的是这一阶段不再以产权分离为重点,而是注重管制与激励制度的建设,通过第四章中所述提供者—生产者交易域中信号传递机制、拍卖和投标权竞争机制、接管和所有权竞争机制、标尺竞争机制、资本回报率管制、价格管制以及独立监督机制的建立,弥补市场机制的不足,使整个市场能够有效运行。

这一阶段以交易机制的建构为主,其目标是构建一个高效率的地方公

共服务供给市场,尽管各种机制的建立能够避免一些市场失灵现象的出现,但有些市场固有的缺陷仅通过三方交易域的治理是难以克服的,例如无法货币化或承担政治等非经济性职能的地方公共服务,而需要其他域的辅助。

五、阶段IV：消费者自主治理机制建构

当用市场手段解决地方公共服务供给低效与不足成为世界范围内流行的演化趋势时,人们对于"公共物品"本身的公共性又重新进行了新的思考。地方公共服务是应该能够由全体居民共同享用的一种公共服务,是消费者的共同资源,其供给效率的改善更需要消费者集体行为的协调。20世纪 90 年代在奥斯特罗姆等学者的影响下,地方公共事务的自主治理机制建构得到越来越多的关注。地方公共服务自主治理机制主要试图解决三方面问题:(1)用途管理问题。在消费共用性局部可分时,不同消费者的用途管理便会出现问题,当物品有着多种用途且相互冲突时,规则体系则决定了公益物品的提供方式,一方面考虑供给条件,另一方面兼顾用途类型,从而实现群体的共同利益。当地方公共服务供给市场化后,很多应免费获取的必要的公共服务转而必须用货币支付,这时不同收入的个体所能够获得公共服务的水平就由他们的收入水平决定。当某些地方公共服务是生活必需或服务于社会公平的目的时,以收入为分配规则就容易引发社群生活质量的恶化甚至冲突。(2)协作生产问题。公共服务的高效供给需要以供给与使用的协作为条件,成功的公共经济组织必须实现生产与消费的密切配合。公共经济是一个较为复杂的领域,为了优化生产与消费资源的配置,参与各方必须充分发挥各自专长并相互协同。消费者组织通过与生产方进行博弈能够有效地激励生产者提高绩效。此外,通过协作机制的建立也会降低交易成本从而提升效率。(3)监督问题。公正、高效的司法体系对于解决各种主体之间的冲突、维持类市场关系和促成生产企业的竞争至关重要。当公共经济的监督与冲突协调机制缺失时,合同外包就会成为一少部分人侵蚀公共资产和公共利益的温床,从而破坏了经济关系与社会关系的正常运转。

这一阶段制度建构不同于前面几个阶段主要依靠地方政府的设计和推动,而是更多地依赖于消费者群体的自发协作行为,形成合作的博弈结构来摆脱囚犯困境。成功构建合作博弈的条件包括:分享资源的个人边界界定清晰;使用、供给与当地具体情况相适应;消费者能够有效监督供给行为;对违规者能够有力制裁;低成本的冲突协调机制;对公共组织的认可;地方居民拥有足够的自主权。当这些条件具备时,消费者往往会趋于

谨慎、有利的合作，这种治理机制的形成能够有力地补充政府与市场两种制度在地方公共服务供给上的不足。

西方国家进行消费者自主治理机制的建构有其"民主化"的政治制度基础，实际上这种地方公共服务的自主治理机制在西方国家发展早期就已经个别存在并发挥作用，而只有在地方公共服务供给日益市场化的今天，消费者自主治理机制的作用才开始广泛发挥出来。随着地方公共服务的日益规模化和多样化，地方公共治理机制必将更深入而广泛地推动地方公共服务供给制度的演化。

六、阶段 V：多元供给制度的持续创新

随着经济水平的发展和社会的不断进步，地方公共服务的总体供给规模将不断扩大，种类也会随着居民需要而更加多样化。地方公共服务供需关系的发展趋势决定了供给制度的演进特征，政府、市场以及消费者组织都不可能单独满足地方公共服务的需要，必然会导致多元化供给制度的形成。多元化供给制度具有如下三方面特征：

（1）地方公共服务的提供者、生产者与消费者三方形成了一种相互制衡的博弈格局。在消费者自主治理机制建构后，消费者不再处于被动接受服务的地位，而是有组织地积极参与公共物品供给制度的建构，监督政府供给政策的制定和企业的经营决策，约束其他供给主体的机会主义行为。

（2）竞争机制充分嵌入地方公共服务供给制度。随着地方公共服务需求规模和需求范围的扩大，直接由政府提供的地方公共服务、由追求利润最大化的企业经营的地方公共服务和消费者自发组织供给的地方公共服务共同构成地方公共服务的来源，任何一种供给主体都难以垄断某一地方公共服务的供给，从而使竞争嵌入机制能够有效地发挥对效率的激励作用。

（3）地方公共服务供给的制度创新更为活跃。例如前面演化动因的分析，技术创新是推动着供给制度演化的首要外生动因之一。地方公共服务供给规模和范围的扩大导致技术可行集也随之扩大，加上信息、数字、通信等技术本身的飞速发展，必然推动供给制度的加速演化。地方公共服务供给制度本身的多元化和路径依赖特性也扩大了供给制度的边界，增加了制度创新的可能性。

多元化供给制度创新阶段的最主要效果是使多样化的制度安排与地方公共服务的多种属性相结合，不同规模和形式的生产方式提高了地方公共服务的生产效率。同时各个供给制度域之间的互补联结机制得到进一步完善并发挥作用,通过制度的相互渗透有效地降低了机会主义行为的动机,

因而各个域自身的制度安排也得到优化。地方公共服务供给制度的演化序列可以用图 7.2 来概括。

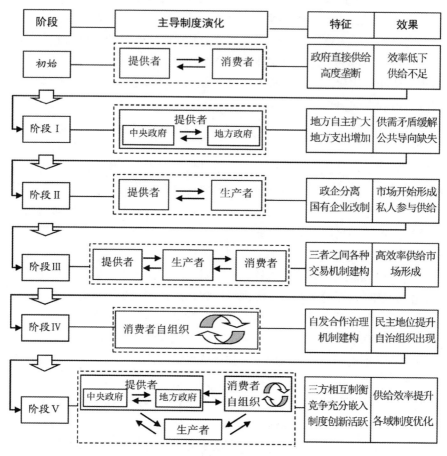

图 7.2　地方公共服务供给制度演化的有序序列示意图

资料来源：本书研究整理。

在图 7.2 中，每个阶段主导性的制度建构的有序更替构成了地方公共服务的演化序列。这种有序更替是理论上的一种长期趋势假说，但在现实的演化博弈中，制度演化的实际路径往往与理论上的假说有所不同，这种差异以及推动制度沿理论路径演化的政策措施将在下一章中详细探讨。

第三节　中国交通基础设施的供给制度转型与持续创新

自 20 世纪 70 年代以来,交通基础设施供给制度转型的浪潮席卷全球,公路、机场、港口以及铁路业的民营化改革成为交通基础设施供给制度演化过程的主导潮流。在中国改革开放的过程中,交通基础设施的供给体制也经历了深刻的变迁,这种变迁的深度以及由变迁引发的巨大效应在地方公共服务领域中极为突出。因此,本节以此为例考察了地方公共服务供给制度的历时演化机制以及演化序列在交通基础设施供给制度演化现实中的具体表现。

一、中国交通基础设施供给制度演化的历时关联机制

上一章中所分析的中国基础设施供给制度演化的内外部动因决定了供给制度的多元化演进趋势,但在演化过程中,有两方面历时关联机制影响着基础设施供给制度的具体演化路径:一种是交通基础设施与相关的宏观环境以及内部制度之间的互补机制;另一种是历时关联机制的嵌入。

（一）中国交通基础设施供给制度演化中的历时互补

1. 宏观制度环境与交通基础设施供给制度的历时互补

从第四章的分析中可以看出,与一般制造业相比,中国交通基础设施的制度转型要相对缓慢得多。20 世纪 90 年代,在制造业领域已经开始大规模民营化时,中国交通基础设施领域还很少对政府外的其他供给主体开放。尽管宏观领域的市场化改革是交通基础设施投融资体制改革的重要外部动因,但二者并不同步,两项制度之间互补机制的作用并未马上体现,而是经历一个时间段以后才发挥效应。按照制度历时互补的动能定理,这种现象是由于交通基础设施市场化供给制度的相关参数初始值过低。在计划经济时期,交通运输既是国家垄断行业,又是国家实施宏观调控的重要手段,长期以来受到国家严格控制,具有依附性和不协调性。因而改革开放以来,国家对交通运输的改革一直比较慎重（王庆云,2004）。到 20 世纪 90 年代中期,随着世界交通基础设施民营化成功经验的传播、参与人对基础设施公共属性认识的转变、BOT 和特许经营项目专业管理人才的出现以及基础设施相关法律法规的完善,交通基础设施才逐步向外资和民营资本敞开市场,民营化的供给制度才开始大规模普及。

2. 交通基础设施供给各制度域的历时互补

交通基础设施供给的四个主要制度域在演化的过程中也存在着历时

的耦合关系。在政府域中，1979—1983 年中央与地方政府间"分级包干"的实施是交通基础设施供给制度市场化演进的起点，"分级包干"使地方政府有了更多的自主权，再加上"拨改贷"的实施，地方政府交通基本建设投资由无偿拨款变为有偿贷款，政府用于交通建设的投资进一步缩减，此时提供者—生产者合一的政府垄断供给制度安排与政府域内中央—地方财税权责划分相互冲突，必须寻找一套新的制度安排来建立新的互补机制。此时，通过银行贷款和私人投资来补充政府财政投资的"缺位"就成为必然选择。但是一种完善的市场机制是逐渐培养起来的，首先必须建立起公共物品生产者与消费者之间的有偿使用机制，使生产者能够独立自负盈亏；其次将提供者与生产者分离，放开市场准入，使私人供给者能够与原有供给者公平竞争。因而，"分级包干"以及 1994 年分税制政策出台后并没有马上出现大规模的交通基础设施供给市场化，而是先对一系列的公路、港口和机场采取事业性收费制度，作为一种"半市场"的过渡形式，直到 20世纪 90 年代中后期生产者—消费者交易机制逐渐成熟，提供者—生产者的分离以及新主体的引入才得以实现。

（二）中国交通基础设施供给制度演化中的历时关联

历时关联机制在交通基础设施供给制度演化中的作用也是十分显著的。

1. 社会资本与交通基础设施供给制度的历时嵌入

改革开放后，在国家实施赶超型、跨越式战略的背景下，地方政府招商引资、发展地方经济、增加地方财政收入的能力被视为反映地方政府执政能力的主要指标。为此，很多地方往往采取减免税收、低价转让土地、降低企业环保标准等各种优惠政策来实现招商引资，从而构成地方政府与企业的合作，使得一部分发展成本转嫁到公众身上。地方政府用经济建设目标代替了应有的公共服务目标，这种不惜牺牲政府的社会资本来换取经济发展的行为是由于当时经济水平和政策环境所造成的。在这种导向下，政府财政收入的总体规模难以提高，财政支出的分配也难以满足交通基础设施的建设要求，使交通基础设施的发展严重滞后。然而，交通基础设施特殊之处在于其与地方经济建设的关联较医疗、社会安全、消防等其他公共领域更为密切，交通基础设施的滞后必然制约地方招商引资能力，因此，20 世纪 90 年代地方经济建设初具规模时，交通基础设施的瓶颈制约开始成为地方政府必须解决的重要课题。于是，在"九五""十五"时期，地方政府开发各种资金来源，出现了交通基础设施迅速发展的局面。可以说，从"九五"时期开始的交通基础设施加快发展主要是由服务地方经济建设的目的驱动的，而不同于西方国家的以关注民生的目的驱动，表现为高等级公路、货运港口、集装箱码头以及机场的建设速度加快，短短十几年就在这些基础设施领域达到发达国家水平，而与城乡居民生活密切相关的农村公路、城市轨道交通、公共交通等领域则远远滞后于这几个方面。

社会资本与政府嵌入机制的充分发挥是从提出"坚持以人为本，树立全面、协调、可持续的科学发展观"开始的，由于地方政府官员的层层任命制，这种嵌入的传导机制不同于发达国家的直接从公众到地方政府，而是从公众到中央政府再到地方政府，这种间接的传导机制主要表现为：在"十一五"时期地方政府开始在农村公路、城市轨道交通等方面增加投入，2005 年交通部出台了《农村公路建设规划》，提出到 2010 年，全国农村公路里程从 2005 年的 229 万公里增加到 310 万公里，到 2020 年要达到 370 万公里。由此可见，与西方国家不同，我国的政府与社会资本嵌入机制是中央政府推动的，而如何建立地方政府与社会资本的嵌入机制，还需要在未来进一步深入探讨。

2. 竞争机制与交通基础设施供给制度的历时嵌入

交通基础设施中竞争机制的嵌入来自多个政府—企业交易域的捆绑，政府选择最有效率的基础设施运营者，使生产者之间形成竞争。然而，各地区所成立的基础设施运营企业往往与当地的交通厅、交通局存在千丝万缕的联系，有些国有企业直接是从政府机构中分离出来的，有些地区担当公路项目建设使命的交通厅官员甚至是"官商合一"，同时拥有行政权力和项目建设的经营责权。再加上这些企业是当地的纳税者，政府在选择基础设施运营商时更倾向于选择本地企业，从而形成了转型阶段下极具地方保护主义特色的运营商竞争机制。

3. 金融机构与交通基础设施供给制度的历时嵌入

金融机构与交通基础设施供给制度嵌入的作用主要是通过金融机构的专业化监督提高投资项目决策的准确性和企业的运营效率。但在交通基础设施具体建设过程当中，项目融资实质上往往是以地方政府的信用为担保的，评估机构的可行性研究往往过于乐观，商业银行发放贷款也易受政策性因素影响，从而造成基础设施的运营风险转嫁为政府信用风险甚至是金融风险。因此在转型期要实现金融机构的独立监督作用，应保证现有的银行机构、投资咨询、项目评估、勘测、设计等组织和单位成为市场化主体，不再作为政府部门的附庸，成为完全独立核算、自负盈亏的法人实体，不受任何行政部门的干扰，独立行使资金和工程的监督职能。

4. 信息机构与交通基础设施供给制度的历时嵌入

信息机构的嵌入主要是指行业监督委员会、媒体、金融中介等机构作为信息监督者来降低不完全信息环境下政府、企业、用户交易的机会主义风险。交通基础设施供给中涉及的信息披露问题主要是针对政府的招投标过程和生产企业的运营过程。但受计划经济传统思维的影响，政府往往倾向于垄断信息的调查和发布，生产企业的运营也缺乏透明度，在这种情况下就容易发生政府决策者的贪污腐败行为和生产企业的滥用垄断权力的行为，从而侵害公众的利益。据不完全统计，自 1997 年到 2004 年有 9 个省17 个交通厅厅长因招投标过程中徇私而被处理。因此，在转型期更应推进"阳光工程"，推进信息的公开、透明，通过外部信息监督保障制度安排的有效运行。

二、中国交通基础设施供给制度的演化序列实证

中国交通基础设施供给制度演化过程总体而言与地方公共服务供给制度的长期演化序列是基本一致的，但由于我国的特殊制度背景，供给制度从中央与地方政府分权演化到提供者、生产者和使用者三者之间逐步建立起市场化的供给关系所经历的时间很短，与发达国家长期摸索建立市场机制的过程也有很大不同。在演化阶段之间也存在一定交叉，由于不同运输方式的特点，其演进序列也不完全同步。总体来说，目前居于主导地位的演化主要还是发生在提供者—生产者—消费者之间的制度安排中，消费者自主治理刚刚开始萌芽，因而交通基础设施供给制度演化过程主要是从初始阶段到第三阶段。

（一）政府直接供给阶段

政府直接供给是中国交通基础设施供给制度的初始状态。从新中国成立直到改革开放初期，中国交通基础设施的供给几乎全部是由政府来承担的。这里所谓的全部由政府承担是指基础设施的规划和筹措资金的工作全部集中在中央政府这一单一主体，地方政府的工作只是负责汇总和协调所管辖地区情况并上报中央交通主管部门和转发中央交通主管部门的批复。全国交通基础设施的投资规模、投资分配都由中央计划决定，地方政府不具有自主决策权，只是在基础设施的建设和维护阶段负责安排当地的建设企业进行生产的组织工作。

（二）中央与地方政府间的分权演化阶段

从 1980 年到 1994 年是中央与地方政府间分权制度演化的重要阶段，同时也是中国交通投资体制转型的起步和试点阶段。这一阶段国家开始确定和实施"划分收支，分级包干"的体制，也称"分灶吃饭"体制。中央对地方财政支出实施"拨改贷"影响最大的领域之一就是交通基础设施，

原来由交通部领导的公路、港口管理权在这一时期逐渐下放给地方。1994年的分税制改革进一步明确了中央与地方在基础设施投资领域的事权划分，"凡事关国计民生和跨地区的重大基础设施、重大基础工业项目以及重大水利工程项目的建设，由中央政府为主承担，而地方性的交通、邮电通信、能源工业、农业水利设施和城市公用设施的建设，按照'谁受益，谁投资'的原则，由地方政府承担"。这种划分增强了地方在交通基础设施建设上的投资能力和投资责任，而在地方政府财政能力不足，交通基础设施瓶颈制约作用又最为显著的时期，积极开拓其他资金来源渠道成为地方政府的唯一可行选择。公路领域的"两费一金"以及港口建设费征收制度都是在这一背景下出台的，如1984年天津港"以收抵支，以港养港"的财务体制就是在这一时期开始建立的。这些费用的出台构成交通基础设施领域使用者付费制度的开端，也为生产者从政府中独立出来，成为自负盈亏的经营主体作了制度上的铺垫。

（三）提供者—生产者交易域初步形成阶段

从 20 世纪 80 年代后期到 90 年代，交通基础设施供给制度演化由政府与国有交通基础设施运营企业间关系的重新建构所主导。这一阶段以公路工程建设机构从政府剥离转制为工程公司为开端，在计划经济时期直接归各地交通局所领导的工程团、公路工程大队或工务段等机构纷纷在 20 世纪 80 年代转制为公路（桥梁）工程公司，并组建中国路桥总公司，以各省的公路桥梁工程公司为分公司。尽管政府与工程公司在名义上脱离了关系，但受制于传统思维观念和宏观制度环境，大部分公司的行政决策和经营运营机制，仍然沿袭计划经济时期所形成的旧体制和旧模式，施工企业最重要的考核目标就是完成生产任务。在此前提下，不讲工作效率和经济效益，更没有诸如社会效益、企业信誉、市场风险、竞争开拓等施工企业运作管理过程中所应具备的基本理念。企业生产经营的经费由上级政府拨款，建设项目也直接由上级政府摊派。由于缺乏企业竞争的外部市场环境，直到 20 世纪 90 年代中期，各地政府与所属工程公司的这种行政关系才逐渐被切断，工程企业开始独立参与市场竞争。到 20 世纪 90 年代末，提供者与生产者的剥离从建设环节扩展到运营环节，如我国大陆第一条高速公路——沪嘉高速公路及其附属设施的养护维修、规费征收、运行保障、交通监控、路政管理等职能最初是由上海市公路管理处承担的，1999 年根据中央政府的转制要求，上海市公路管理处和上海沪嘉市政工程有限公司共同投资组建上海沪嘉高速公路实业有限公司，成为独立的经营主体。港口领域的政企分开也是在 20 世纪 80 年代中后期开始的，将港口下属管理机构改组为具有法人地位的港埠公司，90 年代建立现代企业制度，并通过设立中外合资、企业法人参股和收购重组上市等方式进行股份制改革，使企业成为独立的经营实体。

（四）提供者—生产者—消费者交易域的建构阶段

从 20 世纪 90 年代中后期到目前，中国交通基础设施供给制度演化主要处于政府—企业—使用者三方交易机制建构阶段。这一阶段的显著特征突出表现在两个方面：一是政府与企业关系的进一步深化调整和完善；二是运营企业与使用者之间市场关系的完善。

在政府与企业间关系的调整上，一方面是政府与企业的"政企分开"进一步推进，其范围已由公路、港口延伸至机场和铁路，机场下放地方基本完成，铁路则进行了组建客运公司的尝试，其重点是强化交通运输建设和运营企业的自主经营能力。另一方面是基础设施的投资主体和投资渠道日益多元化，"九五"时期，在公路建设资金来源中中央投资仅占 8.6%，地方投资占 34.0%，借贷资金占 36.1%，国内外直接投资占 21.3%，基本上形成了"国家投资，地方筹资，社会融资，引进外资"的格局。其他运输方式也在努力扩大资金来源，为吸引私人投资者的进入创造条件。

在企业产权改革已经初步完善的一些领域，政府与企业关系的调整重点已经转移到管制与激励制度的建设方面，包括运营企业透明成本核算机制的建立、报酬率监管、基础设施资产拍卖的公开化和市场化、招投标制度的健全、标尺竞争机制的建立、价格管制以及独立的交通基础设施监督组织体系的建立等，使市场竞争机制充分发挥，抑制参与人利用公共垄断地位侵害公共利益的行为。

运营企业与使用者之间的关系调整，主要集中在基础设施服务定价的问题上，这一阶段重点是构建一套合理的价格形成机制，既能保证企业获得合理的利润，又能保证使用者的利益不受侵害。在法制社会下，这种机制的建立除需要政府进行必要的价格管制外，政府行政体系以外的法律、仲裁系统，以及听证会等社会化的交易监督机制将发挥越来越重要的作用。社会对于公共利益的关注也将唤醒使用者个体的自发协调意识，通过消费者自发组织的建立保护公共利益。

（五）未来交通基础设施供给制度的演化趋势

如前所述，推动交通基础设施供给制度演化的最主要内部动因是交通基础设施本身的供需矛盾，而从我国目前交通基础设施发展所处的阶段来看，尽管近年来交通基础设施有了快速的发展，但在总量水平上仍然滞后于国民经济的发展。因此，进一步扩大供给仍是未来交通基础设施供给制度演化的主要趋势，在相当长的时期内仍以巩固和完善目前的交易制度建构阶段为主——即转变政府职能、扩大市场对民间和外商投资者的开放、建立公平的竞争环境、提高国有企业的生产效率以进一步加快交通基础设施的发展。

但与此同时，随着我国社会主义市场经济制度日益完善的宏观制度环境以及各种制度嵌入机制作用的充分发挥，我国交通基础设施也将开始进一步向制度演化的下一个序列演进，社会公众参与公有经济管理的自主意识将被强化，社会公众的民主选举、民主决策、民主管理、民主监督制度将会更加建立健全，对地方政府公共决策以及企业运营的影响作用将日益增强。其中，政府主要承担规划、组织和监督的功能；交通基础设施的建设与经营则采取政府授权、委托、特许经营、合同制、签约外包、服务购买、政府补助等多样化的形式，由政府和社会资本合作（PPP）、私人部门或其他公共部门以市场化竞争的方式具体提供；使用者采用付费、凭单制等不同方式自主选择。这种政府供给、市场化生产、消费者自主选择的公共服务机制，更好地显示和满足了公共需求的多样化，有助于提高公共服务的供给质量与供给能力，从而推动交通基础设施进一步向多元化的供给机制演化。

第八章　基于地方公共服务供给视角的
区域制度建构

上一章从理论上对地方公共服务供给制度的演化规律进行了假设和推演，本章转向制度演化的现实层面，分析现实制度演化与理论路径的差异及其成因。在此基础上，提出以地方公共服务为导向的区域制度建构措施。

第一节　供给制度演化中的路径依赖与制度锁定

如前面所述，在现实中，地方公共服务供给制度演化路径往往与理论推理的长期趋势有所不同，从制度的演化观来看待这种现象，可以用路径依赖以及引发的制度锁定来解释这些不同路径的成因。在地方公共服务供给制度的演化过程中，由于历时关联与互补机制的存在，路径依赖以及引发的锁定现象是随时存在的。本节将以路径依赖理论为基础，分析供给制度演化发生锁定甚至倒退的产生机理，并分析其成因。

一、供给制度演化中的路径依赖与锁定现象

从一般意义上讲，路径依赖是指"历史关系到下一步将要发生事件的程度取决于既存的事物状态的细节，并依次表现为居先既存事件状态的结果"（Rutherford，1996）。这一思想在生物学科中称之为自然选择过程中的偶然性，一旦形成就无法还原。路径依赖在经济领域中用来描述经济系统均衡的形成是由引导均衡过程中特定的资源配置所决定的，当由于一些"小概率事件"的发生导致某一路径被选择时，经济系统将长期被锁定在这一路径上。由于转换到其他路径需要巨额的成本，因此即便有更好路径可供选择，也无法脱离现有的路径，即"锁定"效应——长期停滞在某一局部

最优状态，丧失了继续优化的机会。因而，在经济学中，"因为历史事件而发生的锁定"提供了关于路径依赖的更好的表达。制度演化中的路径依赖通常是针对相对糟糕的事件所导致的低效率制度安排，或无法从现有状态跃升到更好的制度安排，它为无效率制度安排的长期存在提供了理论上的依据。

在许多国家地方公共服务供给制度演化的过程中，都出现过民营化的循环"怪圈"。纽约城市公交服务的民营化历程就是其中的典型，如图 8.1 所示，在民营化的最初阶段，建立了许多小公司以提供服务，随着该新兴行业的发展，企业兼并和重组不断发生，政府为了控制"混乱"的竞争局面和应对公众对票价的不满，出台了许多规制措施，在收费和特许权方面实施严格的控制。在经过一段时期以后，由于通货膨胀以及企业设备老化导致维护费用上涨，企业的成本不断上升，而政府出于"保护公共利益"的考虑，往往对企业增加收费或调整服务的要求予以驳回。结果企业投入不足，开始出现亏损，进而导致企业对维护和修理投入的下降、对新设备投资的萎缩，以及随之出现的服务水平的下降。于是在公众的强烈要求下，政府开始接管这些企业，并给予大量补贴，这种措施造成了不断下降的管理效率。然后，政府补贴难以维持企业的运转需要，服务进一步缩减，向用户收取的票价进一步提高。最终，政府不得不再次采用民营化的方案来解决此问题，整个循环方告结束（Gomez-Ibanez et al., 1993）。

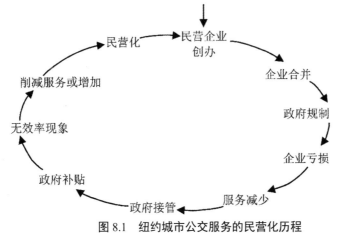

图 8.1　纽约城市公交服务的民营化历程

资料来源：Gomez-Ibanez J A, Meyer J R. Going Private: the International Experience with Transport Privatization[R]. Washington, D C: The Brookings Institution, 1993.

类似的民营化历程在中国也存在，最为典型的是铁路体制改革历程。从 1999 年开始，全国铁路系统开始纷纷组建客运公司，2001 年基本实现

14个铁路局全部组建完毕，试图通过政企分开使客运公司独立核算、自主经营、自负盈亏。尽管许多公司在开拓市场、增加收入、重组内部结构、节约开支和有效使用各种资源等方面有了很大改观，但由于整个铁路收益核算制度的不健全，到2003年，这些客运公司最终又遵循"从哪里来，回哪里去"的原则，恢复由各铁路分局或铁路总公司自行管理客运业务的局面。在各地区其他地方公共服务领域，这样的例子更是不胜枚举。

　　这些案例说明地方公共服务供给制度的实际演化路径并不是严格沿着理论上的演进序列逐级演化，在某一特定时期内发生停滞甚至倒退是较为常见的现象，从而使制度演化的阶段边界相对模糊，并在长期内呈现出如图8.2所示的螺旋式的推进态势。

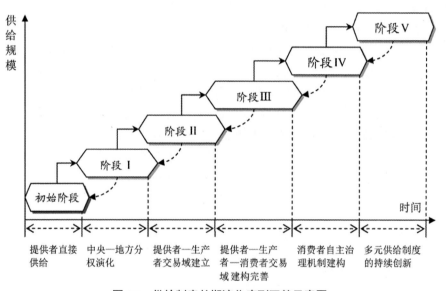

图8.2　供给制度长期演化序列更替示意图

资料来源：本书研究整理。

　　地方公共服务供给制度演化这种显著的路径依赖特征，是由地方公共服务本身的外部性决定的。由于地方公共服务对于公共利益的外部性难以测算，无论是在提供者政治交换域、提供者—生产者交易域、生产者—消费者交易域，还是在消费者自组织域，所缔结的合约在很大程度上是不完全合约，每个签约方对合约的可执行性、可简化性以及对当时经济制度环境的判断都是不完备的，这也就导致在供给制度演化的过程中，会由于这种预期不完备性出现各种制度变异，导致供给制度的演化路径发生变异或锁定。再加上与宏观制度环境、供给制度本身不同制度域的互补机制，以及社会资本、竞争和第三方机构等的关联机制，制度演化会受到很多内部和外部因素的干扰和阻挠，因而在某一时期内可能并非按照图 8.2 的序列进行。在路径依赖的作用下，制度演化有可能会出现倒退和分叉，从而打乱制度演进的逻辑序列。

由此可见，理解现实的供给制度演化必须理解这种演化阶段的特征，即制度演化的这种有序序列是以一种潜在的趋势来发挥作用的，与现实中各个演化阶段是相互嵌入的，这种嵌入特征在过渡期内尤其明显。当过渡期内某些阻碍制度演进的因素无法克服时，一定时刻的制度演化就会显示出停滞甚至倒退的现象，只有经历反复试验，消除这些阻碍因素，供给制度才会进入下一演化阶段。

二、供给制度演化路径依赖与锁定的成因

1. 既得利益者

在制度演化过程中，各方参与者如果能够很快地适应新的制度安排并从中获得制度租金，这些参与者就容易构成新制度的既得利益者。这些既得利益者的出现对于制度的稳定性往往能够发挥重要的积极作用，但一旦形成以后就会抵制制度变革以维护自身的既得利益，这就阻碍了经济制度根据经济环境的变化实现有效进化，从而出现经济制度的适应效率（adaptive efficiency）问题。当制度安排中的既得利益主体强烈地反抗制度的变革时，就会出现较低的制度适应效率状态。

地方公共服务供给制度从总体演化趋势而言，是向着提供更多、更高质量的地方公共物品的方向进行的，也是向着更有利于公共利益的方向改进的。但在这个过程中，制度转型并不总是帕累托改进，即并非所有的地方公共服务供给参与人都能够从中获益。这样在原有制度安排下能够获得更多收益的参与人就会反对任何不利于自身的制度改进，尤其是当既得利益者对决策的影响能力大于利益即将得到改进的参与人时，制度演进就会发生停滞。

总体而言，地方公共服务供给制度演化序列的趋势是由一元化的政府供给向分权化、多样化的供给主体转变的，每次制度转型都意味着原有供给者垄断地位的削弱。首先，中央政府必须给予地方足够的财政自主权，以根据各地区居民的实际提供相应规模和层次的地方公共服务，更好地满足各地区居民的需要，也就意味着中央政府权力的分散化。其次，地方政府要从公共物品的直接生产者转为服务的提供者或安排者，与生产公共物品的经济利益相分离。在这个过程中，中央与地方两级政府都必然要进行

权力和组织结构的调整，处于调整范围的政府官员的原有权力和职务都将有所削弱，个别政府官员出于自身利益就会反对制度改进，由于他们中间必然有一些人参与改革决策，从而会影响制度的改进，阻碍制度演化进程。除了政府以外，有些处在垄断地位的地方公共服务生产企业也会反对公众权力的扩张，为了维持垄断所获得的超额利润，生产企业会利用对生产信息的垄断权以及与政府的非正式关系来影响制度转型的决策，从而使供给制度无法转向更有效率的制度安排。

2. 意识形态

"意识形态"（ideology）一词是德崔希伯爵（Count Destutt de Tracy）在十八世纪末的时候所创，原意为："每个社会都有意识形态，作为形成'大众想法'或共识的基础，而社会中大多数的人通常都看不见它"（Dustutt，1817）。意识形态是多种观念和表象（representation）的系统，它支配着一个人或一个社会群体的精神（Althusser，1994）。人们对于地方公共服务供给制度安排的共同预期会在很大程度上受到意识形态的制约。人们对于地方公共服务的需求以及地方公共服务本身的生产技术都变化得非常迅速，而人们传统意识观念的打破往往会滞后于技术特性的变化。如在西方社会"囚犯困境"和"公用地悲剧"长期主导了人们对于地方公共服务的共同预期，虽然大多数国家都以市场经济为主导，但在相当长的时期内公共物品都是由地方政府垄断供给的。随着这些国家逐渐步入发达阶段，其他多样化的供给方式已开始萌芽，但直到 20 世纪末新自由主义的浪潮兴起时，人们对地方公共服务的共同预期才被普遍打破。同样，由于特殊的转型制度背景，我国的地方公共服务供给制度往往与社会主义相联系，即使在供给效率以及供给水平已经十分低下的情况下，无论是社会公众还是政府决策者，对私人供给主体都未形成普遍认同，直到一些领域多元化供给制度取得显著的绩效时，这种状况才逐渐改观。因此，当一种新的供给制度形式被确立时，往往都借助于一系列示范性的项目，打破旧的社会意识形态的束缚，建立新的共同预期。

3. 网络外部性

地方公共服务市场多具有较强的网络外部性，通过规模经济、生产技术标准选择、学习效应以及技术兼容性都可使地方公共服务的生产者获得网络收益。网络外部性既能够有力推动地方公共服务供给效率的提高，同时也是导致供给制度发生路径依赖的重要因素，当制度演化进入转型阶段时，网络外部性会对未来的制度竞争以及市场份额产生不利影响。当某一种制度安排主导地方公共服务市场时，由于网络外部性的存在，市场占优者会比潜在竞争者更具获利性，从而可能会导致一种劣等制度主导市场的局面，从而为更大范围的制度选择造成阻力，产生消极的外部性。网络外部性所形成的正反馈强化了制度变迁的路径依赖，使"演化的动态过程不能自由摇摆脱离它的过去的状态和方式"（David，1997）。例如城市供水、燃气等行业具有显著的网络外部性，当某一生产者的网络系统已经形成时，其他新进入或潜在的生产者就很难与已经处于规模经济优势的在位者展开竞争，市场化的供给制度就难以形成。因而，与前两项锁定动因不同，网络外部性是一种客观技术因素导致的路径依赖，只有通过"剧烈的历史事件（Strong history）"（David，1997），如对在位企业的分拆、重组、拍卖和引入强有力的新进入者等，才能够改变原有制度下的路径依赖。

4. 既有法律规则

在英美法系中，法律制度主要来自以往的判例，本身具有路径依赖特性。事实上，许多人指出，如果法律的制定能够超越先例的约束，可能会形成更加有效的法律（秦海，2004）。法律规则引发地方公共服务供给制度路径依赖的原因有两个方面：一个是效率；另一个是利益集团政治（Bebchuk et al.，1999）。一方面，当效率作为法律规则选择的出发点时，某一地区的初始制度框架决定了相对有效的博弈规则可能产生的效率及其可选集合；另一方面，现有制度框架中一部分参与者既是规则的受益方也是规则的制定方，这些利益集团的经济优势会转化为政治优势，会利用手中的权力来影响博弈规则的设定，这种效应会强化初始的制度结构。例如,约束企业定价自主权在政府直接供给的制度框架下是符合社会公众利益的，但在生产者与政府相分离时，约束企业定价自主权的规定就会导致企业缺乏经营活力，降低生产效率，进而损害公众利益。因而，当一种新的制度安排被确立时，往往伴随着法律法规的重新修订。

上述导致制度锁定的四方面主要因素是普遍存在于地方公共服务供给制度演化过程中的，由此可见，地方公共服务供给制度的演化过程具有曲折性和长期性，制度从一个阶段向下一个阶段的演进不会一蹴而就，而需要通过创造各种主观和客观条件来予以推动，以下将结合中国地方公共服务供给制度演化的实际，提出推动供给制度有序演化的对策建议。

第二节　地方公共服务供给下的中央—地方关系重构

根据前面的分析，在地方公共服务供给制度的演化过程中，地方政府作为最主要的提供者，是影响供给制度演化的最关键行为主体，而中央与地方之间的财政分权制度既决定着地方政府的行为取向，同时也决定着地方公共服务供给的最主要资金来源。因此，在我国中央—地方关系的现实背景下，应该如何通过制度创新调整二者的财政关系，使地方公共服务供给制度改革符合区域经济发展和改善公众福利的方向，推动其向更高级的阶段演进，也同样是地方公共服务协同治理体系的组成部分。

一、中央与地方关系重构的目标取向——财政体制的公共财政化

我国的制度背景决定了在中央与地方关系的建构上存在着更多深层次的问题；首先是区域经济中与地方财政存在特殊关系的大量国有企业，其次是经济高速发展下迅速膨胀的地方公共服务需求，最后是地方政府考核制度的变迁。这三方面因素共同决定了财政体制的公共财政化将是中央—地方关系重构的基本目标取向。

（一）财政体制公共财政化与市场经济体制改革

从改革开放初期至今，我国的财政体制改革是以公共经营管理权力下放为主线的，这种改革方案有力地推动了我国区域经济的快速发展，究其原因，可以部分归结为在以国有企业为主导的公共经济体系中，管理权从中央下放地方可以有效地改善信息与监督问题。然而，随着社会主义市场经济的进一步建立完善，信息与监督问题的解决将更多地依赖于微观主体分散决策的市场，而不再由政府过多地管制和干预。在这一宏观制度环境下，国有经济应尽可能市场化，财政从经营管理庞大的国有经济职责中摆脱出来，建立与市场经济相适应的现代公共财政体制才是符合市场经济发展规律的财政体制改革方向。

我国在 1994 年国有企业改革目标中已经明确了建立现代企业制度的目标，尽管传统经济体制已经产生了很大变化，但改革仍须进一步深化，其中一个重要原因就是尽管很多企业并不具备自生能力，但在区域赶超战略思想的影响下，地方政府总是存在着希望国有企业承担区域经济增长极的倾向。为了维持这些并不具备竞争力的国有企业，将赶超思想变成现实，地方政府就不得不对执行赶超任务的企业提供各种形式的支持，如在土地、

担保、信贷、关税等方面提供各种优惠便利条件，以及掌控人事任免权、兼并重组、提供亏损补贴、控制投入要素价格、赋予地方国有企业垄断地位和垄断经营权等。在这种思路支配下，地方国有企业不能完全按照市场规则行事，地方财政必然要担负扶持、促进国有企业发展壮大的任务。地方政府无法从繁杂的国有经济管理中脱身，也就难以实现财政体制的公共财政化。因此，建立公共财政制度与国有经济市场化是相辅相成的，由于国有企业没有实现市场化，财政体制中的预算外资金问题、乱收费问题、地方保护主义和重复建设问题才会屡禁不止，公共财政制度也难以建立，而公共财政制度不建立，国有企业对地方政府的依赖也就难以消除，市场经济体制改革也难以深入下去。

（二）财政体制公共财政化与地方公共经济发展的内在要求

总体来看，我国目前正处于全面建设小康社会的决胜阶段，即将进入基本实现社会主义现代化阶段，当前经济发展阶段决定了地方公共财政目标导向需要向保障地方公共服务的有效供给转移。

由于人们生活的必需品，一般表现为私人物品，在经济发展和个人收入增加的初始阶段，收入提高所引起的需求增长，主要集中于私人物品需求的增加。但是，当人们的收入进一步提高，对地方公共服务的需求便会不断增长，不但绝对量增加，相对比重也提高。比如，有了住房，则对社区交通、环境、城市基础设施产生了新的需求；经济规模扩大了则对公路交通、通信设施产生新的需求；人们物质生活水平的提高对文化、教育、卫生、社会环境产生新的要求，等等。总之，经济越是发展，对地方公共服务的消费需求会逐步扩大，就会出现原有公共收入与新的扩大了的公共物品需求之间的矛盾。在这一对矛盾面前，公共物品需求导致的公共支出增长是快变量，而现行的正规的财政收支制度下的公共收入增长的制度安排则是慢变量（胡书东，2001）。在中国的城镇化高速推进的背景下，大量农村人口进入城市，城市公共服务需求在过去二三十年的时间里有了快速的提升，根据《国家新型城镇化规划（2014—2020 年）》，到 2020 年我国常住人口城镇化率将达到 60%左右。而相关各项制度改革的推进速度远远滞后于城市化发展的需要。因此，必须转变地方财政的收支导向，建立以提供地方公共服务为主的地方财政收支体制。

（三）财政体制公共财政化与地方政府考核制度

在中华人民共和国成立以来长期形成的"赶超"思维下，GDP 成为衡量地方政府官员政绩的一个重要考核指标，由于主要政府官员的层层任命制，更快地推动 GDP 增长成为地方政府经济决策的主要目标。以 GDP 为核心的目标导向加上地方财税包干，更加刺激了地方政府发展地区经济的积极性，企业盈利与地方政府利益息息相关，各地把大量的财政资金投入到加工工业，尤其是那些投资少、见效快的"短、平、快"项目，这对于促进改革和发展起到了积极作用，但是与当地经济建设过于密切的财政体制格局也会产生许多负面影响，即导致重复建设、盲目投资，损害了资源配置效率，也严重地导致了地方公共服务投入不足，损害公共福利，从而形成了地方公共服务提供者政治交换域中"勾结"经济建设部门、损害公共福利的格局。

近年来我国在地方政绩考核标准方面进行了一系列改革，如2006年中央组织部印发实施的《体现科学发展观要求的地方党政领导班子和领导干部综合考核评价试行办法》中增加了基础教育、城镇就业、社会保障、城乡文化生活、环境保护、科技投入与创新等方面的综合评价指标。2013年中组部下发《关于改进地方党政领导班子和领导干部政绩考核工作的通知》，明确规定对地方官员的政绩考核不再简单"以GDP论英雄"，而是加重了资源消耗、环境损害、生态效益等指标在评定政绩中的权重。尤其在经济增长步入新常态后，2015年上海率先在政府工作报告中取消了关于GDP增长预期目标的表述，其他很多省市也陆续跟进，劳动就业、居民收入、社会保障和健康状况开始纳入地方绩效考核指标体系，这些考核机制的转变与公共财政改革的目标导向是一致的，有助于降低地方公共服务提供者政治交换域中政府官员"勾结"经济建设部门、损害公共福利的动机。

二、中央—地方事权边界划分的理论依据

中央与地方的事权划分历来是国家治理中的重大命题，涉及多重维度、领域和学科，不同的国家由于政体、文化、疆域、国情的差异在事权划分的实践上大相迥异。本书主要是基于地方公共服务供给的角度探讨中央和地方财政支出责任的分工，而较少涉及宪制组织和政治权力层面。在经济学和财政学领域对中央和地方的事权划分主要是以成本和收益的权衡为依归，寻找最优效率的事权配置方式。所支撑的理论中较为有代表性的包括公共产品理论、博弈论和委托—代理理论等。

（一）公共产品理论视角下基于公共产品事性的层级划分

"事权"的基本含义是指特定层级政府承担公共事物的职能、责任和权力，事权边界划分的目的在于将公共事务在不同层级政府和区域间进行合理的配置从而更加优质高效地为区域内的公民提供公共物品。因而事权

划分的首要前提是明确这些公共物品的主要属性，并据此划分相关公共事务的政府层级归属，进而确定相应权力在不同层级政府之间的配置。公共产品理论中经典的"二分法"将公共产品按照层级区分为全国性公共产品和地方性公共产品两大类，也有"三分法"，即按照公共产品受益范围或效用溢出程度在全国性公共产品和区域性公共产品之间加入准全国性公共产品，用来表示存在跨区域外溢性需要区域间分工合作的一类事物。基于公共产品理论的研究主要是从"公共产品的层次性—中央与地方的事权配置—中央与地方的财政配置"的逻辑展开（郑毅，2011）。

对于中央或地方专用事权，世界各国的总体趋势是将其边界逐渐明晰并在法律中明确下来，形成中央与地方的"权力清单"。近年来我国大力推进的权力清单制度是实现各级政府事权清晰界定的前提，有助于确保事权的规范运行。其中，地方专有事权的范围有逐渐扩大的趋势，在公共服务、城市建设和社区治理等方面的作用不断增强。

（二）博弈论与委托—代理视角下的中央—地方共同事权的协作

在中央与地方各自的专有事权以外，还有一大批公共事务必须在中央政府和地方政府的协作下进行，尤其在发展中国家，新的社会议题不断涌现，"中央—地方"的二元视角无法解决这些发展中国家的战略实施问题以及社会公民对新的公共服务的诉求。韩旭（2016）将这种事务按照中央与地方的分工方式分为并联式和串联式。前者是对同一类事权进行分级区别，中央和地方分别管理，彼此为并行关系，如教育、卫生、交通、能源等；后者是围绕同一过程的不同阶段行使职权，如"决策—执行—监督"上的刚性分工或"决策—执行—激励"上的弹性分工。此外，还有中央垂直管理系统与属地政府之间在人财物等方面的合作等。

在共同事权中的央地关系较为复杂，作为两个独立的经济主体，中央与地方在各自利益目标的实现过程中有重合也有分歧。我国属于单一制国家，中央政府在权力的授予上虽然具有优势，但在信息的掌控上往往处于劣势，在地方公共服务的供给上，往往是中央政府通过计划、指令、任务等方式给地方政府下达要求，并且承担一部分资金的拨付并监督问责地方政府，这样就在中央政府与地方政府之间形成了委托—代理的链条式关系。在委托—代理关系中，委托人和代理人之间的权利、义务、职责或权限需要明确的界定，同时还需要建构中央和地方之间的博弈规则。中央政府主要是以全国整体利益最大化为出发点进行资源的调控、收入的调节，而地方会根据区域内的情况采取符合自身利益最大化的策略。中央政府一方面会授予和下放给地方政府一定的自主决策和管理权以发挥地方政府的积极性，另一方面也会在人、财、物的考核上施加各种约束。我国大量的共同公共事务是通过这种委托—代理方式和博弈结构提供的，但由于不同地区的千差万别和链条上的主体、环节较多，有效供给的难度大大增加。随着互联网、通信、监测技术的不断发展，中央政府获取信息的手段和能力大大提升，有助于提升中央政府获取公共服务需求信息的能力，精准施策，并在一定程度上避免委托—代理链条中的道德风险和逆向选择倾向。

上述两种视角为明确中央政府与地方政府的事权边界提供了理论上的依据，央地事权划分的内在逻辑在于事性与事务、事务与权力的互相匹配和有机结合（王浦劬，2016），因而中央与地方政府边界的确立首先取决于公共事务的属性。但从动态角度来看，中央与地方的边界并不是固定不变的，由于共同事权中委托—代理链条中存在的各种问题，很多理论研究认为应该尽可能减少共同事权的范围，将中央政府承担的监督问责机制下放给地方政府辖区内的地方居民，尽可能采用中央和地方水平分工的结构，一方面可以使中央政府从繁杂的地方事务中解脱出来，更好地服务于全国性公共服务的供给；另一方面也使地方政府直接承担事责，使问责更加明确有效。凯维特和麦克库宾斯（1991）认为，从民众到中央再到地方的链条长、距离远的垂直化委托—代理问题应该改为链条更短、距离更近的本地化委托—代理关系。从我国实际角度出发，通过垂直化委托—代理机制提供的公共服务仍有很大一部分将在长时期内存在，改革的原则应该是分类调整，一方面扩大中央与地方专有事权的范围，明晰中央与地方专有事权的边界，推行"清单式"的方案；另一方面通过权力下放将一部分共同事权转交给地方政府，与此同时明确共同事权中分级的依据、程序和标准，理顺中央各部委和地方各委、办、局之间的过程分工，使权力运行流程的主体责任规范化、透明化，同时发挥纪检、审计、监察等部门的作用，建立社会公众的监督反馈机制。

三、中央—地方关系重构的具体措施

在市场经济体制下，按照公共财政的目标导向，首先应大力推进政府角色定位的转型，地方政府逐渐从市场经济活动中退出，从地方经济发展的推动者转向基础设施和公共服务等的提供者，大幅减少政府的审批事项，提高政府的办事效率，在司法服务、社会治安和社会保障等方面提供更多的保障，地方政府之间的竞争应从 GDP 导向转向营商和宜居环境导向。传统财政上分灶吃饭和收支挂钩等带有承包制色彩的做法在财政体制公共

财政化后必须打破，转而建立以地方公共服务供给为导向的中央—地方财政关系。

（一）正确界定中央政府与地方政府的职责

正确界定中央政府与地方政府的职责是重构中央与地方关系的前提，在公共财政化的财政体制的目标导向下，中央政府与地方政府应加速行政体制改革，由经济推动型政府转向公共服务型政府，在提供公共物品的框架下，界定二者的责任。而界定的依据无论在理论上还是在国际经验上，都认为应按照公共物品的外部性来划分。确定中央与地方政府职责的划分通常遵循4个原则（周伟林，1997）：

1. 效率原则。以满足居民偏好为标准确定公共服务供给的类型与数量，当公共服务更多体现为全国居民的普遍偏好和需要时应由中央政府决策，其他公共服务的决策应下放给地方政府以更好地切合居民的偏好。

2. 受益原则。大多数公共物品都只是由一定区域内的消费者所享受，因而具有一定的受益范围。一部分受益范围覆盖全国公民的公共物品，如军事国防、最高法院、空间探索、重大科技等，应由中央政府来提供；余下大部分是受益范围覆盖一定地区的公共物品，如供水、供电、消防、社会治安、公园等，其供给职能应由地方政府负责。

3. 技术原则。如果公共物品的提供在技术上可分，则可以根据其受益的范围，确定应负责的地方政府层级。如果公共物品的提供在技术上不可分，则应由中央政府或中央政府与地方协作提供，从而发挥公共物品供给的规模经济性。

4. 内在化原则。某些地方公共物品的受益区域与地方政府的行政管辖区域并不完全匹配，对周边地区的居民产生积极或消极影响。当公共物品存在这种外部效应时，受其影响的地区应向该地区支付一定的补偿或索取一定的补贴。受影响的地方政府协商确定补贴或补偿的数额，在某些情况下中央政府会参与协调或提供资金支持。

基于上述四条原则，我们不难对中央与地方在公共物品供给中的责任进行基本判断。具体双方的支出责任应该按照下述的框架划分：

1. 中央政府提供享用范围为全国居民的公共物品和服务。

此类公共物品与服务主要包括军事国防、国际交流、全国立法、最高司法、货币发行和中央税的征管，以及一部分高等教育、重大科技攻关、卫生和社会保障。此外，宏观经济运行的保障由于涉及经济运行的系统性风险，也属于全国性公共物品，主要由中央政府通过财政政策、货币政策等来承担。

2. 地方政府提供享用范围为本地居民的公共物品和服务。

其范围涵盖了区域性交通基础设施、社会治安、消防、供水、供电、供热、教育、环保、污水处理、垃圾填埋、地方立法和司法等。对于外部效应覆盖省级行政区域的地方公共服务应由省级政府承担，若外部效应仅覆盖一个县，则应由所在地县级政府承担，从而实现资源的优化配置。

3. 中央政府与地方政府协同提供"外部效应"跨多个区域的公共物品和服务。

涉及多个行政区划的公路、铁路、水路运输系统的规划与建设，以及一些公共服务项目虽坐落于某一行政区划，但受益者的范围超出该行政区划，如水利设施、沙漠治理、环境规制、高等教育等。这些项目需要考虑外地居民受益的比例从而确定中央政府的参与程度。中央政府根据外部性的占比为项目建设承担全部或一部分成本，通过专款专用的方式实现外部效应的内部化。与此同时地方政府应保证该拨款用于指定的公共物品或服务项目，并在配套拨款上提供支持。

4. 中央政府承担调节地区间和居民间收入分配的职责。

有些公共物品虽属地方性，但同时涉及国家整体稳定和全体公民的基本福利，如与社会保障制度有关的职能也应由中央政府统筹，使社会保障制度在全国范围内统一标准。当各地社保标准存在差异时，会导致人口在不同地区之间出现低效率转移而使各地方政府失去管控能力。目前由于我国人口户籍制度的限制，居民自由、无成本流动还难以实现，地方政府具有一定的自由决策权，所以在基本养老保险制度、最低生活费标准等方面都存在较大的区域差异。但随着我国户籍制度改革，人口流动性将增强，社会保障层次和范围已经逐渐从城市居民扩展到城乡一体，实施统筹的层级由县、市逐渐提高到省、自治区，并将在未来逐渐扩大到全国范围。

（二）规范各级政府财源和财权，完善分税制

在公共财政的目标导向下，各级政府的财政收入是公共物品供给的最主要来源，因此应按照提供公共物品的责任来划分。一方面，从税收的公平与效率来看，由于税收征管具有显著的规模经济，中央政府的集中征管比地方政府的分散征管更能降低成本；另一方面，对地方公共服务的实际需求水平和多样性来说，地方政府对税收享有较高的自主权有利于更好地优化公共资源的使用。因而对于中央与地方的财政收入划分的探讨主要集中在中央与地方的分税制，即财源和财权的划分上。从我国目前的国情实际出发，中央与地方在财政收入方面的调整主要包括下面两个方面：

1. 完善中央与地方税种划分

我国 1994 年实行的分税制改革是在尽可能保留地方既得利益的前提下进行的，过渡色彩比较浓厚。主要表现在：①企业所得税的征收职责仍然按照行政隶属管理划分，对于生产建设项目的投资权和管理权没有进行明确的设定，各级政府还从事着一部分营利性项目；②由增值税、消费税和营业税构成的流转税体系居于主体地位，中央与地方的共享税所占比重过高；③分税制改革对于中央与省级政府之间的财权进行了较为明确的界定，但对于省级和省级以下政府的财权划分不够清晰，许多地方省级以下政府很少有自己独立的税种和固定的收入来源。由于分税制改革的不彻底，导致计划经济体制下地方政府与经济建设的密切关系并没有彻底打破，长期来看，这种划分方式是十分不科学的，难以实现建立公共财政、转变政府职能的目标。政府间的税种划分应逐步由现在的"基数法"改为按照收支对称、公平与效率的原则来调整中央与地方政府的税种分工。

按照大卫（David）的四不原则以及马斯格雷夫（Musgrave，1980）所提出的公共财政的原则和标准，中央政府应征收下列税种：①个人所得税和法人税。这两种税收都属于累进的或比例的，具有再分配性质，又都具有周期性、不稳定性，而且税基分布不平衡。②增值税。典型的流动性税种，而且分布不平衡。③资源税。分布不平衡性极为鲜明。④关税。国家主权的象征，中央政府专有。地方政府的征税原则应是地方公共服务受益者公平负担，即按照本地居民从地方公共服务获得利益的大小来公平地征税，包括下列税种：①土地税、房产税、人头税全国各地分布相对均匀，既不可转嫁，也与经济周期无直接关联；②选择性货物及零售税，属于终点型产品税，不易转嫁。

对于某些流动性税收，地方政府并非完全不应涉及，如增值税，任何产品和劳务的消费者，是不分本地居民和外地居民的。但如果它在某一地区生产，那么提供这一产品或劳务的厂商必然享用了本地的公共物品，理应为当地政府提供收入。具有再分配功能的税收也一样，所得者的所在地和居住地很可能是不一样的，所得者也应分别为居住地和所在地政府提供收入。因此，这种情况下，地方政府可采取三种方式从流动性和再分配性税种中取得收入：一是税基只设一种，但收入在中央与地方之间分享；二是税基分设中央税和地方税；三是地方税收采取中央税收附征或附加。除此以外，从征收管理的便利性考虑，基层政府了解的税源，如房产税、土地税也应由地方政府来征收。因此，结合我国实际，制定全面实施增值税转型方案和措施，适时开征新的税种，使中央与地方政府在税源划分上形成合理的分工格局。

　　2. 规范地方政府非税收入体系

　　国家的分权式制度改革自上而下逐步把经济管理权分散给各级政府和主管部门，激活了原先受压抑的地方利益，在地方政府事权扩大的同时，政府的预算内收入却相对萎缩，为了完成地方经济建设的任务，长期以来主要通过扩大预算外和非预算外资金来扩大地方收入来源，甚至通过一些非规范的途径来获取收入。在财政分权改革之初，非税收入原本的定位是为政府收入"拾遗补缺"，但很快成为地方政府收入的"半壁河山"，甚至超越税收收入成为地方主要的财力资源。1992年预算外资金为3855亿元，接近同一时期预算内收入的总额。1993—1996年预算外资金的统计口径分别有所调整，列入统计的资金规模有所下降，但仍然保持较快的增速，1996年预算外资金达到3893亿元，与当年的财政收入基本相当（贾康等，2005）。1998年以后，地方预算外的财力一直保持地方预算内规模一半左右。除此以外，还有大量的既非预算内也非预算外的灰色财力（非规范收入），而预算外资金和非规范收入很大程度上都来自事业性收费、基金、摊派、罚没受益、集资和配套费等，因而造成很多企业与个人负担的加重。地方收费主体五花八门，主要有地方财政部门、交通部门、国土管理部门、工商部门、卫生监督部门、公安、司法、检查、城建、环保、教育等管理部门，每个部门都有收费名目，而且一个部门收取多种费，同时管理上职权分散，乱收费的现象较为严重。此后多年逐渐对收费项目进行清理、减并、撤销，但根据财政部综合司的有关数据，2000年全国性的收费项目有200多项，2002年增加到335项，每个省的收费项目平均在100多项，其中仍不乏一些不合理和欠规范的收费项目。

　　造成这种状况的原因尽管存在地方政府追求地方财政收入最大化的因素，但其深层次原因是在财政体制安排上对地方政府承担的责任界定不清，收支不平衡，现实生活中很多支出项目如价格补贴、亏损企业补贴、教科文卫支出、行政事业费用支出、城市建设维护费用支出等，都需要在地方财政收入中进行安排，而地方政府本应承担的提供地方性公共物品的责任却被迫另寻办法，通过各种"非规范"的税外收费形式兴办一些基础设施和其他公益性项目。再加上缺乏地方公众对地方政府"自下而上"的监督机制，地方政府在此过程中利用垄断权力谋取私利也就成为一种难以避免的结果。2008年以后，受金融危机的影响，经济增速放缓倒逼了上述局面的改善，从中央到地方按照供给侧结构性改革的要求，大力推行减税降费的实施。例如财政部从2009年1月1日起，在全国统一取消和停止了

100 项行政事业性收费；2012 年进一步取消和免征行政事业性收费 30 项；2015 年取消和暂停征收行政事业性收费 37 项。很多地方政府也纷纷跟进，取消和停止征收了一大批行政事业性收费项目。

综上所述，从目前我国的现实体制来看，重构中央—地方关系除妥善处理中央政府与地方政府事权划分外，还应规范地方政府的财政自主权，一方面扩大地方政府的税源和税基，留给地方政府一定的税收自主权，地方政府可以负责征收地方税，收入归地方支配，将非税收入纳入预算内管理，保证地方政府有固定的收入来源；另一方面应强化中央政府的监督制约能力，防止地方政府利用手中立法权与中央政府争税源，加重企业和居民负担，并规范地方政府财政行为，促进地方政府实现税收征管的透明化和现代化，提高税务机构工作效能。

（三）建立科学、正规的政府间转移支付制度

中央政府对地方政府转移支付制度的主要作用体现在两个方面：一是校正外部性溢出地区行政边界的重要手段。当有些服务（如公路）更加有益于非居民时，在地方政府决定提供数量时，有可能导致投入不足，这时中央政府就需要提供一定比例的补助。二是保证经济水平有差异的地区之间公共物品供给水平的平衡性。通常地方政府的征税权力不充分，有些地方政府无法找到适当的地方税种或税率无法满足支出要求，这时就需要中央政府向所有地区提供普遍性补助，但主要应向那些资源贫乏、需求很高并且成本较高的地区提供。

而无论是在计划经济时期还是在改革开放时期，我国政府间转移支付的制度化进程一直不够完善，支付金额的确定缺少科学的计算方法，除了对少数民族地区的财政拨款和援助有比较固定的做法，其他政府间转移支付一般均为临时性拨款，讨价还价色彩过于浓厚，加上中央政府财力有限，中央向地方政府的转移支付规模十分有限，削弱了中央政府监督地方财政行为的能力和效果。

以公共财政目标为导向的财政体制必须打破传统的"基数法"转移支付机制，改为"因素法"。首先，要研究在我国现阶段的经济发展水平上，不同的区域到底需要多大规模的地方公共服务；其次，在政府职能转变的基础上，根据公共物品的外部性范围明确地方政府的事权；再次，根据地方政府所承担的投资责任以及政府支出能力确定中央政府与地方政府之间的财力划分和转移支付总额；最后，根据不同的转移支付目的，采取无条件转移支付、有条件非配套性转移支付和有条件配套性转移支付等不同的方式。

第九章　地方公共服务的多中心协同治理模式

在地方层面，地方公共服务供给制度的演化机制与演化序列特征决定了在供给制度建构过程中，通过有计划的、正确的手段来引导制度变迁对于推动地方公共服务供给制度摆脱路径依赖导致的制度锁定，使地方公共服务更好地提高社会公共福利是至关重要的。我国目前尽管不同种类的地方公共服务所处的供给制度演化阶段各不相同，但总体来说基本都处于提供者—生产者—消费者交易域的建构阶段，多元化的供给机制正在初步形成，可以预见未来我国地方公共服务供给制度的发展方向必然是多元协调化的供给格局。在这样的发展阶段以及发展方向下，必须通过有意识的制度创新来引导制度的良性变迁,避免制度锁定造成的福利损失和资源浪费。

第一节　地方公共服务多中心协同供给的主体结构

地方公共服务供给制度的市场化演变是对我国传统区域经济制度的一种巨大冲击，在地方政府、企业与居民这三极之间，地方政府独占公共经济的格局会转向"三足鼎立"的局面，企业改制、私人参与、放松管制以及民主监督将逐渐动摇地方政府的垄断地位，取而代之的是多元化、多中心的地方公共治理结构。供给主体结构的多中心演化，一方面有助于激发市场活力，缓解政府的财政压力；另一方面能够更为有效地利用私人部门在经验、技术、创新、效率、资金和管理等方面的优势，提升地方公共服务的质量与效率，实现政府、企业与居民三方共赢。但与此同时多中心协同的供给结构更有助于推动国家和地方治理模式的变革，改变了传统的公共服务供给理念、体制与机制，导致政府职能发生根本性转变，使得政府、企业和社会三者之间的法律关系得到重新梳理和明确（吴立香等，2018）。

一、多中心协同供给下的三角结构关系

我国传统的地方政府与企业、居民之间的关系实际上是政府与居民之间的两极关系，地方政府享有很大的政治影响力和经济控制力，它们不仅负责应用和实施国家的法律、制定地方法规、制定地方的发展规划，还负责管理地方国有企业、创办医疗和教育等事业机构、建设交通基础设施以及给排水管网等。改革开放以后，我国在地方公共经济领域通过政企分开、事业单位企业化、引进外资和民间资本等方式进行了很大力度的改革，企业逐渐从政府中独立出来，但随着分权化的实施，地方政府对地方公共领域的主导作用却没有削弱，而地方居民对地方公共事务的发言权也并没有相应提高，因此地方政府仍为地方公共服务供给的唯一主导者。

在多元化地方公共服务供给制度下，地方政府必须从大多数地方公共事务中摆脱出来，将公共服务的生产职能转交给私营企业来承担，并撤回对企业日常经营活动的干预权，充分发挥企业的自主能力和市场的自动调节机制，转而成为表达和综合本地区居民需求的"集体消费单位"，通过收税等手段获取公共服务费用，向生产地方公共服务的企业付费，并监督企业的绩效，从而转变为授能政府（enabling state）（Bogumil，2001；Gapski et al.，2000）。

多中心协同供给与传统"政府—企业"两极型关系在表现上最大的差异是居民不仅仅充当地方公共服务的消费者，同时也作为地方政府的一部分参与到公共生活的塑造中来，通过组建第三部门、民主监督的方式成为地方公共服务供给制度体系中地方政府、企业之外的另一极。在多中心的治理体系中，更加强调"他律"与"自律"的结合，即国家管制与社会自我管制相结合。社会自我管制主要是指个人或团体，在充分享受自身私人利益和基本权利的同时，还将充分参与到地方公共服务的自愿自治当中，服务于公共目的的实现。因此，社会自我管制是国家管制的外部性"他律"的重要补充，通过内部化的社会自我管制，激发"个人"自发性承担公共义务的动力。

在多元协调型的地方公共服务供给机制中，地方政府、企业与居民的三方角色互动机制可以通过图 9.1 来表示。

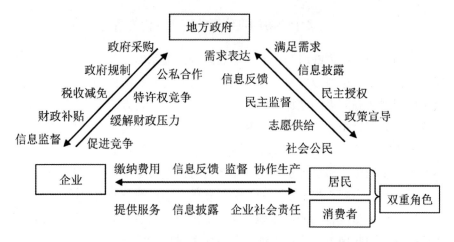

图 9.1　多中心协同供给制度下的地方政府、企业与居民三者关系

资料来源：本书研究整理。

二、多中心协同供给下的各方主体承担的角色

根据多中心协同供给下的三角结构，在该供给制度下，地方政府在提供者—生产者交易域中应承担的角色是：①政府采购，即向企业付费，购买所需的地方公共服务；②政府规制，即通过法律、法规、政策等正式制度对地方公共服务生产企业的经营行为进行规制；激励和补贴——向参与地方公共服务生产的企业提供税收上的减免、财政补贴和土地等政策支持；③信息监督，即要求生产企业将经营情况向政府汇报并汇总、统计，约束企业的不良经营行为。企业在提供者—生产者交易域中的角色是：采取特许经营、合同承包、收购或参股等公私合作方式参与地方公共服务供给，缓解政府投资的不足，同时与其他生产者形成竞争局面，促进效率的改善。

在提供者—消费者交易域中，地方政府则作为地方居民的服务机构满足社会公众对公共物品及服务的需求，同时将生产者的信息向社会公众披露，此外还应授权居民自发组建"第三部门"参与地方公共服务生产，发挥居民自发治理功能，最后还应积极进行政策的宣导，转变传统观念，推广更有效率制度安排的应用；而居民扮演着民主决策参与者和消费者的双重角色，对地方政府表达和反馈需求信息，并通过民主监督的方式参与地方公共服务的服务价格与服务水平的决策，同时还将组织非营利组织、社团、自治委员会等参与地方公共服务供给，行使社会公民对公共物品维护、监督和管理的义务。

在生产者—消费者交易域中，企业要向消费者提供一定数量和质量的服务，与此同时，应主动向消费者披露企业生产信息，并履行在劳工标准、人权、自由以及环境影响等方面的社会责任；居民除了向所选择的地方公共服务生产商缴纳使用费外，还应积极反馈准确的需求偏好信息，并能够直接监督企业的定价与服务水平，以及积极主动地履行协作生产方面的义务，在维护公共环境、协调需求偏好冲突等方面发挥作用。

第二节　地方公共服务多元协同供给的实现措施

党的十八届五中全会确立了创新、协调、绿色、开放、共享五大发展理念，地方公共服务供给既是实现更高质量、更有效率、更加公平和可持续发展的重要支撑，也是国家治理体系建设中的关键环节。我国地方公共服务供给制度的各项改革应以五大发展理念为指导不断走向纵深化，在信息披露、行业监管、社区自治、利益补偿、公平竞争、成本核算、思想体系、法律法规和融资制度等方面取得新的突破。

一、以互联网革命为契机，推动信息沟通渠道变革

在地方公共服务供给制度的演化过程中，充分发挥信息的嵌入关联作用能够有效地推动地方公共服务供给的制度设计符合更广泛参与人的利益。我国应充分利用互联网革命的契机，推进全社会信息沟通渠道的建设。从图 9.1 也可以看出，多元协调供给的制度安排需要以通畅的信息沟通渠道为基础。为了推动多元协调供给制度的实现应做到以下四点：第一，通过立法明确规定居民享有地方公共事务的知情权，规范政府和供给企业的信息披露义务，明确公众有获取公共服务规划、建设和运营信息的权利；第二，依托互联网建立政府信息对外发布平台，构建一套完整的信息搜集、发布与反馈的工作机制；第三，对居民的合理建议和要求应建立沟通渠道，对处理结果予以反馈、追踪并及时向社会公布；第四，对地方公共服务生产企业的成本、定价等运营信息应明确其公布范围、公开方式和核查机制等。

纳税居民是真正为地方公共服务付费的人，应该通过立法保障纳税人对公共物品政策的知情权，随着《中华人民共和国物权法》的实施，加强了公共物品使用者对公共事务的决策的干预权利，在一定程度上体现了居民对公共事务知情权的立法趋势。在地方政府的信息平台方面，也有一些地区较早开始了这方面的试点，如湖北省京山县率先在 2006 年开通 "京

山县财政与编制政务公开网",公开的内容包括三个重点:一是围绕方便群众知情和群众办事的财政与编制政务信息,公开了财政与编制管理机构、相关法律法规、政策规定、管理制度和其他宜公开的财政预决算报告、政府采购资料信息、监督投诉办法等内容;二是围绕涉及群众切身利益的财政专项资金,公开了资助农村中小学资金等 17 项专项资金的分配管理情况;三是围绕机构和人员编制,公开了全县党政群机关、事业单位的机构和人员编制情况。在信息的反馈追踪方面,向全社会公布相关单位设立的投诉和咨询电话号码,并在各查询点设立反馈意见箱,公民可采取信函、电话、传真、电子邮件等方式,向县财政局、县编办申请公开财政与编制政务信息,依据申请公开事项,实行首问责任制,明确对各项财政信息、资金分配办法和分配结果、项目立项和验收情况公示与公开工作的负责机构。

二、设立独立的事中事后监管机构,推进监管方式与手段的现代化、智能化

独立的行业监管机构是西方发达国家地方公共服务供给制度的重要组成部分。从西方国家经验来看,多数成功的监管制度设计都建立在监管部门的独立性基础上,独立的监管机构应与运营企业分离,不应受制于其他部门,而应具有明确的法律地位,并得到明确而专一的法律授权监管职责,不再承担与监管无关的行政管理。监管机构的人员配备应以专业技术专家、经济领域专家、行业管理专家和法律领域专家等具有丰富专业知识的专家为主。一方面充分保障监管行为的专业性,另一方面突出监管机构的权威性。同时,在监管方式与手段上应积极推进大数据和人工智能的开发,将以往监管更多依赖人为干预的弊病和对经营主体经营活动开展的不良影响降到最低。

监管范围应以综合性为主并重点围绕五个方面:(1)市场进入与退出。由于部分地方公共服务具有自然垄断和外部性等技术经济特征,一方面对于新企业的进入需要进行适度管控,发挥规模经济优势以避免重复建设导致的资源浪费;另一方面也需要适度对新竞争主体的引入敞开大门,从而利用竞争机制防止供给企业滥用垄断地位。由于地方公共服务的供给需要保障其持续性,因此必须严格要求经营企业在合同期内不能中断或退出服务,在合同期满后也应保障新旧供给企业之间的平稳衔接和过渡。(2)价格监管。地方公共服务的监管应包括提升运营效率、保障服务供给和促进社会公平三方面目标。在实践中三者之间往往是矛盾统一的关系,而价格是其中的关键要素。价格监管是手段,目的是推动企业不断提升公共服务的生产效率,使消费者享受较低的价格。(3)产品与服务质量监管。对

于地方公共产品和服务的质量必须由监管机构制定相关的标准并具有强制的手段和措施，保证地方公共服务的供给满足质量上的要求。（4）安全监管。安全监管是社会监管的重要部分，监管部门要求企业制定和贯彻落实安全生产责任的相关制度和规范，建立定期或随机抽查制度，同时提前制定极端天气等特殊情况下的应急预案，保障地方公共产品与服务的持续供给和安全运行。（5）竞争秩序监管。维护市场竞争秩序，防止企业滥用垄断地位、操纵价格、串通合谋和恶性竞争等行为。

三、发挥民间自主治理机制，重构社会资本

随着全球化和放松管制趋势的蔓延，在政府管制的方式逐渐被削弱的同时，非政府性的民间资助治理模式在西方国家正在开始兴起，成为与政府治理、市场治理相并列的第三重公共治理机制。充分发挥民间自主治理机制在我国地方公共服务领域的作用，应从四方面入手：第一，政府应通过立法授予居民自发组织的自主治理权，确保民间治理的合法性，并合理设计利益相关者民主参与地方公共服务决策的规则，以及对实施情况进行独立监管的规则。第二，在地方公共服务供给的重要决策过程中实行利益相关者参与式治理，让受到特定问题影响的普通民众与政府官员都能参与其中，使社会成员在管理决策上拥有发言权，并训练他们对服务进行管理和维护，增强治理的响应度和有效性。第三，鼓励社会公众在法定的规则下组建第三部门，直接进行公共物品的生产、提供和意愿表达。第三部门应独立于政府官僚体系，是公民志愿参与的自治性组织，其组织结构应当是多样、灵活、平等和参与式的，充分发挥它们低成本、高效率的优势。第四，民间具备履行自主治理的能力是发挥这种治理机制的前提，应实现市场经济条件下社会资本的重构，鼓励社会公众内在的道德动机，提倡良好社会公民和企业社会责任，增强参与人的自律机制。

四、妥善处理不同参与人的既得利益

我国地方公共服务多元协调供给主要涉及三部分群体利益的变动：一是在政府机构中处于"特殊部门"的某些官员的权力；二是处于垄断地位的企业或事业机构的超额利润；三是作为原生产主体的国有企业、集体企业、事业单位中的大量分流人员。对于这三部分群体的"既得利益"应采取不同方式分别处理。对于"行政权力部门化，部门权力利益化"的行政机关应大力推进行政体制改革，使政府最大限度地远离利益，最大限度地实行政企分开，即使是必须由国家垄断经营的企业，也应当按照"监管的

归监管，经营的归经营"的原则设计管理体制，政府的管制部门应实行管制行为的法律化、程序化和公开化，并完善对管制机构的举报和巡查机制。对于处于垄断地位的企业或事业机构来说，应区分可经营性和非经营性公共事业。对于可经营性公共事业，除必须由国家控制的领域外，应全部向社会投资者开放，并完善特许经营权制度和许可证制度，推行市场竞价机制；对于非经营性公共事业，应以政府投资为主，逐步实行代建制；有条件的可按照 PPP 方式公开吸引社会建设资金，政府通过补偿机制和回购方式回报投资者，并建立相应的投资信息发布制度。对于原生产主体中国有企业、集体企业、事业单位中被分流的人员，可以通过如下措施来保护个人利益：（1）通过逐渐缩减或短期留用的方式来分步实施；（2）政府保留公共事业的职务空缺，赋予分流人员优先选择权，建立人员吸收机制；（3）在承包协议中要求中标者必须留用部分工人；（4）为员工购买保险，保障员工享有公务员所能获得的退休金水平；（5）按照专业、能力、教育水平实施再培训，提供新的岗位信息，帮助撰写简历等再就业帮助措施；（6）将国有企业、事业单位的撤资退市资金分拨，以提供终止雇用补偿金、提前退休福利和失业保险等。

五、打破垄断，创造公平竞争的条件

造成我国地方公共服务生产企业低效率和缺乏透明度的一个重要原因是大量存在的国有企业独家垄断投资或经营模式。由于没有市场竞争或比较效应，在大部分公共物品行业，独家经营的企业在成本和服务水平上缺乏改进的动力。实现中国地方公共服务成本或价格控制的最有效方式就是引入竞争机制和打破垄断，首先是实现多种经济成分与国有资本的"同台竞争"，保证政府在采购或授权时不徇私情，选择最有竞争力的厂商，使多元协调供给模式成为一个优胜劣汰的选择过程；其次是不断完善"为市场竞争（competition for market）"机制，建立招投标制度的评价体系，保证招投标过程的公开、公平、公正；再次是在满足规模经济要求的前提下，创造市场内竞争（competition in market）的条件，尽可能形成多家厂商共同竞争的局面，通过建立标尺竞争促进企业改进效率；最后是对于网络型产业而言，推动产业进行区域性产业重组或产业环节的拆分，扩展竞争领域，完善各环节之间的接入定价机制，将产业环节模块化，促使产业各环节形成标准化的通用接口，无论何种类型的专业化公司进入，都能够有效完成产业目标。

六、建立科学、完善的成本测算方法

由于地方公共服务的外部性，供给制度的市场运营面临的问题首先是成本的测算和分摊，成本的合理测算和分摊决定了生产企业的盈利水平，也会影响社会公共利益。科学的成本测算方法首先应区分单项成本与区域成本，由于边远地区与城市中心的供给成本差异，在西方国家的公共事业立法中，普遍服务是其中一条重要的原则，强调禁止公共服务的生产企业存在"挑肥拣瘦"的行为，例如公共交通的运营企业会存在选择客流较为密集的地区提供公交服务而忽略客流较少的边远线路的倾向，实践中往往要求这些企业自身通过线路之间的交叉补贴来弥补边远线路上的亏损，从而避免一部分地区的居民无法享受公共服务，或者客流稀少的边远地区的成本亏损只能由公共财政负担。这样一来，客流量大的地区赚的钱进入了私营企业的腰包，而客流稀少的边远地区的成本亏损被转嫁给了公共财政或消费群体。其次是注意成本与成本之间的顺向或反向"联动"关系。地方公共产品或服务中许多成本的控制需要通过"源头减量"实现，而实现"源头减量"则可以削减下游成本和减少下游消费支出。如自来水消费量和居民生活品消费量与处理的污水和垃圾量是相互联动的，通过对上游环节的成本控制来达到对下游多项产品或服务的成本控制。最后是应考虑企业的"关联成本"与"关联收益"。衡量成本高与低的关键标准并不是成本本身的绝对额，应防止企业将业外成本计入业内成本，或者将"关联收益"与"主业收益"分置，少计总收益的问题。如在公共交通行业的成本核算中，不应仅计入车票收入，车身广告、站点广告以及附属设施的财务收益都应纳入收益计算中，因此成本测算应对关联成本与收益进行筛选，防止成本的随意扩大或收益的缺失导致成本控制的困难，进而对公共财政和消费价格形成压力。

七、促进中国特色社会主义哲学思想体系的建构

如前所述，意识形态是造成地方公共服务供给制度路径依赖的重要因素。这里所说的意识形态，主要是指人们对于政府与非政府二者边界的共同信念。随着时间的推移，人们对政府与非政府边界的认识是不断变化的，如图 9.2 所示。社会享有的产品和服务用圆点表示，它们有的由公共部门提供，有的由私营部门提供（这显然是过于简单化的描述，因为许多活动会同时涉及两个部门并且十分复杂）。两个部门之间的分界线在不同国家不同时期有所不同，如苏联 96%的国内生产总值是由国家生产的，图中的分

界线应该在右下角。

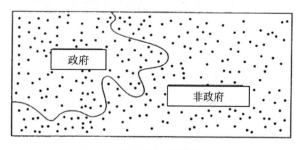

图 9.2　社会服务的提供主体

资料来源：萨瓦斯. 民营化与公私部门的伙伴关系[M]. 周志忍，等译. 北京：中国人民大学出版社，2002.

　　西方国家有效地利用意识形态推动了多元协调性供给制度的建立。在西方国家的意识形态中，政府提供规模的扩大往往被视为对"民主"的威胁，因此在美国的里根革命中，获取公众支持的口号是："让政府不再骑在我们的头上，让政府的手远离我们的钱包。"而在撒切尔执政时期的英国，执政者采取的口号为"政府战线的全方位退却"。西方国家主要是利用自由和民主的旗号来实现资本对公共服务的接管，而在我国从社会主义计划经济向市场经济过渡的改革实践下，则更应树立中国特色社会主义的鲜明旗帜，以马克思主义为指导，把市场的决定性作用和政府作用的更好发挥结合起来。一方面，将经济决策权主要交给市场，政府主要承担个人基本生活水平保障者的角色，这有助于实现社会长远福利的最大化，通过市场经济哲学来促进公共哲学的建构；另一方面，政府应有计划、有步骤地引导，通过教育、宣传、舆论等渠道提倡效率与公平的意识形态导向，以此为基础扩大市场的作用，转变政府职能。围绕各国共同面临的地方公共服务供给制度创新问题，着力提出能够体现中国立场、中国智慧、中国价值的理念、主张、方案。

八、健全地方公共服务供给的法律法规体系

　　加快地方公共服务立法进程是市场经济条件下完善供给制度安排的基本手段。在这方面，西方国家有许多经验可以借鉴，如欧盟为推进供给制度创新进行了大量立法工作，推进了基础设施等领域市场开放的进程。例如德国的《德国公司治理指针》，要求包括公共事业领域在内的上市公司应遵循该指针的原则和规定建立公司治理机制。瑞典议会在 1993 年颁布了《反垄断法》《竞争法》，旨在促进竞争和管制垄断行为。对于地方公共服务

供给的市场化、民营化，应积极推动中央政府推进相关的立法工作，对公用事业经营企业的治理结构、竞争行为进一步规范，清晰界定政府的责任、权利和义务，加强地方政务诚信建设，提升市场环境，保障地方公共服务供给制度按照正常和健康的轨道发展。

除此之外，现行法律规范对地方公共服务供给市场竞争形成阻碍的某些规定应及时调整修订，例如《中华人民共和国担保法》中"国家机关不得为保证人"的条款在客观上成为一些地方政府不遵守地方公用基础设施特许经营协议的借口，使得特许经营权的受让方利益难以得到充分保障。再如，在一些地区的法规或规章中，地方公共基础设施特许经营协议的性质被定位为行政许可而非经济合同，企业在获得许可时需按照行政审批程序进行申请，使得双方在协议订立之初地位就存在明显差异，政府部门享有优益权，难以充分保障投资企业的权益。近年来我国在行政审批和行政许可领域改革的力度不断加大，取消了大量对工程资质的限定，为私人部门参与公共服务的供给在准入条件上敞开了大门，但针对过程管理等事中事后监管的法律法规仍有待探索和规范。

九、建设健全基础设施的多元融资制度

从我国基础设施融资制度的阶段性来判断，改革开放以来，基础设施融资从纯计划的融资方式逐步转向初步具备市场化的融资框架，目前虽然初步建立了市场化的供给机制，但是相关配套的制度建设仍有待进一步推进。现在初步开通了多元化融资的渠道，但是主导性的还是银行贷款，或政府背景企业的投资，由于我国资本市场成立时间较短，银行在提供贷款时受地方政府干预的程度仍然较大，影响了贷款评估、审查方面的客观性，导致所蕴含的金融风险越来越大。随着我国资本市场的完善，应针对特定的地方公共基础设施建立银行贷款信用评级和综合评价制度，其原则有三：一是所选项目必须坚持社会效益与经济效益并重；二是提高市场竞争力指标相关因素的权重；三是提高长期偿债能力等相关因素权重。此外还应建立独立的社会审计体系，确保银行能了解企业的真实财务状况。除银行贷款外，还应积极提高其他融资方式所占的比重，如地方公债、信托投资、基础设施收费证券化以及私人主动融资（PFI）等方式，为地方公共基础设施的供给提供长期稳定的资金来源。

第十章　结束语

本章是本书的总体结论部分，试图明确、精练、完整、准确地阐述本书的主要研究结论，指出本书创新性的工作，并进一步提出需要有待深入研究的问题，为未来的研究指明方向。

第一节　主要结论

本书从制度演化的视角分析了地方公共服务供给制度的演进过程，在对国内外地方公共服务供给制度变迁的实践进行综合比较的基础上，将地方公共服务供给制度解构为四个基本制度单元，在此基础上构建了地方公共服务供给制度演化的动态研究框架，提出了供给制度演化的均衡路径与反馈机制模型以及互补与关联机制，识别了供给制度演化的内外部动因及其触发机制，进一步提出供给制度演化的长期有序序列，并以交通基础设施为例，对供给制度演化的理论假说进行实证。本书的主要研究结论如下：

1. 中国与西方国家在地方公共服务供给制度的变革历程上存在较大差异。

地方公共服务供给制度变革历程的差异表现在两个层面上：一是政府作用域内中央—地方政府分权制度的不断变迁和地方收支结构的持续调整；二是市场作用域内市场的放松管制、私有化的趋势以及衍生出的各种制度形式。

从政府财政收支体制上看，西方国家中央政府负责全国性的公共物品和使全体公民获益的服务的开支，地方政府负责区域性较强和与居民日常生活联系紧密的地方性公共物品的供给这一分工格局已经越来越明确。地方政府的财政支出中，教育、卫生、道路基础设施、医疗、治安、消防和公共福利等领域成为地方政府财政支出的重要方面。我国总体的事权划分趋势与西方国家是基本一致的，地方公共支出比重提高速度很快，但由于处在转轨过程中，地方政府在职能定位上涉及了大面积的私人物品领域，公共财政收支体制还很不健全，大量预算外资金以及非规范收入构成地方收入的重要来源。在地方财政支出中，基础设施建设、科教文卫、社会保障等公共领域的支出偏低。

从地方公共服务的市场化进程来看，西方国家各种形式的地方公共服务市场化供给制度已得到广泛的应用，按市场机制的作用程度可分为政府直接生产、政府间协议、引入竞争、合同承包、特许经营、政府撤资、自由市场与志愿服务8种基本制度安排；而中国供给制度市场化的主要形式则表现为事业单位改制、企业改制、股份合作、合同承包、特许经营和政府撤资等。

2. 地方公共服务是区域经济系统的基本要素，其供给制度具有五大特征。

本书在地方公共服务是区域经济系统基本要素这一命题的基础上，阐述了地方公共服务供给制度具有的复杂性和多样性，因此其制度内涵应建立在青木（2001）关于制度"是博弈重复进行主要方式的共有信念的自我维持系统"的制度观基础上，并依此提炼出地方公共服务供给制度的五方面特性：制度创新活跃、多重均衡、历史路径依赖显著、制度间相互关联深入和与政府及政策法令关系密切。

3. 地方公共服务供给的制度结构可划分为由三大主体组成的四大博弈结构。

从博弈论的视角来看，地方公共服务供给制度的参与人包括提供者、生产者和消费者三部分，根据它们在供给制度中的博弈关系，将供给制度解构为由四个基本制度单元组成的元制度体系，包括提供者政治交换域、提供者—生产者交易域、生产者—消费者交易域和消费者自组织域四部分（详见表10.1），各制度域都有其核心的博弈结构和一系列的治理机制，这些机制使得元制度不只存在一种理想类型，而拥有多个变种形式。

表10.1　地方公共服务供给制度域的组成及核心博弈形式

供给参与人	提供者	提供者—生产者	生产者—消费者	消费者
基本制度形态	政府的政治交换域	政府—企业交易域	企业—公众交易域	社会公众自组织域
核心博弈形式	政治交换博弈	委托—代理博弈	信用交易博弈	集体行动博弈
行动集合	政府：侵权/非侵权 公众：抵制/默认	政府：管制/放开 企业：努力/偷懒	买方：诚信/欺骗 卖方：诚信/欺骗	使用：合作/搭便车 使用：合作/搭便车

资料来源：本书研究整理。

作为中国地方公共服务的典型——交通基础设施与一般地方公共服务在供给制度的特征上是一致的，同样也可以划分为四个基本制度单元。本研究分析了它们在计划经济时期、改革开放初期和多元化投资时期三个不同阶段中所扮演的角色和重要程度。

4. 纳什均衡和演化均衡推动供给制度演化形成均衡机制和反馈机制。

当地方公共服务各个制度域的博弈结构推广到无限时间序列时，内生于参与人的微观行动集合和行动决策以及外生于参与人的宏观后果函数和决策预期会共同决定制度域的动态均衡过程。在不同的假定和机制下，主要有两种不同的均衡路径和结果，本书运用子博弈精炼纳什均衡和演化均衡两种模型来分别阐述。

子博弈精炼纳什均衡主要用来理解每一种制度形式（如特许经营、自由市场）自我实施机制的形成过程，即每一种制度安排的形成过程都可以归结为一种子博弈精炼纳什均衡的演化路径。这种均衡路径对于设计和完善每一种供给制度安排具有重要指导意义。演化均衡主要用于理解供给制度的长期演化过程和趋势，每一种新供给制度安排的出现都可以归结为对以往模仿策略的变异，即在原有制度基础上不断衍生出新的制度形式和治理机制，形成多重均衡的演化路径。这些多重演化路径体现出了同一趋势，即市场与自组织的作用得到越来越充分的发挥。

在博弈均衡形成后，本书进一步提出供给制度的反馈机制——参与人的认知趋同会强化供给制度的巩固和普及，主要通过两种机制：一种是内生性制度化，即参与人的行动策略和对其他人行为预期的自我调整；另一种是外生性制度化，即通过人为的精心设计改变了域参与人集合和行动的后果函数。而内生性和外生性制度化之间也同样存在着反馈机制，参与人决策的程序化会强化既定的利益分配格局，并同时强化参与人的这种行为能力，形成从内生到外生的反馈机制。此外，外部制度环境的变化对于参与人的行为决策和共同预期所产成的反馈则可能是不稳定的，并且往往会诱发域内部博弈结构的变动，这也构成了制度变迁的重要原因，反馈的具体过程可以参见图6.5。

5. 地方公共服务供给的四个制度域之间通过互补与关联形成稳固而连贯的整体性制度安排。

本书认为地方公共服务供给的四个制度域构成的是一个稳固而连贯的整体性制度安排，它们之间的耦合机制会对各个域的演化产生影响。本书提出了参与人在不同域之间博弈互补和关联两种联结机制。制度互补决定了不同制度域之间供给制度安排存在着一定的对应关系，而社会嵌入、竞争嵌入、金融嵌入和信息嵌入这四种关联机制则会通过将同一参与人所涉及的不同制度域捆绑而优化单个域的博弈结构。

6. 七大外部动因和四大内部动因推动供给制度的演化。

与供给制度的均衡机制相对应，本书将供给制度演化的动因归结为外部动因和内部动因两个方面。外部动因包括技术创新、区域间效率竞争、区域间思想交流、宏观环境中的制度变迁、市场法律法规环境的完善、居民跨区域流动性的增强和新参与人的出现七个方面，内部动因包括地方公共服务供需矛盾的积累、私人资本规模的积累、民间自发组织的成长以及地方公共服务市场规则的建立四个方面。

7. 外部动因和内部动因推动了中国交通基础设施供给制度的多元化演化。

按照前面的分析框架，本书进一步具体分析了交通基础设施供给制度多元化演进的外部动因和内部动因及其发挥的作用。外部动因包括市场经济体制改革的宏观背景、交通基础设施排他技术的出现、交通基础设施私有化的国际趋势、外商投资的进入以及金融机构的参与五个方面，内部动因包括交通基础设施供需矛盾的积累、私人资本规模的扩大、使用者付费信念的形成、交通运输法律法规体系的自我完善以及全球物流条件下的交通运输运作模式革新五个方面。

8. 整体经济域、社会思想域、人力资产域、居民流动域和政府政策设计域与地方公共服务供给制度演化构成历时互补与关联。

本书分析了与供给制度的共时性互补关联相平行的历时性互补与关联。在历时互补方面，通过对动能定理的延伸运用，结合区域经济学的相关理论，归纳了与地方公共服务密切相关的四个主要制度域——即整体经济域、社会思想域、人力资产域、居民流动域和政府政策设计域，分析了经济发展的整体阶段、社会思潮、人力资产和居民迁移制度四方面与供给制度域的互补演化，以及地方公共服务四个主要内部制度域之间的互补演化。在历时关联方面，分析了地方政府社会资本的重建、交易机制转型过程中的过渡嵌入、制度转型环境下的竞争嵌入、金融机构的嵌入错配和信息机构的重新捆绑五个方面制度历时关联的性质和效果。

9. 供给制度的长期演化可划分为由六大阶段构成的有序时间序列。

本书将地方公共服务供给制度演化视为供给相关参与人重复博弈的结果，在这一视角下，每一个博弈阶段所逐渐确立的博弈结构都是对前一阶段博弈形式的模仿和变异，因此本书将地方公共服务供给制度的演化过程视为一种有序的时间序列。按照每一阶段下所主导的制度建构，本书将供给制度演化分为六个阶段：初始阶段，提供者直接供给阶段；阶段Ⅰ，中央与地方政府间的分权演化；阶段Ⅱ，提供者—生产者交易域的初步形成；阶段Ⅲ，提供者—生产者—消费者交易域的建构与完善；阶段Ⅳ，消费者自主治理机制建构；阶段Ⅴ，多元供给制度的持续创新。本书还对每阶段制度演化的特征与效果进行了详细阐述。

10. 中国交通基础设施的供给制度已经进入提供者—生产者—消费者交易域的建构阶段并将沿着长期演化序列持续创新。

作为这部分理论推演的有益补充，本节还考察了中国交通基础设施供给制度的历时演化机制以及演化序列，交通基础设施供给制度演化的历时互补机制包括宏观制度环境与交通基础设施供给制度的历时互补以及交通基础设施供给各制度域的历时互补，历时关联机制包括社会资本、竞争机制、金融机构以及信息机构与交通基础设施供给制度的历时嵌入。交通基础设施供给制度的演化序列主要包括了政府直接供给阶段、中央与地方政府间的分权演化阶段、提供者—生产者交易域初步形成阶段以及提供者—生产者—消费者交易域的建构阶段，并在此基础上分析了交通基础设施供给制度的未来演化趋势。

11. 供给制度演化中存在路径依赖与制度锁定。

从理论转移到现实，在地方公共服务供给制度的现实中，制度演化可能并非按照理论所推演的序列进行，本书认为路径依赖特性是导致制度演化出现倒退和分叉、打乱制度演进逻辑序列的原因。本书分析了供给制度演化的路径依赖机理，提出制度锁定的四方面成因：既得利益者、意识形态、网络外部性和既有法律规则。

12. 基于财政体制的公共财政化推动地方公共服务供给的中央—地方关系重构，以及多元协调供给机制建设与完善的九大措施。

在前面分析的基础上，本书提出了创新中央—地方关系的对策建议。首先，基于市场经济体制改革、地方公共经济发展内在要求和地方政府考核制度的现状提出了中央与地方关系重构的目标取向，即财政体制的公共财政化。其次，提出了中央—地方关系重构的具体措施：（1）正确界定中央政府与地方政府的职责；（2）规范各级政府财源和财权，完善分税制；（3）建立科学、正规的政府间转移支付制度。

在地方层面，地方公共服务供给制度的演化机制与演化序列特征决定了在供给制度的建构过程中，通过有计划的、正确的手段来引导制度变迁对于推动地方公共服务供给制度摆脱路径依赖导致的制度锁定，使地方公共服务更好地提高社会公共福利是至关重要的。本书提出，应积极在地方政府、企业与居民之间构建多元协调供给关系（如图9.1），具体实现措施包括：（1）建立透明、通畅的信息沟通渠道；（2）设立独立的行业监管机构；（3）发挥民间自主治理机制，重构社会资本；（4）妥善处理不同参与人的既得利益；（5）打破垄断，创造公平竞争的条件；（6）建立科学、完善的成本测算方法；（7）促进公共哲学意识形态的建构；（8）健全地方公共服务供给的法律法规体系；（9）建设健全基础设施的多元融资制度。

第二节　创新点及有待完善的问题

一、本书的主要创新点

自 1956 年蒂伯特提出地方公共服务概念以来，人们关于地方公共服务的配置问题进行了大量的深入研究，然而这些研究大多局限于地方公共财政的范畴中，随着实践的发展，地方公共服务对整个区域经济发展的影响、地方公共服务的多元供给趋势已经越来越显著。蒂伯特的模型说明，"地方公共服务的供给决定了移民的流向，同样也决定了企业资本的流向和选择"（曹荣湘等，2004），因而本书认为地方公共服务的供给问题必须放在区域资源要素聚集的框架下进行讨论，同时地方公共服务供给方式的多样性也在研究方法上要求必须吸收制度分析和动态演化的分析方法。因此，本书试图在这一领域有所突破，运用制度和演化的分析方法来解释地方公共服务供给制度的演化机制，并提出制度创新途径。本书形成的创新主要可以概括为以下三个方面。

1. 建立了地方公共服务供给制度演化的分析框架及其演化机制。

地方公共服务供给的制度安排是十分复杂和多样的，在内容上涉及多方面的深层次问题，由于传统地方公共服务研究多局限于公共财政领域，制度分析方法本身也不成熟，学术界对于地方公共服务供给制度的研究尚缺乏一套完整的理论分析框架。本书在借鉴演化经济学以及聚集经济学最新研究进展的基础上，将地方公共服务纳入区域经济学的分析架构中，从博弈论的视角将地方公共服务供给制度解构为由四个基本博弈域构成的元制度体系，对地方公共服务供给制度进行了全新的诠释。在演化机制上也不同于以往公共物品供给制度研究主要集中于从产权、交易成本、不确定性等出发设计最优配置的制度安排，而是从动态演进的角度出发，研究了供给制度演化过程的动态均衡及反馈机制，继而分析了导致制度均衡变动的内外部演化动因。

2. 提出了地方公共服务供给制度演化过程中的历时互补与关联机制及长期演化的有序性。

在目前关于制度分析的讨论中，人们倾向于孤立地研究一项制度的博弈结构和改进措施，然而在现实中，决定制度变迁方向的不仅仅是某一制度本身，很多是来自其他社会经济制度的影响。地方公共服务由于在整个区域经济系统中的基础性作用，其供给制度与其他社会经济制度存在着广泛的关联，本书分析了地方公共服务的共时制度互补与关联机制，并进一步提出供给制度演化的历时互补与关联结构，这是对以往制度分析的一种突破。同时由于现实中地方公共服务千差万别的制度形式和演化过程的循环往复，人们对于其演化的阶段性认识仍不清晰。本书在对制度演化均衡机制分析的基础上，认为从长期来看供给制度演化存在有序性，每一个博弈阶段所逐渐确立的博弈结构都是对前一阶段博弈形式的模仿和变异，按照每一阶段下所主导的制度建构将地方公共服务供给制度演化序列划分为六个阶段。

3. 提出地方公共服务供给视角下的区域制度重构措施。

在理论推演的基础上，本书还试图在现实层面提出具有操作性的政策建议。以往关于区域制度的讨论往往是围绕着区域经济发展的宏观和微观层面设计的，本书认为区域制度的建构应以地方公共服务的供给为出发点，这是市场经济条件下符合区域经济发展规律的正确举措。本书提出了以公共财政为目标导向的新型中央—地方关系和地方政府、企业与居民之间的多元协调供给机制，以及推动地方公共服务向更能体现效率和福利的制度形式转化的对策建议。

除此以外，本研究还以文中的理论推演为框架，在主体部分的各章中逐一对中国交通基础设施的供给制度架构、演化动因、演化阶段以及未来趋势进行了实证，一方面是对理论创新的有力支撑，另一方面是从全新的视角对我国交通基础设施供给制度的演化过程进行了新的诠释。

二、本研究的局限性以及未来的研究方向

由于本书从一个全新视角出发进行研究工作，而地方公共服务以及制度演化的理论基础还不十分成熟，所以在广泛论证和资料搜集上存在着一定困难。此外，由于个人时间和能力所限，本书中仍存在较多不成熟的地方，有待在未来进一步研究论证。

1. 关于地方公共服务以及制度演化的理论基础不够成熟。本书试图从理论上对地方公共服务与区域经济关系以及地方公共服务供给制度的复杂性进行梳理和解释。但是由于目前对于区域形成本质还处于探讨阶段，很多流派观点不一，本书关于地方公共服务在区域聚集中的作用机制还有待在未来的区域经济学中详细论证。此外，对于供给制度存在的多重均衡特征，不同的制度分析流派也存在很大的争议，书中对地方公共服务供给制度演化的分析框架还要随着制度经济学的未来发展进一步论证完善。

2. 地方公共服务各个供给制度域的治理机制未能充分探讨。本书的主要目的是分析地方公共服务供给制度的历时演变过程，供给制度域的四个基本博弈域的治理机制应作为分析供给制度演化的重要基础，但由于篇幅所限，本书无法对地方公共服务每个制度域内部的各种治理机制进行详细的讨论。

3. 地方公共服务种类的差异性未能涉及供给制度演化路径的不同影响。如书中所述，地方公共服务涉及的范围很广，每种地方公共服务的技术经济特性也存在很大差异，本书仅选取了交通基础设施作为实证分析对象，但对于其他典型的地方公共服务供给制度演化路径的特点，本书未能进一步具体分析。因此，对不同地方公共服务差异性的进一步分析是未来的重点问题之一，也是笔者日后深入研究的努力方向。

参考文献

1. 阿兰·G. 格鲁奇. 比较经济制度[M]. 北京：中国社会科学出版社，1985.

2. 阿瑟. 经济学中的自增强机制[J]. 李绍光，王晓明，编译. 经济社会体制比较. 1995（5）：13-18.

3. 阿特金森，斯蒂格里茨. 公共经济学[M]. 蔡江南，许斌，邹华明，译. 上海：上海三联书店/上海人民出版社，1994.

4. 埃莉诺·奥斯特罗姆. 公共事物的治理之道——集体行动制度的演进[M]. 余逊达，陈旭东，译. 上海：上海三联书店，2000.

5. 奥沙利文. 城市经济学[M]. 4版. 苏晓燕，常荆莎，朱雅丽，等译. 北京：中信出版社，2003.

6. 包颖颖，金俞洁. 地方公共产品的供给模式与市场化改进[J]. 特区经济，2014（12）：38-39.

7. 曹荣湘，吴欣望. 蒂布特模型[M]. 北京：社会科学文献出版社，2004.

8. 陈富良，熊毅，邓明. 公用事业规制改革路径：从新公共服务到新规制治理[J]. 经济与管理研究，2016（12）：21-28.

9. 陈硕，高琳. 央地关系：财政分权度量及作用机制再评估[J]. 管理世界，2012（6）：43-59.

10. 崔运武. 论我国城市公用事业公私合作改革的若干问题[J]. 上海行政学院学报，2015（4）：39-50.

11. 邓宇鹏. 论区域制度创新[J]. 财经理论与实践，2005（3）：22-25.

12. 樊丽明. 中国公共品市场与自愿供给分析[M]. 上海：上海人民出版社，2005.

13. 费雪. 州和地方政府财政学[M]. 2版. 吴俊培，译. 北京：中国人民大学出版社，2000.

14. 付文林，沈坤荣. 中国公共支出的规模与结构及其增长效应[J]. 经济科学. 2006（1）：20-29.

15. 郭庆旺，鲁昕，赵志耘. 公共经济学大辞典[M]. 北京：经济科学出版社，1999.

16. 哈耶克. 自由秩序原理[M]. 邓正来，译. 北京：生活·读书·新知三联出版社，1997.

17. 海曼. 公共财政：现代理论在政策中的应用[M]. 6版. 章彤，译. 北京：中国财政经济出版社，2001.

18. 韩丙虎. 德国财政管理体制及其对我国的启示[D]. 保定：河北大学，2013.

19. 韩旭. 调整事权划分：央地关系思辨及其改善路径[J]. 探索，2016（6）：45-50.

20. 何丹. 城市政体模型及其对中国城市发展研究的启示[J]. 城市规划，2003（11）：13-18.

21. 何增科. 公民社会与第三部门[M]. 北京：社会科学文献出版社，2000.

22. 胡书东. 经济发展中的中央与地方关系——中国财政制度变迁研究[M]. 上海：生活·读书·新知三联书店上海分店/上海人民出版社，2001.

23. 黄恒学. 公共经济学[M]. 北京：北京大学出版社，2002.

24. 黄凯斌. 法国地方财政管理实践及对我国启示[J]. 地方财政研究，2012（9）：74-80.

25. 黄凯南. 制度演化经济学的理论发展与建构[J]. 中国社会科学，2016（5）：65-78.

26. 贾根良. 演化发展经济学与新结构经济学——哪一种产业政策的理论范式更适合中国国情[J]. 南方经济，2018（1）：5-35.

27. 贾康，刘军民. 非税收入规范化管理研究[J]. 华中师范大学学报（人文社会科学版），2005（5）：23-32.

28. 贾康，孙洁. 农村公共产品与服务提供机制的研究[J]. 管理世界，2006（12）：60-66.

29. 莉安·贝蒂，爱伦·鲁宾，谭锐. 地方层面上的政府间合约：场合、原因、对象，以及相关者[J]. 公共行政评论，2010（3）：4-24.

30. 林毅夫. 关于制度变迁的经济学理论：诱致性变迁与强制性变迁[C]//科斯，阿尔钦，诺斯，等. 财产权利与制度变迁——产权学派与新制度派译文集. 上海：生活·读书·新知三联书店上海分店，1991.

31. 刘金鑫，林冲. PPP模式在水运建设市场的应用与实践[J]. 中国港湾建设，2018，38（7）：69-73.

32. 刘克崮，贾康．中国财税改革三十年：亲历与回顾[M]．北京：经济科学出版社，2008．

33. 刘维林，赵金涛．东西方物流理念的比较与思考[J]．经济纵横，2005，11（上）：81-84．

34. 刘维林．跨国公司中国供应链发展与我国物流企业对策[J]．物流技术，2005（10）：60-63．

35. 刘维林．西方国家地方公共服务市场化的多元谱系与经验借鉴[J]．现代经济探讨，2012（7）：88-92．

36. 刘维林．地方公共服务的供给制度：一个分析框架[J]．经济问题探索，2012（10）：56-61．

37. 刘修岩．集聚经济、公共基础设施与劳动生产率——来自中国城市动态面板数据的证据[J]．财经研究，2010，36（5）：91-101．

38. 刘修岩．空间效率与区域平衡：对中国省级层面集聚效应的检验[J]．世界经济，2014，37（1）：55-80．

39. 刘修岩．集聚经济与劳动生产率：基于中国城市面板数据的实证研究[J]．数量经济技术经济研究，2009，26（7）：109-119．

40. 刘晔．十八大以来我国央地事权与支出责任划分：回顾、评价与展望[J]．财政监督，2017（1）：23-26．

41. 楼继伟．财政体制改革的历史与未来路径[J]．财经，2012（9）：70-74，76．

42. 吕洪良．蒂布特式空间俱乐部：一个理论综述[J]．学理论，2013，（8）：90-91．

43. 吕晓刚．制度创新、路径依赖与区域经济增长[J]．复旦学报（社会科学版），2003（6）：26-31．

44. 诺思．经济史中的结构与变迁[M]．陈郁，罗华平，等译．上海：上海三联书店/上海人民出版社，1994．

45. 诺斯．制度、制度变迁和经济绩效[M]．刘守英，译．上海：上海三联书店，1994．

46. 平新乔．增长方式转变与政府行为[C]．北京大学国家发展研究院．2012年夏季CMRC中国经济观察（总第30期）．北京：北京大学国家发展研究院，2012：69-70．

47. 秦海．制度、演化与路径依赖——制度分析综合的理论尝试[M]．北京：中国财政经济出版社，2004．

48. 青木昌彦，奥野正宽．经济体制的比较制度分析[M]．魏加宁，等译．

北京：中国发展出版社，1999.

49. 青木昌彦. 比较制度分析[M]. 周黎安，译. 上海：上海远东出版社，
    2001.

50. 萨瓦斯. 民营化与公私部门的伙伴关系[M]. 周志忍，等译. 北京：中
    国人民大学出版社，2002.

51. 史普博. 经济学的著名寓言：市场失灵的神话［M］. 余晖，等译. 上
    海：上海人民出版社，2004.

52. 孙学工，刘国艳，杜飞轮，等. 我国 PPP 模式发展的现状、问题与对策
    [J]. 宏观经济管理，2015（2）：28-30.

53. 王安栋. 中国地方公共财政与城市发展[M]. 北京：中国经济出版社，
    2005.

54. 王名. 中国社团改革：从政府选择到社会选择[M]. 北京：社会科学文
    献出版社，2001 .

55. 王浦劬. 中央与地方事权划分的国别经验及其启示——基于六个国家
    经验的分析[J]. 政治学研究，2016（5）：44-58，126.

56. 王庆云. 交通发展观[M]. 北京：中国科学技术出版社，2004.

57. 王玉明. 第三部门及其社会管理功能[J]. 中共福建省委党校学报，
    2001（7）：36-40.

58. 王育宝，陆扬. 财政分权背景下中国环境治理体系演化博弈研究[J].
    中国人口·资源与环境，2019，29（6）：107-117.

59. 吴立香，王传干. 公私合作（PPP）的兴起及法律规治[J]. 苏州大学
    学报（哲学社会科学版），2018，39（2）：72-82.

60. 吴小湖. 国外公共服务逆民营化及其启示[D]. 南昌：南昌大学，2017.

61. 吴延兵. 中国式分权下的偏向性投资[J]. 经济研究，2017，52（6）：
    137-152.

62. 项怀诚. 中国财政体制改革六十年[J]. 中国财政，2009（19）：18-23.

63. 谢奇妙. 浅谈区域公共管理的制度创新[J]. 中国市场，2018（19）：
    103-104.

64. 徐彤武. 联邦政府与美国志愿服务的兴盛[J]. 美国研究，2009（3）：
    25-45，3-4.

65. 亚当·斯密. 国富论[M]. 郭大力，王亚南，译. 北京：商务印书馆，
    2015.

66. 杨灿明，赵福军. 财政分权理论及其发展述评[J]. 中南财经政法大学
    学报，2004（4）：3-10，142.

67. 杨瑞龙. 我国制度变迁方式转换的三阶段论——兼论地方政府的制度创新行为[J]. 经济研究, 1998 (1): 5-12.

68. 杨叔进. 中国: 改革·发展与稳定[M]. 北京: 中国发展出版社, 2000.

69. 余晖, 秦虹. 公私合作制的中国试验[M]. 上海: 上海人民出版社, 2005.

70. 余显财, 朱美聪. 财政分权与地方医疗供给水平——基于 1997—2011 年省级面板数据的分析[J]. 财经研究, 2015, 41 (9): 42-52, 64.

71. 张紧跟. 区域公共管理制度创新分析: 以珠江三角洲为例[J]. 政治学研究, 2010 (3): 63-75.

72. 张可, 汪东芳. 经济集聚与环境污染的交互影响及空间溢出[J]. 中国工业经济, 2014 (06): 70-82.

73. 张旭昆. 制度演化分析的历史回顾[J]. 经济学动态, 2001 (9): 73-77.

74. 张艳, 刘亮. 经济集聚与经济增长——基于中国城市数据的实证分析[J]. 世界经济文汇, 2007 (1): 48-56.

75. 章华, 金雪军. 制度演化分析的两种范式比较——新制度经济学与演化经济学评析[J]. 经济学家, 2005 (5): 11-17.

76. 章元, 刘修岩. 聚集经济与经济增长: 来自中国的经验证据[J]. 世界经济, 2008 (3): 60-70.

77. 郑毅. 中央与地方事权划分基础三题——内涵、理论与原则[J]. 云南大学学报 (法学版), 2011, 24 (4): 48-53.

78. 周伟林. 中国地方政府经济行为分析[M]. 上海: 复旦大学出版社, 1997.

79. 周耀东. 中国公用事业管制改革研究[M]. 上海: 上海人民出版社, 2005.

80. 朱琳. 基于面板数据对城市集聚经济的影响因素研究[D]. 北京: 北京交通大学, 2013.

81. Allan R J. PUBLIC-PRIVATE PARTNERSHIPS: A Review of Literature and Practice[C]. Saskatchewan Institute of Public Policy Paper, 1999, 4.

82. Althusser L. Ideology and Ideological State Apparatuses[A]. Zizek S. Mapping Ideology[C]. London: Verso, 1994: 120.

83. Adrian T M. Privatization 1996: Tenth Annual Report on Privatization[R]. Los Angeles CA: Reason Foundation, 1996.

84. Aoki M, Greif A, et al. Toward a Comparative Institutional Analysis[M]. Cambridge: MIT Press, 2001.

85. Arnott R J, Stiglitz J E. Aggregate Land Rents, Expenditure on Public Goods, and Optimal City Size[J]. The Quarterly Journal of Economics, 1979, 93(4): 471-500.

86. Arnott R. Optimal City Size in a Spatial Economy[J]. Journal of Urban Economics, 1979, 6 (1): 65-89.

87. Bebchuk L A, Roe M J. A Theory of Path Dependence in Corporate Ownership and Governance [J]. Stanford Law Review, 1999, 52:127-170.

88. Berg S V, Tschirhart J. Natural Monopoly Regulation: Principles and Practice[M]. New York: Cambridge University Press, 1988.

89. Berglas E. On the Theory of Clubs[J]. The American Economic Review, 1976, 66(2): 116-121.

90. Bergstrom T, Blume L, Varian H. On the Private Provision of Public Goods[J]. Journal of Public Economics, 1986, 29(1): 25-49.

91. Bish R L, Warren R. Scale and Monopoly Problems in Urban Government Services[J]. Urban Affairs Quarterly, 1972, 8(1): 97-122.

92. Barrow L. School Choice Through Relocation: Evidence from Washington D. C. Area[J]. Journal of Public Economics, 2002, 86 (2):155-189.

93. Blyth M, Hodgson G M, Lewis O, et al. Introduction to the Special Issue on the Evolution of Institutions[J]. Journal of Institutional Economics, 2011, 7(3): 299-315.

94. Boadway R, Tremblay J F. Reassessment of the Tiebout Model[J]. Journal of Public Economics, 2012, 96 (11-12): 1063-1078.

95. Bogumil J. Staatsaufgaben im Wandel[J]. Politische Bildung, 2001（3）: 28-41.

96. Boschma R A, Lambooy J G. Evolutionary Economics and Economic Geography[J]. Journal of Evolutionary Economics, 1999, 9(4): 411-429.

97. Boulding K E, Niebuhr R. The Organizational Revolution: A Study in the Ethics of Economic Organization[M]. New York, NY: Harper, 1953.

98. Boyer R. The Global Financial Crisis in Historical Perspective: an Economic Analysis Combining Minsky, Hayek, Fisher, Keynes and the Regulation Approach[J]. Accounting, Economics and Law, 2013, 3(3): 93-139.

99. Brubaker E R. Free ride, Free Revelation, or Golden Rule?[J]. The

Journal of Law and Economics, 1975, 18 (1): 147-161.

100. Buchanan J M. An Economic Theory of Clubs[J]. Economica, 1965, 32 (125): 1-14.

101. Buchanan J M. The Constitution of Economic Policy[J]. Science, 1987, 236 (4807): 1433-1436.

102. Che, J. Local Governments and Corporate Governance in Transition Economies[D]. Ph. D Dissertation, Standford Univerisity, 1998.

103. Christaller W. Die Zentralen Orte in Suddeutschland: Eine Okonomisch-Geographische Untersuchung uber die Gesetzmassigkeit der Verbreitung und Entwicklung der Siedlungen mit Stadtischen Funktionen[M]. Jena, 1933.

104. Ciccone A, Hall R E. Productivity and the Density of Economic Activity[J]. The American Economic Review, 1996, 86 (1): 54-70.

105. Coase R H. The Lighthouse in Economics[J]. The Journal of Law and Economics, 1974, 17 (2): 357-376.

106. Coase R H. The Nature of the Firm[J]. Economica, 1937, 4: 386-405.

107. Commons J. Institutional Economics[J]. American Economic Review, 1931, 21: 648-657.

108. Cooke P, Morgan K. The Associational Economy: Firms, Regions, and Innovation[M].Oxford: Oxford University Press, 1999.

109. Cooke P. Knowledge Economies: Clusters, Learning and Cooperative Advantage[M]. Oxford: Oxford Univ Press, 2003.

110. Coriat B, Dosi G. The Institutional Embeddedness of Economic Change: an Appraisal of the "Evolutionary" and "Regulationist" Research Programmes[A]. Hodgson G M. A Modern Reader in Institutional and Evolutionary Economics: Key Concepts[C]. Aldershot: Edward Elgar, 2002.95-123.

111. David P A. Path Dependence and the Quest for Historical Economics: One More Chorus of the Ballad of QWRTY [R]. Discussion Papers in Economic and Social History, Oxford : University of Oxford, 1997.

112. Davis L E, North D C, Smorodin C. Institutional Change and American Economic Growth[M]. Cambridge and New York: Cambridge University Press, 1971.

113. Dawes R M. Formal Models of Dilemmas in Social Decision-Making[A].

Kaplan M F and Schwartz S. Human Judgment and Decision Processes[C]. New York: Academic Press, 1975:88–107.

114. Dawes R M. The Commons Dilemma Game: An N-Person Mixed-Motive Game with a Dominating Strategy for Defection[J]. ORI Research Bulletin, 1973, 13 (2): 1–12.

115. De la Motte R, Hall D. The European Commission's Guide to Successful Public-Private Partnerships—a Critique[R]. Public Services International Research Unit, University of Greenwich, 2003.

116. Demsetz H. The Private Production of Public Goods[J]. Journal of Law and Economics, 1970, 13 (2): 293–306.

117. Destutt de Tracy. A Treatise on Political Economy (1817)[M]. Reprinted. New York: Center for Health Education,1970.

118. Dosi G, Marengo L. Some Elements of an Evolutionary Theory of Organizational Competences[A]. RW England. Evolutionary Concepts in Contemporary Economics[C], Ann Arbor: University fo Michigan Press, 1994.

119. Duranton G , Puga D . Micro-foundations of Urban Agglomeration Economies[J]. Handbook of Regional and Urban Economics, 2004:2063–2117.

120. Egidi M. The As If Dilemma[J]. Sistemi Intelligenti, Il Mulino: Bologna, 1992.

121. Fenge R, von Ehrlich M, Wrede M. Public Input Competition and Agglomeration[J]. Regional Science and Urban Economics, 2009, 39 (5): 621–631.

122. Fujita M, Krugman P R, Venables A J. The Spatial Economy: Cities, Regions, and International Trade[M]. MIT Press, 2001.

123. Galbraith J K, American Capitalism: The Concept of Countervailing Power[M]. Houghton Mifflin: Boston, 1956.

124. Gambetta D. The Sicilian Mafia: The Business of Private Protection[M]. Cambridge, MA: Harvard University Press, 1993.

125. Gapski J, Hollmann R. Reform der Kommunalverwaltung. Mehr Bürgerorientierung Durch Aufgabenspezifische Leitbilder?[J]. Agis Info, 2000, 6 (10):5-8.

126. Goldin K D. Equal Access vs. Selective Access: A Critique of Public

Goods Theory[J]. Public Choice, 1977, 29 (1): 53-71.

127. Gomez-Ibanez J A, Meyer J R. Going Private: the International Experience with Transport Privatization[R]. Washington, D C: The Brookings Institution, 1993.

128. Graebner C. Agent-based Computational Models—a Formal Heuristic for Institutionalist Pattern Modelling?[J]. Journal of Institutional Economics, 2016, 12 (1): 241-261.

129. Granovetter M. Economic Action and Social Structure: The Problem of Embeddedness[J]. American Journal of Sociology, 1985, 91 (3): 481-510.

130. Greif A, Milgrom P, Weingast B R. Coordination, Commitment, and Enforcement: The Case of the Merchant Guild[J]. Journal of Political Economy, 1994, 102 (4): 745-776.

131. Gunnarsson J, Wallin T. An Evolutionary Approach to Regional Systems of Innovation[J]. Journal of Evolutionary Economics, 2011, 21 (2): 321-340.

132. Hamilton B W. Zoning and Property Taxation in a System of Local Governments[J]. Urban Studies, 1975, 12 (2): 205-211.

133. Hardin G. The Tragedy of the Commons[J]. Science, 1968, 162 (3859): 1243-1248.

134. Harold D. Why Regulate Utilities?[J]. The Journal of Law and Economics, 1968, 11 (1): 55-65.

135. Hayek F A. Law, Legislation and Liberty: Vol.I Rules and Order[M]. London & Henley: Routledge Kegan & Paul, 1973.

136. The World Bank. Improving Management and Financing of Roads in Sub-Saharan Africa[R]. Washington, DC, 1999.

137. Hochman O, Pines D, Thisse J F. On the Optimal Structure of Local Governments[J]. The American Economic Review, 1995,85 (5): 1224-1240.

138. Jin H, Qian Y, Weingast B R. Regional Decentralization and Fiscal Incentives: Federalism, Chinese Style[J]. Journal of Public Economics, 2005, 89 (9-10): 1719-1742.

139. Kiewiet D R, McCubbins M D. The Logic of Delegation:Congressional Parties and the Appropriations Process[M]. University of Chicago Press, 1991.

140. King D N. Fiscal Tiers: the Economics of Multi Level Government[M]. London: Allen and Unwin.1984.

141. Kirzner I M. Entrepreneurial Discovery and the Competitive Market Process: An Austrian Approach[J]. Journal of Economic Literature, 1997, 35 (1): 60–85.

142. Kirzner I M. Competition and Entrepreneurship[M]. Chicago: The University of Chicago Press, 1973.

143. Kreps D M. Game Theory and Economic Modelling[M]. New York:Oxford University Press, 1990.

144. Krugman P R. Geography and Trade[M]. MIT Press, 1991.

145. Krugman P R. Increasing Returns and Economic Geography[J]. Journal of Political Economy, 1991, 99 (3): 483–499.

146. Lachmann L M. The Legacy of Max Weber [M]. Berkeley, Calif: The Glendessary Press, 1971.

147. Lakshmanan J R, Hansen W G. A Retail Market Potential Model[J]. Journal of the American Institute of Planners, 1965, 31 (2): 134-143.

148. Langlois R N. Economics as a Process: Essays in the New Institutional Economics[M]. Cambridge: Cambridge University Press, 1986.

149. Langlois R N. Robertson P L. Firms, Markets and Economic Change: A Dynamic Theory of Business Institutions[M]. Routledge, 1995.

150. Loasby B J. Market Institutions and Economic Evolution[J]. Journal of Evolutionary Economics, 2000, 10 (3): 297–309.

151. Lösch A. Die Räumliche Ordnung Der Wirtschaft: Eine Untersuchung über Standort[A]. Gustav Fisher, Jena, 1940. English Translation, The Economics of Location[C]. New Haven: Yale University Press, 1954.

152. Lowry I S. A Model of Metropolis[R]. Rand Corp Santa Monica Calif, 1964.

153. Marciano A. Buchanan's Non-Coercive Economics for Self-Interested Individuals: Ethics, Small Groups, and the Social Contract[J]. Journal of the History of Economic Thought, 2016, 38 (1): 1–20.

154. Martin R. The New "Geographical Turn" in Economics: Some Critical Reflections[J]. Cambridge Journal of Economics, 1999: 65–91.

155. Martin R. Institutional Approaches to Economic Geography[A]. Sheppard E. and Barnes T J. A Companion to Economic Geography[C]. Oxford:

Blackwell, 2000: 77-94

156. Bishopo M and Kay J. Does Privatization Work?Lessons Form the UK[M]. London: London Business School, 1988.

157. Maurer B, Walz U. Regional Competition for Mobile Oligopolistic Firms: Does Public Provision of Local Inputs Lead to Agglomeration?[J]. Journal of Regional Science, 2000, 40 (2): 353-375.

158. McFadden D. The Measurement of Urban Travel Demand[J]. Journal of Public Economics, 1974, 3 (4): 303-328.

159. McGuire M. Group Segregation and Optimal Jurisdictions[J]. Journal of Political Economy, 1974, 82 (1): 112-132.

160. Menger C. Investigations into the Method of the Social Sciences with Special Reference to Economics[M]. English Translation of Untersuchungen Über Die Methode der Sozialwissenschaften und der Politischen Ökonomie Insbesondere (F. J. Nock, tr.). NY: New York University Press, 1883/1985.

161. Menger C. Problems of Economics and Sociology[M]. Translated by Francis J. Zock (1963). Urbana, Ill: University of Illinois Press,1883.

162. Milgrom P, Roberts J. Rationalizability, Learning, and Equilibrium in Games with Strategic Complementarities[J]. Econometrica: Journal of the Econometric Society, 1990: 1255-1277.

163. Miranda R, Andersen K. Alternative Service Delivery in Local Government, 1982-1992[R]. Washington, DC: International City Country Management Association, 1994.

164. Montinola G, Qian Y, Weingast B R. Federalism, Chinese Style: the Political Basis for Economic Success in China[J]. World Politics, 1995, 48 (1): 50-81.

165. The World Bank. Selecting an Option for Private Sector Participation[R]. 1997.

166. Musgrave R A. The Voluntary Exchange Theory of Public Economy[J]. The Quarterly Journal of Economics, 1939, 53 (2): 213-237.

167. Musgrave R, Musgrave P. Public Finance in Theory and Practice[M]. New York: McGraw-Hill.1984.

168. Musgrave R. The Theory of Public Finance: A Study in Public Economy[M], New York: McGraw-Hill Book Company, 1959.

169. National Council For PPP, For the Good of the People:Using PPP to Meet America's Essential Needs[R]. National Council of USA, 2002.

170. Nelson R, Winter S. An Evolutionary Theory of Economic Change[M]. Cambridge, MA: Harvard University Press, 1982.

171. Niosi J, Mario C, et al. Industrial Policy and Development: The Political Economy of Capabilities Accumulation[J]. Journal of Evolutionary Economics, 2012, 22: 385-387.

172. North D C. Transaction Costs, Institutions, and Economic Performance[M]. San Francisco, CA: ICS Press, 1992.

173. Nozick R. Anarchy, State, and Utopia[M]. New York: Harcourt Brace Jovanovich, 1977.

174. Oates W E. An Essay on Fiscal Federalism[J]. Journal of Economic Literature, 1999, 37 (3): 1120-1149.

175. Oates W E. Fiscal Federalism[M]. New York: Harcourt Brace Jovanovich, 1972.

176. Oates W E. The Effects of Property Taxes and Local Public Spending on Property Values: An Empirical Study of Tax Capitalization and the Tiebout Hypothesis[J]. Journal of Political Economy, 1969, 77 (6): 957-971.

177. Olson M. The Logic of Collective Action: Public Goods and the Theory of Groups[M]. Cambridge, MA: Harvard University Press, 1965.

178. Ostrom V, Ostrom E. Public Goods and Public Choice[A]. Savas E S. Alternatives for Delivering Public Services:Toward Improved Performance[C]. Boulder: Westview Press, 1977:7-49.

179. Ostrom V, Tiebout C M, Warren R. The Organization of Government in Metropolitan Areas: A Theoretical Inquiry[J]. American Political Science Association, 1961, 55 (4): 831-842.

180. Ottaviano G I P, Pinelli D. Market Potential and Productivity: Evidence from Finnish Regions[J]. Regional Science & Urban Economics, 2006, 36 (5):636-657.

181. Pagano U. Interlocking Complementarities and Institutional Change[J]. Journal of Institutional Economics, 2011, 7 (3): 373-392.

182. Palander T. Beiträge Zur Standortstheorie[M]. Almqvist & Wiksell, 1935.

183. Qian Y, Roland G. Federalism and the Soft Budget Constraint[J]. American Economic Review, 1998: 1143-1162.

184. Qian Y, Weingast B R. Federalism as a Commitment to Preserving Market Incentives[J]. Journal of Economic Perspectives, 1997, 11 (4): 83-92.

185. Roos M W M. Agglomeration and the Public Sector[J]. Regional Science and Urban Economics, 2004, 34 (4): 411-427.

186. Rosenthal S S, Strange W C. The Determinants of Agglomeration[J]. Journal of Urban Economics, 2001, 50 (2):191-229.

187. Rothbard M. Man,Economy and State: a Treatise on Economic Principles[M]. Auburn: Ludwig von Mises Institute,1993.

188. Rubinfeld D L, Shapiro P, Roberts J. Tiebout Bias and the Demand for Local Public Schooling[J]. The Review of Economics and Statistics, 1987, 69 (3): 426-437.

189. Rutherford M. Institutions in Economics: The Old and the New Institutionalism[M]. Cambridge University Press, 1996.

190. Samuelson P A. The Pure Theory of Public Expenditure[J]. The Review of Economics and Statistics, 1954: 387-389.

191. Schmidtz D. Contracts and Public Goods[J]. Harv. JL & Pub. Poly, 1987, 10: 475.

192. Schotter A. The Economic Theory of Social Institutions[M]. Cambridge: Cambridge University Press, 1981.

193. Scotchmer S, Wooders M H. Competitive Equilibrium and the Core in Club Economies with Anonymous Crowding[J]. Journal of Public Economics, 1987, 34 (2): 159-173.

194. Scotchmer S. Public Goods and the Invisible Hand[A]. Quigley J M, Smolensky E. Modern Public Finance[C]. Cambridge, MA: Harvard University Press, 1994: 93-125.

195. Scott A J. A Perspective of Economic Geography[J]. Journal of Economic Geography, 2004, 4 (5): 479-499.

196. Seligman E R A. Need for Readjusting the Fiscal System of the United States[J]. The Annals of the American Academy of Political and Social Science, 1927, 129 (1): 1-8.

197. Sjöberg Ö, Sjöholm F. Common Ground? Prospects for Integrating the Economic Geography of Geographers and Economists[J]. Environment and Planning A: Economy and Space, 2002, 34 (3): 467-486.

198. Smith A. The Wealth of Nations[M]. Bufffalo, N. Y. : Prometheus Book,

1776 (1991).

199. Smith J M, Price G R. The logic of animal conflict[J]. Nature, 1973, 246 (5427): 15.

200. Stigler G. Tenable Range of Function of Local Government[R].On Federal Expenditure Policy for Economic Growth and Stability,Joint Economic Committee, Subcommittee,Washington,DC, 1957: 213-219.

201. Stiglitz J E, Greenwald B C. Creating a Learning Society: A New Approach to Growth, Development, and Social Progress[M]. Columbia University Press, 2014.

202. Stiglitz J E. The Theory of Local Public Goods Twenty-Five Years After Tiebout: A Perspective[R]. NBER Working Paper.1982.

203. Stiglitz J E. The Theory of Local Public Goods[A]. Feldstein M S, Inman R P. The Economics of Public Services. International Economic Association Conference Volumes[C]. London: Palgrave Macmillan, 1977: 274-333.

204. Storper M. The Regional World: Territorial Development in a Global Economy[M]. Guilford Press, 1997.

205. Tedeschi G, Vitali S, Gallegati M. The Dynamic of Innovation Networks: A Switching Model on Technological Change[J]. Journal of Evolutionary Economics, 2014, 24 (4): 817-834.

206. Teitz M B. Toward a Theory of Urban Public Facility Location[J]. Papers in Regional Science, 1968, 21 (1): 35-51.

207. The Council of State Government, State Trends & Forecasts 2, no.2[R], Novermber,1993.

208. Thunen. Der Isolierte Staat in Beziehung auf Landwirtscha Jt und Nationalokonomie[M]. Hamburg: Perthes, 1826.

209. Tiebout C M. A Pure Theory of Local Expenditures[J]. Journal of Political Economy, 1956, 64 (5): 416-424.

210. Topkis D M. Minimizing a Submodular Function on a Lattice[J]. Operations Research, 1978, 26 (2): 305-321.

211. Tresch R W. Public Finance: a Normative Theory [M]. Texas: Business Publication, Inc , 1981.

212. Veblen T. Absentee Ownership and Business Enterprise in Recent Times:the Case of America[M] . New York: Brunswick, 1923.

213. Veblen T. Why is Economics Not an Evolutionary Science?[J]. The Quarterly Journal of Economics, 1898, 12: 373-397.

214. Venables A J. Equilibrium Locations of Vertically Linked Industries[J]. International Economic Review, 1996: 341-359.

215. Wang A M, Zeng D Z. Agglomeration, Tax, and Local Public Goods[J]. Hitotsubashi Journal of Economics, 2013: 177-201.

216. Weber A. Über Den Standort Der Industrien[M]. Tü Bingen: J. C. B. Mohr,1909.

217. Weingast B R. Constitutions as Governance Structures: The Political Foundations of Secure Markets[J]. Journal of Institutional and Theoretical Economics, 1993: 286-311.

218. Weingast B R. The Political Foundations of Democracy and the Rule of Law[J]. American Political Science Review, 1997, 91:245-263.

219. Wildasin D E. Income Redistribution and Migration[J]. The Canadian Journal of Economics, 1994: 637-656.

220. Wildasin D E. Interjurisdictional Capital Mobility: Fiscal Externality and a Corrective Subsidy[J]. Journal of Urban Economics, 1989, 25 (2): 193-212.

221. Williamson O E. Markets and Hierarchies: Analysis and Antitrust Implications,A Study in the Economics of Internal Organization[M]. New York: The Free Press, 1975

222. Williamson O E. The economic institutions of capitalism—Transaction Cost Economics[M]. New York: The Free Press, 1985.

223. Wilson A. Entropy in Urban and Regional Modelling. [M]. Rev. ed. Routledge, 2013.

224. Xu C. The Fundamental Institutions of China's Reforms and Development[J]. Journal of Economic Literature, 2011, 49 (4): 1076-1151.

225. Young H P. Individual Strategy and Social Structure: An Evolutionary Theory of Institutions[M]. Princeton, NJ: Princeton University Press, 1998.